Kenia, 1955: Es herrscht Ausnahmezustand, der bewaffnete Aufstand der Mau-Mau-Rebellen ist auf seinem Höhepunkt. Die Internatsschule in Kikuyo ist eine Art Refugium für den 16-jährigen Ngũgĩ wa Thiong'o. Er taucht ein in eine geordnete Welt aus Bildung, Religion und Gemeinschaftserfahrungen. Als Thiong'o in den ersten Ferien nach Hause zurückkehrt, ist das Haus seiner Mutter verschwunden: Die Bewohner des Dorfes wurden zwangsumgesiedelt, damit die Chiefs sie besser unter Beobachtung haben. Sein Bruder, der auf der Seite der Aufständischen kämpft, wurde verhaftet. Zerrissen zwischen der eigenen politischen Bewusstwerdung und dem von kolonialem Denken geprägten Schulunterricht findet Thiong'o zunehmend Halt in der Literatur und im eigenen Schreiben.

Mit suggestiver Kraft beschreibt Ngũgĩ wa Thiong'o einen Heranwachsenden auf der Suche nach seinem Platz in der Welt.

Ngũgĩ wa Thiong'o wurde 1938 als Sohn einer traditionellen Bauernfamilie in Kenia geboren. Nach dem Besuch einer Missionsschule studierte er in Kampala, Uganda, und im britischen Leeds. 1977 wurde er wegen eines Theaterstücks in Kenia verhaftet und ohne Anklage für ein Jahr inhaftiert. 1982 musste er sein Heimatland verlassen, ging zunächst ins Exil nach London und schließlich in die USA. Mit seinem umfangreichen Romanwerk und politischen Essays zählt er heute zu den bedeutendsten Schriftstellern Afrikas. Ngũgĩ wa Thiong'o lebt in Kalifornien, wo er an der University of California in Irvine lehrt.

Im Fischer Taschenbuch Verlag liegen vor: ›Träume in Zeiten des Krieges‹ und ›Herr der Krähen‹.

Thomas Brückner, geboren 1957, studierte Afrikanistik und Kultur- und Literaturwissenschaften und arbeitet seit 1994 als Autor, Herausgeber und freier Übersetzer. Er lebt in Leipzig.

Weitere Informationen finden Sie auf *www.fischerverlage.de*

Ngũgĩ wa Thiong'o

Im Haus
des Hüters

Jugendjahre

Aus dem Englischen
von Thomas Brückner

FISCHER Taschenbuch

Die Übersetzung aus dem Englischen wurde mit Mitteln
des Auswärtigen Amts unterstützt durch

 litprom – Gesellschaft zur Förderung der Literatur
aus Afrika, Asien und Lateinamerika e.V., www.litprom.de

Bildnachweise: Ngũgĩ wa Thiong'o (S. 239, 241, 243 unten, 244, 245);
Kenya National Archives, Nairobi (S. 242, 243 oben);
Alliance High School, Kikuyu (S. 240)

Erschienen bei FISCHER Taschenbuch
Frankfurt am Main, Oktober 2016

Etwas erschreckt mich, wo ich mich am sichersten glaubte.
Walt Whitman, „This Compost", Leaves of Grass

1955

Eine Geschichte
von Heimat und Schule

Mein erstes Trimester an der Internatsschule ist zu Ende und ich bin auf dem Weg nach Hause. Es ist April. Als ich Limuru im Januar erstmals in Richtung Alliance High School verließ, saß ich im letzten Waggon eines Güterzuges, in den man mich zwischen Werkzeug und Arbeitskleidung hineingeschmuggelt hatte. Heute reise ich gemeinsam mit meinem Schulkameraden Kenneth Wanjai in einem Waggon dritter Klasse. Es ist ziemlich voll, wir müssen stehen, und unsere Schuluniform aus Khaki-Hemd und Khaki-Hose mit blauer Krawatte unterscheidet uns von den übrigen Reisenden, ausnahmslos Afrikaner in unterschiedlich abgetragenen Kleidern. Ihre ausgezehrten Gesichter strafen die lebhaften Stimmen und das gelegentliche Gelächter Lügen. Als wir am Bahnhof von Limuru aussteigen, schlendere ich noch ein wenig auf dem Bahnsteig herum, schaue mich um und genieße den Augenblick meiner Heimkehr. Der Verkaufsstand, der Tee-Kiosk, der Wartesaal und die Außentoiletten mit den Aufschriften „Nur für Europäer", „Nur für Asiaten" und „Afrikaner" – ohne das wertende „nur für" – stehen noch da. Schweigende, verwitterte Zeugen der Zeit, die seit der Eröffnung des Bahnhofs 1898 verstrichen ist.

Von hier aus nehmen Wanjai und ich getrennte Wege: Er im Auto seines Vaters und ich allein zu Fuß. Dann trifft es mich wie ein Schlag: Ich bin wirklich auf dem Weg nach Hause, zu meiner Mutter. Bald, sehr bald werde ich bei meinen Schwestern und meinem kleinen Bruder sein. Ich habe Neuigkeiten für sie: Ich war unter den Besten meiner Klasse. Mutter wird mich ganz bestimmt fragen, ob ich mein Bestes gegeben habe, was nach ihrem Verständnis heißt, ob ich der Beste gewesen bin, und ich werde gestehen müssen, dass ein anderer, Henry Chasia nämlich, besser war als ich. Ganz bestimmt wird sie mir darauf stolz erwidern: Solange du dein Bestes gegeben hast … Ich werde in ihrem strahlenden Lächeln baden, in dem immer so viel Wärme und Fürsorge liegt. Schon jetzt freue ich mich auf ihre Reaktion.

Mit der Rechten packe ich den Griff der Holzkiste und hebe sie an. Sie ist nicht besonders schwer, aber sie schlenkert hin und her und schlägt mir ständig gegen die Beine. Nach einer Weile wechsle ich die Hand, aber links ist es noch schlimmer, und so hebe ich sie mir auf die Schulter. Diesen Ablauf behalte ich den ganzen Weg bei: Rechte Hand, linke Hand, rechte Schulter, linke Schulter und wieder in die rechte Hand. Ich komme nur langsam voran. Ich gehe am afrikanischen Markt vorbei, der verlassen daliegt, ein geisterhafter Ort, sieht man einmal von einem Rudel streunender Hunde ab, die einer läufigen Hündin hinterherjagen und sich um sie balgen. Doch die Erinnerungen an die Kindheitserlebnisse an diesem Ort steigen wieder in mir auf: Die Werkstatt meines Bruders; die Leute, die sich vor dem Green-Hotel versammelten, um die Nachrichten zu hören; mein Unfall mit Patrick Mūrages Fahrrad. Schwankend kämpfe ich mich zum indischen Einkaufszentrum den Hügel hinauf. Fast zwei Jahre ist es her, dass mein Bruder Good Wallace eben diesen Hang hinunter geflohen und nur knapp dem Kugelhagel der Polizei entkommen ist, aber ich lasse nicht zu, dass diese schmerzenden Erinnerungen das Hochgefühl meiner ersten Heimkehr als Schüler der Alliance schmälern. Lieber beschwöre ich Bilder aus meiner Kindheit herauf, die besser zu meiner Hochstimmung passen.

Sofort fällt mir Onesmus Kīhara Warūirū ein. Kīhara, ein unglaublicher Radfahrer und Schauspieler, fuhr gerne diesen Hang hinauf. Staunend und voller Bewunderung traten die Leute zur Seite und feuerten ihn an, wenn er mit dem Rad den Hügel hochfuhr, um im indischen Einkaufszentrum Briefe und

Pakete auszutragen. Kein anderer hatte es je geschafft, den gesamten Hügel zu bewältigen, ohne absteigen und das Rad schieben zu müssen. Kīhara war unser Fahrradheld, er besaß eine übermenschliche Ausdauer.

Ich bin so in diese Gedanken versunken, dass ich die Landschaft um mich herum kaum wahrnehme. Aber irgendwie spüre ich mit einem Mal instinktiv, dass ich zu Hause angekommen bin ... oder zumindest dort, wo mein Zuhause sein müsste. Ich bleibe stehen, setze die Kiste ab und sehe mich um. Die Hecke mit den aschfarbenen Blättern, die wir gepflanzt haben, sieht aus wie immer, unser Gehöft dahinter ist jedoch nur noch ein Haufen Schutt aus trockenem, verbranntem Lehm, Holzsplitter und Gras. Die Hütte meiner Mutter, das Stelzenhaus meines Bruders und die Möbelwerkstatt wurden dem Erdboden gleichgemacht. Mein Zuhause, von dem aus ich vor gerade einmal drei Monaten zur Alliance gezogen bin, gibt es nicht mehr. Der Birnbaum steht zwar noch, doch ist er wie die aschfarbene Hecke nur ein stummer Zeuge. Als ich mich umsehe, wird mir plötzlich bewusst, dass das ganze Dorf mit seinen Gehöften verschwunden ist. Die Pfade, die im Zickzackmuster durch die Landschaft liefen und die verstreuten Behausungen zu einer Gemeinde verbanden, führen jetzt von einem Trümmerhaufen zum nächsten, Grabmale dessen, was einmal war. Nirgendwo ist eine Menschenseele zu sehen. Sogar die Vögel, die vorüberfliegen oder in den Hecken zwitschern, betonen die Leere. Verwirrt setze ich mich unter dem Birnbaum auf meine Kiste, als hoffte ich, er würde mir anvertrauen, was er weiß. Wenigstens der Baum hat der Verwüstung getrotzt, und ich pflücke ein paar reife Birnen und esse in ratlosem Schweigen. Wie konnten ein ganzes Dorf, seine Bewohner und seine Geschichte einfach so verschwinden?

Der Anblick zweier Ratten, die hintereinander herjagen, schreckt mich aus den Erinnerungen. Ich denke daran, zu den einzigen noch stehenden Häusern hinüberzugehen – es sind die der Kahahus –, und dort, trotz des geisterhaften Anscheins, den sie erwecken, nach Antworten zu suchen. Wieder stolpere ich mit meiner Kiste durch die Gegend. An der Hecke sehe ich einen Mann und erkenne Mwangi, einen der Arbeiter, die der Familie Kahahu immer treu gedient haben. Als Kinder riefen wir ihn Mwangi wa Kahahu, obwohl er gar nicht zur Familie gehörte. Er wusste immer Klatsch und Tratsch über das Treiben im großen Haus auf dem Hügel zu erzählen. Jetzt sind er und ich die einzigen menschlichen Wesen in einer verwüsteten Landschaft.

„Sag bloß, du weißt nicht, dass alle Leute von hier in die Nähe des Home-Guard-Postens umgesiedelt worden sind? Natürlich, du bist ja für die Schulferien nach Hause gekommen. Geh da rauf, dann siehst du's", sagt er und deutet unbestimmt in Richtung Hügelkette.

Seine Erklärung klingt nüchtern und sachlich. Ich starre ihn an, warte auf mehr, aber er geht. Früher hätte er sich Zeit genommen, Geschichten über die Familie Kahahu zu erzählen. Sein Lieblingsthema. Aber heute fehlen ihm die Worte. Langsam schleppe ich mich zum Höhenkamm hinauf, an weiteren Schutthaufen vorbei, den verkohlten Scheiterhaufen einer Dorfgemeinschaft. Aller Erinnerungen beraubt, setze ich auf dem Kamm die Kiste ab und schaue in das Tal hinunter. Ein völlig neuer Blick auf grasgedeckte Dächer tut sich vor mir auf.

Verscheuch die Bilder der Vergangenheit, sage ich mir. Ablenkungsmanöver bringen nichts. Nimm deine Kiste und geh diesen Weg, auf dem du immer in die Schule gegangen bist. Geh diesen Hang hinunter. Überquere die Schotterpiste unten im Tal, geh vorbei an dem schlammigen Teich, der schon immer dort gewesen ist. Zwing deine Füße, sich zu bewegen. Ja, beweg dich. Beweg dich. Beweg dich. Geh weiter. Schlepp deine Kiste.

Ich erreiche die erste Häuserzeile. Da die Männer entweder in den Bergen oder im Gefängnis sind, müssen die Frauen

neben ihren angestammten Rollen wohl oder übel neue aus-
füllen: Die Kinder ernähren und kleiden; Wasser holen; Feld-
arbeiten erledigen; die Hände nach dem kargen Lohn ausstre-
cken; und bauen. Neue Häuser bauen. Neue Heime errichten.
Es bleibt nicht einmal Zeit, das Werk der eigenen Hände zu
begutachten. Es braucht einen Fremden wie mich, das zu betrachten, wozu man selbst keine Zeit hat. Die Hütten befinden sich in unterschiedlichen Baustadien der Vollendung. Bewaffnete Home Guards patrouillieren auf den Wegen des neu-
en Grasdorfes. Keine Atempause bleibt euch, unseren Müttern
und Schwestern und Kindern.

Ich frage mich durch, frage jeden, der mir begegnet, ob er
meine Mutter gesehen hat. Einige schauen mich verdutzt an
und sagen, dass sie nicht wissen, wen ich meine; andere zucken
die Achseln oder schütteln einfach den Kopf und wenden sich
wieder ihrer Arbeit zu. Einige aber fragen nach Einzelheiten
über meine Familie, nach dem Ort, an dem einmal unser Haus
stand, und schicken mich dann dahin, wo ich vielleicht mehr
Informationen bekommen könnte.

Die einst unabhängigen Haushalte von den unterschiedlichen Hügelkämmen sind, ungeachtet der alten Nachbarschaf-
ten, zu einem Konzentrationslagerdorf namens Kamĩrĩthũ zu-
sammengeschlossen worden. Irgendwie finde ich endlich meine Familie. Meine Mutter und die Frau meines Bruders sind
auf dem Dach und decken es mit Grasbündeln, die ihnen meine Schwester von unten anreicht. Mein kleiner Bruder und einige junge Männer, die ich nicht kenne, füllen die Wände mit
Lehm auf. Ein freudiger Schrei meines kleinen Bruders Njinjũ
lässt die Nachbarn innehalten und aufschauen. Meine Schwester Njoki wischt sich die Hände am Kleid ab und schüttelt mir
die Hand. Mutter ruft: „Tuge nĩ woka", da bist du also wieder,
als wäre es ihr lieber, wenn ich weggeblieben wäre. Mein kleiner Bruder begrüßt mich mit „Karibu". Das ist weniger ein
Empfang in der Behaglichkeit am Familieherd als die Auffor-

derung mitzuarbeiten. Ich finde einen Winkel, ziehe meine Schuluniform aus und alte Sachen an und schon bald klebt mir der Lehm am ganzen Körper. So hatte ich mir meine Rückkehr nicht vorgestellt.

Und die Alliance, an der ich neunundachtzig Tage länger gelebt habe als hier? Was bedeutet sie mir, jetzt, da mich dieses Dorf wie einen Fremden empfängt?

Als ich am 20. Januar 1955, einem Donnerstag, das Gelände der Alliance High School zum ersten Mal betrat, fühlte ich mich, als wäre ich – wie in einem anscheinend niemals endenden Albtraum – nur um Haaresbreite einem Rudel Bluthunde entkommen. Bis zu diesem Augenblick hatte ich mein Leben damit zugebracht, ständig nervös über die Schulter nach hinten zu schauen. Seit 1952 der Ausnahmezustand ausgerufen worden war, hatte ich dauernd in der Angst gelebt, den bis an die Zähne bewaffneten britischen Truppen in die Hände zu fallen, die allgegenwärtig waren und die antikolonialen *Mau Mau*-Guerillas jagten, ganz egal ob sie real waren oder nur in ihrer Einbildung existierten. Jetzt befand ich mich in einem Refugium, doch die Bluthunde lauerten vor den Toren. Sie duckten sich, hechelten, warteten ab, vertrieben sich die Zeit.

Die steinernen Gebäude, so viele an einem einzigen Ort und alle zu unserer Verfügung, kamen mir wie eine regelrechte Festung vor, eine ziemliche Veränderung gegenüber meinem bisherigen Leben in grasbedeckten Lehmhütten. Unsere Betreuer, die, wie ich später erfahren sollte, Präfekten hießen, zeigten uns das Gelände und führten uns schließlich in unsere unterschiedlichen Unterkünfte und Schlafsäle. Selbst das Wort Schlafsaal klang herrlich sicher und anheimelnd. Die Betten standen sich in zwei Reihen gegenüber. Dazwischen befanden sich Kommoden, die gleichzeitig als Tische dienten. Mein Gepäck, eine Kiste, passte unter das Bett. Der Schlafsaal erinnerte mich an die Krankenstation im King George Hospital, in die ich einst wegen meiner Augen eingeliefert worden war, doch roch es hier nicht nach Krankenhaus, sondern nach Lavendel. Ich hatte ein richtiges Bett, mein eigenes, zum ersten Mal im Leben. Als ich am nächsten Morgen aufwachte, meinte ich, mich zwicken zu müssen, um mich davon zu überzeugen, dass ich wirklich wach war.

Am Freitag, meinem zweiten Tag, schrieben wir uns ein und zahlten im Büro des Schatzmeisters unser Schulgeld; am Samstag wurden dann die Schuluniformen ausgegeben: Khaki-Hemd und Khaki-Shorts, zwei Baumwoll-T-Shirts – das weiße als Schlafanzug, das rote für die Arbeit – und eine blaue Krawatte. Da immer mehr Jungen eintrafen, verging dieses erste Wochenende wie in einem sanften Traum, in dem alles im Nebel seine Umrisse verlor. Das Heulen der Bluthunde hing wie ein fernes Echo über dem Horizont.

Gegründet am 1. März 1926, war die Alliance High School das Ergebnis einer kurzlebigen Verbindung protestantischer Missionen: der Church of Scotland, der Church Missionary Society, der Methodist Church und der African Inland Mission*. Sie war die erste Oberschule für Afrikaner im Land. Als ein-

---

* Die Church of Scotland Mission wurde 1946 in Presbyterian Church of East Africa umbenannt, nachdem sie sich mit der Gospel Missionary Society vereinigt hatte. Die anglikanische Church Missionary Society wurde zur Church Province of Kenya.

zige Erinnerung an diesen harmonischen Augenblick der Zusammengehörigkeit der Missionen blieb ihr Name. Erfolgreiche afrikanische Grundschulabgänger besaßen damit eine Alternative zum Besuch einer berufsbildenden Schule.

Ihr Aufbau folgte den Empfehlungen der *Phelps-Stokes Commission* von 1924 für die Bildung in Ostafrika, die vom Phelps-Stokes Fund in New York finanziert worden war und sich an dem im 19. Jahrhundert entwickelten System für die Bildung von Afro-Amerikanern und amerikanischen Ureinwohnern im Süden der USA orientierte. In den Jahren 1924 und 1925, also unmittelbar vor seiner formalen Einsetzung als erster Direktor der Alliance, war G. A. Grieve mit einem Stipendium von Phelps-Stokes nach Amerika gereist, um sich damit vertraut zu machen, was zwangsläufig eine Pilgerfahrt nach Tuskegee und Hampton beinhaltete. Das Hampton Institute in Virginia, 1868 von General *Samuel C. Armstrong*, dem Sohn eines Missionars auf Hawaii, gegründet, und das Tuskegee Institute in Alabama, das 1881 von *Booker T. Washington*, einem Absolventen des Hampton Institutes und Schüler Armstrongs, ins Leben gerufen worden war, dienten als Vorbilder für die Alliance. Diese Schulen verfolgten allerdings zwei fast gegensätzliche Visionen von Bildung: Der Idee der Eigenständigkeit stand das Ziel gegenüber, zivilgesellschaftlich gesinnte Schwarze hervorzubringen, die sich innerhalb der Grenzen des bestehenden rassisch organisierten Staates bewegten*. In diesem beflügelnden Geist wurde die Alliance gegründet. Das Motto der Schule „Strong to Serve – Stark im Dienen", und die

---

* Dies brachte jedoch selbst in Amerika nicht immer die beabsichtigten Resultate hervor, wie das Beispiel Simbini Mamba Nkomo, des Gründers und Generalsekretärs der pan-afrikanisch orientierten African Student Union of America, und auch die Anti-Diskriminierungs-Unruhen an den afro-amerikanischen Colleges wie Hampton zwischen den Jahren 1924 und 1927 zeigen.

Hymne, in der die Stärke von Körper, Geist und Charakter besungen wurde, waren eine Neufassung der Armstrong'schen Vision von der Integration von Herz, Kopf und Hand. Dieses Motiv fand sich auch im Schulgebet wieder:

„Bewahre in Deinen Händen, O Herr, unser Gott, diese Schule. Dass ihre Arbeit sorgfältig sein möge und ihr Leben voller Freude. Dass aus ihr Männer hervorgehen mögen, stark im Leib, im Geist und im Charakter, die in Deinem Namen und mit Deiner Kraft den Ihren ehrenhaft dienen."

Obwohl an der Alliance, die ursprünglich auf zwei Jahre angelegt war, die geisteswissenschaftliche Allgemeinbildung im Mittelpunkt stand, wurde das berufsbildende Prinzip ihres Vorbilds im Süden Amerikas durch Fächer wie Holzbearbeitung und Landwirtschaft aufrechterhalten. Und wie ihre Vorbilder brachte auch die Alliance hauptsächlich Lehrer hervor, die später in Missions-, Regierungs- und – vor ihrem Verbot – in unabhängigen afrikanischen Schulen Anstellung fanden. Bis *Edward Carey Francis* 1940 die Schulleitung übernahm und dem berufsbildenden amerikanischen Stamm ein vierjähriges englisches Oberschulsystem aufpfropfte, blieb dieses Modell weitgehend unverändert erhalten.

Carey Francis sah in der Alliance die großartige Chance, eine künftige intellektuelle und moralische Führungsschicht zu formen, die sich zwischen widerstreitenden Extremen zu bewegen verstand. Diese Ansicht formulierte er am 24. April 1944 in einem Brief an Reverend H. M. Grace, Edinburgh House, Eaton Gate:

„Das Klima zwischen den Rassen in Kenia ist vergiftet. Auf beiden Seiten wurden Fehler gemacht. Viele Europäer sind den Missionen und der Bildung gegenüber misstrauisch („sie verderben die Eingeborenen'), auch wenn das nicht mehr so schlimm ist, wie es war; bei den Afrikanern besteht ein angeborenes Misstrauen dem Weißen gegenüber. Wer seine Arbeit zu machen versucht, kann sich der Kritik von beiden Seiten ziemlich sicher sein, und es wird nicht leichter dadurch, dass er dabei Fehler machen wird. Doch gleichzeitig ist es eine großartige Gelegenheit. Die Mehrzahl der künftigen Führer des Landes geht durch unsere Hände."

In einem anderen Bericht erzählt Carey Francis, wie er bei seiner Ankunft in Mombasa im Oktober 1928 von einem wohlmeinenden Mitreisenden beiseitegenommen wurde, der ihm riet, keine Arbeiten – nicht einmal das Ordnen seines durcheinandergewürfelten Gepäcks – selbst zu übernehmen, weil das bedeute, „bei den Eingeborenen alles Ansehen zu verlieren".

Die afrikanischen Jungen aber, denen er während seiner ersten Anstellung als Direktor der Maseno School begegnete, legten eine natürliche Freundlichkeit und angeborene Großherzigkeit an den Tag, und er sah in ihnen das Rohmaterial, das es auf rechte Art zu formen galt.

Diese Einstellung muss er an die Alliance mitgebracht haben, denn tatsächlich hat die Schule ihren Anteil einer im Wesentlichen kooperativen Führungsschicht hervorgebracht. Zugleich hat die Alliance jedoch, ganz im Gegensatz zu den bewussten Absichten ihrer Gründer, ein radikal antikoloniales und nationales Fieber ausgelöst. Ironischerweise unterlief die Alliance allein durch ihre Struktur das koloniale System, dem sie dienen sollte, und Carey Francis, ein *OBE*, sollte sich als beständigster Unterwanderer der kolonialen Ordnung erweisen. Die Tatsache, dass die afrikanischen Lehrer im Kollegium ihren weißen Kollegen gleichgestellt waren, untergrub zumindest in unseren Augen die koloniale Apartheid und die Darstellung des Afrikaners als Minderwertigen. Überhaupt arbeiteten einige von ihnen im Unterricht effektiver als ihre weißen Kollegen. Doch ungeachtet dessen, was und wie sie unterrichteten, waren die afrikanischen Lehrer Vorbilder dafür, was aus uns werden konnte. Weil er auf dem Spielfeld und im Unterricht stets Höchstleistungen forderte, schuf Carey Francis selbstbewusste, hochschultaugliche, gebildete Köpfe. Als ich von der Alliance abging, hatte ich das Gefühl, es mit den akademisch Besten, die europäische oder asiatische Schulen hervorbrachten, aufnehmen zu können.

Als ich im Januar 1955 zum ersten Mal dort ankam, war ich mir weder der Historie der Schule noch des Selbstvertrauens, das sie in mir wecken sollte, bewusst. Doch das spielte vorerst keine Rolle. Mir genügte das Wissen, dass die Bluthunde nicht auf das Schulgelände vordringen konnten, um im Schlafsaal II von Livingstone House meinen Schlaf zu stören.

„Wär ich gestorben, eine Stunde nur, eh dies geschah, gesegnet war mein Dasein! Ab jetzt gibt es nichts Ernstes mehr im Leben."

Es war mein vierter Morgen im Schlafsaal II, Montag, ungefähr fünf Uhr. Warum dieses Gerede vom Tod, dachte ich, während ich mich aufsetzte und ängstlich umsah. Der Ausrufer stand draußen im offenen Hof. Wir anderen befanden uns in unterschiedlichen Stadien des Aufwachens. Arap Soi, Schüler im zweiten Jahr und im Nachbarbett, beruhigte mich: „Das ist Moses Gathere, der Hauspräfekt, so begrüßt er den neuen Tag. Oder besser: Auf diese Weise sagt er den Präfekten der Schlafsäle im Livingstone, dass sie uns in die Gänge bringen sollen."

„Wär ich gestorben", setzte Moses wieder an. Ein anderer Junge schnaubte laut vor sich hin: „Nincompoop — Trottel!"

„Das ist Stanley Njagi", erklärte Soi. „Er wacht nur ungern auf und geweckt zu werden, mag er schon gar nicht. Nachts kriecht er unter die Decke und liest noch lange mit der Taschenlampe. Er mag das Wort Trottel."

Als Moses wie der Hahn in der Bibel zum dritten Mal zu krähen ansetzte, waren alle aus ihren Betten gesprungen, nach draußen zum Waschraum gegangen und wieder zurückgekehrt, um den Schlafanzug gegen die Arbeitskleidung zu tauschen, die wir am Samstag erhalten hatten. Einige meinten, sie sähe wie Sträflingsklamotten aus, aber ich hörte nicht auf sie. Stubenreinigung, kam es von Moses, laut und deutlich, und er setzte hinzu: „Sauberkeit kommt gleich nach Gottesfurcht." Das rief Gelächter hervor, mit dem sich die morgendliche Anspannung löste. Mit Ausnahme eines Jungen, der den Ausrufer nachäffte: „Hätt ich 'nen Dolch in meinen Händen", murmelte er, „ich würde ..."

„Und das ist Stephen Mūrīithi", sagte Soi. „Er lehnt jegliche Autorität ab und ist immer kampflustig, als wollte er einen Streit vom Zaun brechen, auch wenn er es nie so weit kommen lässt. Aber dieser Ich-bin-bereit-es-mit-dir-aufzunehmen-Blick kann schon einschüchtern."

Sofort ging es im Schlafsaal zu wie in einem Bienenstock. Ohne Shakespeare'sche Dramatik teilte Bethuel A. Kiplagat, der Präfekt des Schlafsaals II, ruhig, effizient und bestimmt die morgendlichen Aufgaben ein und mischte die Frischlinge unter die Veteranen: Einige hatten den Schlafsaal zu säubern, andere mit Sensen das Gras zu mähen und das Außengelände zu reinigen, wieder andere die Toiletten und die Waschräume draußen zu putzen.

Die älteren Jungs erzählten Geschichten über die Toiletten aus früherer Zeit, als diese eingeführt worden waren. Einige Schüler hatten die neuen Klosetts mit Sitzen benutzt, als wären sie eine Variante der alten Plumpsklos, und sich darauf gehockt, anstatt sich hinzusetzen, und dadurch öfter mal die

Schüssel verfehlt. Niemand nahm die Schuld an der Schwei-nerei auf sich, und nicht ein Schüler meldete sich freiwillig zum Saubermachen. Die Androhung von Gewalt traf auf stei-nernes Schweigen. Keiner der Jungen wollte, dass man einen „chura" in ihm sah, einen Scheißeputzer. Zu guter Letzt griffen die weißen Lehrer zu Schrubber, Wasser und anderen Reini-gungsutensilien und erledigten die Arbeit selbst. Der Wider-stand war gebrochen. Toilettenreinigung wurde als normaler Bestandteil der morgendlichen Aufgaben angenommen.

Nach dem Putzen gingen wir alle wieder hinein, stellten uns neben unsere Betten und der House Master David Martin kontrollierte, begleitet von Moses Gathere, den Schlafsaal. Das war eine Art interner Wettbewerb in punkto Reinlichkeit unter den vier Schlafsaalbelegungen und gleichzeitig die Vorberei-tung auf die Inspektion, einen regelmäßigen Reinlichkeitswett-bewerb zwischen den Häusern.

Als Nächstes eilten wir unter die Duschen. Ich zögerte, mich vor den anderen auszuziehen. Im Dorf wären Beschnit-tene und Unbeschnittene nie gemeinsam unter die Dusche ge-gangen, hier aber taten das alle, sogar die Präfekten. Die Schu-le hatte offensichtlich mit dieser Unterscheidung gebrochen, denn keiner schien sich an der Nacktheit eines anderen zu stö-ren. Schon seiften sich einige, vor sich hin summend, ein oder riefen einander etwas zu. „Glotz nicht und komm", brüllte mir jemand zu.

Nach dem Duschen sollten wir uns fertig machen für den Morgenappell. Ein Begriff, der weitere Magie heraufbeschwor. Jeder Tag, jede Stunde oder Minute, ja, jede Sekunde in der Schule hielt tatsächlich etwas Neues und Fremdartiges bereit und barg das Versprechen auf mehr. Ich zog meine Khaki-Uniform an, band die blaue Krawatte mit den Initialen AHS um und ging in der khakifarbenen Menge auf, als sich alle zum Appellplatz aufmachten, der sich als der Platz erwies, an dem wir am Ankunftstag aus dem Bus gestiegen waren. Doch minderte das keineswegs den Glanz seiner wundersamen Neuheit: Er mochte eine leere *muram*-Fläche sein, doch sollte ich bald lernen, dass er zu den wichtigsten Orten der Schule gehörte, Schauplatz einer täglich wiederkehrenden Zurschaustellung von Macht.

Wir traten in Reihen an, in der Abfolge der Häuser und innerhalb jedes Hauses nach Größe, die Größten ganz hinten. Wir standen vor einem hohen Mast, an dem lose ein Strick baumelte. Die Senior-Präfekten standen vor ihren jeweiligen Häusern, die House Master ein paar Schritte davor, mit dem Gesicht zu uns. Die anderen Lehrer standen zu zweit oder dritt beieinander, ungezwungene Zaungäste. Ich hatte noch niemals so viele weiße Lehrer gesehen, und so fiel mein Blick bei der Suche nach einem Zugehörigkeitsgefühl auf die vier schwarzen Lehrer.

Plötzlich rief Moses Gathere: Achtung! Die Belegschaft von Livingstone reagierte unverzüglich. Wie aus dem Nichts tauchten der stellvertretende Direktor James Stephen Smith und der School Captain Manasseh Kegode auf und begannen, dicht gefolgt von House Master und Hauspräfekten, ihre Inspektion. Smith schritt die Reihen ab und blieb kurz vor jedem Jungen stehen, besah sich dessen Kleidung, die bloßen Füße (Schuhe waren den Samstagen und Sonntagen vorbehalten) und die Haare und zog für den leisesten Fall erkennbarer Unreinlichkeit Punkte ab. Ich glaubte, dass ich mir die Haare ordentlich gekämmt hatte, aber Smith nörgelte an ihnen herum und zog Livingstone ein paar Punkte ab. Wegen meiner Haare hatte ich schon in der Grundschule oft Probleme bekommen. Ich hatte die Angewohnheit, an ihnen zu ziehen oder mit den Fingern hindurchzufahren, wenn ich in Gedanken versunken war, und egal wie sorgfältig ich sie gekämmt hatte, sie sahen nach einer Stunde wieder zerzaust aus. Kein guter Einstand, dachte ich.

Ich überlegte gerade, was nun als Nächstes kommen könnte, als ich plötzlich den Klang von Trommeln, Trompeten und

Hörnern hörte. Nach ein paar Runden hielt die Kapelle neben dem Mast vor uns auf der Grasbühne. Alle Angetretenen, auch die Lehrer, nahmen Haltung an. Die Trommeln tönten dumpf, der Tambourmajor trat gemessenen Schrittes an den Mast und befestigte ein zusammengefaltetes Tuch, das er in den Händen hielt, am Seil. Ein Junge aus der Kapelle trat vor und blies das Horn, während der Tambourmajor den Union Jack hisste. Als die Fahne schließlich oben am Mast im Wind flatterte, sang die Versammlung feierlich:

God save our gracious Queen,
Long live our noble Queen
God save the Queen!
Send her victorious,
Happy and glorious,
Long to reign over us;
God save the Queen!

Text und Musik waren mir neu, aber ich nuschelte irgendwie mit. Ich glaube nicht, dass mir damals die Ironie auffiel, bei dieser Hymne der Verehrung mitzusingen, während mein Bruder Good Wallace mit den Mau-Mau-Guerillas draußen in den Bergen genau dafür kämpfte, dass die Königin eben nicht mehr lange über Kenia regierte.

Nach dem Appell marschierten wir zur Kapelle, einem kleinen, spitzgiebeligen Gebäude, das sich kurz hinter einem der Ränder des Fußballfeldes unter einer Baumgruppe duckte. Wir nahmen unsere Plätze in den Bänken ein, auf denen Bibeln und Gesangbücher lagen: „Songs of Praise" und „Songs of Redemption". James Smith, der Generalinspekteur sauberer Leiber, verwandelte sich jetzt in den Generalinspekteur der Seelen. Er folgte dabei einem genau festgelegten Ritual mit Bibelpassagen und Hymnen. Ein Lied erregte meine besondere Aufmerksamkeit. Es hatte einen flehenden und inbrünstigen Ton, doch blieb es in seiner Sehnsucht feierlich: „Wash me, Redeemer, and I shall be whiter than snow."

Nach dem Gottesdienst eilten wir zur Mensa, in der uns ein Frühstück aus Brei, Brot ohne Butter und Kakao erwartete, den von zu Hause mitzubringen man uns gebeten hatte. Gestärkt an Seele und Leib waren wir nun bereit für das, was uns aus unseren unterschiedlichen Herkunftsorten hierhergeführt hatte, die Nahrung für den Geist.

Die Schule lief zweizügig mit A- und B-Klassen. Bevor ich von zu Hause weggegangen war, hatten die Leute in Limuru immer so geredet, als wäre ich besser gewesen als jeder andere Schüler in Kenia. Ich war ein Genie, ein Eigengewächs zudem. Deshalb war ich überrascht, als ich herausfand, dass zwanzig andere Jungen besser abgeschnitten hatten als ich und deshalb im A-Zweig gelandet waren, während ich zu den zwanzig weniger bedeutenden Genies im B-Zweig gehörte. Es machte mir nichts aus, wirklich nicht. Jeder Schüler hatte den gleichen Unterricht, sah sich denselben Texten gegenüber und musste dieselben Arbeiten schreiben. Die Flügel meines Stolzes mochten ein wenig gestutzt worden sein, doch ich hatte immer noch den Pakt mit meiner Mutter, der mich antrieb: Ich wollte immer mein Bestes geben und dann sehen, was mir die Mühe eintrug.

In meiner allerersten Stunde hatte ich Englisch, und wie alles, das mir bislang hier widerfahren war, begann sie voller Geheimnisse und Dramatik. Der dickbäuchige Engländer, der in die Klasse kam, war eben jener P. R. Oades, dem ich bereits in seiner anderen Funktion als Oberbuchhalter über den Weg gelaufen war. Nachdem er sich vorgestellt hatte, sagte er: Folgt mir, und ging hinaus. Wir marschierten hinter ihm her, über den Appellplatz, am Fußballfeld vorbei zum Haupttor. Dort scherte er nach links auf eine Schotterpiste, die sich zur Hügelkuppe hinaufwand, mit Bungalows aus grauem Stein und braunen Ziegeldächern und weiten, kurz geschorenen Rasenflächen zu beiden Seiten. Oades führte uns zur Tür eines dieser Häuser: Welcome to my castle. Unsere erste Englischstunde war eine Führung durch das Haus eines echten Engländers!

Sie begann im Wohnzimmer, der guten Stube, wie wir erfuhren, und Oades beschrieb uns den Hausrat: einige Landschaftsgemälde an den Wänden, Ansichten einer englischen Landschaft; der Teppich, die Läufer, der Kamin, der Kaminsims mit Kerzen und ein paar Porzellanfigürchen; eine bequeme Couchgarnitur mit Kissen, Beistell- und Teetischen (nicht dazu gedacht, unsere Füße darauf abzulegen, wie er hinzufügte); ein Bücherschrank und ein Geschirrschrank, in dem Teller und Gläser ausgestellt waren (nicht zum alltäglichen Gebrauch bestimmt, ergänzte er). In den Badezimmern entdeckten wir Wannen, Waschbecken, Wasserhähne, Zahnbürsten und Zahnpasta. Alles stand in dramatischem Gegensatz zu meiner Hütte im Dorf und ihrem Allzweckwohnraum, den wir mitunter sogar mit den Ziegen teilten. Unser Badezimmer war das Flussufer, an dem wir die Kleidung wuschen und hinter dem Schilf badeten, oder der Innenhof, in dem wir Hände oder Füße in Wasser tauchten, das wir in eine Schüssel gegossen hatten. In unserem Dorf gehörte rote Erde zur Badekultur; hier war alles makellos weiß.

Anschließend ging es weiter in die Küche, in der Oades die Gerätschaften benannte: Den Elektrokocher, die Töpfe, die Pfannen, die Gabeln und Messer (die er als Besteck beschrieb), und Küchengeräte. Im Essbereich befand sich ein Tisch, auf dem Teller standen, zu deren Seiten Messer und Gabeln unterschiedlicher Größen und Formen ausgelegt waren. Und natürlich Servietten. Oades beschrieb, wie man sich nicht hinsetzen durfte (die Ellbogen gehören nicht auf den Tisch); wie man

Messer und Gabel hielt; die Reihenfolge der Gabeln und Messer und ob sie für Fleisch oder Fisch benutzt wurden. Es sei höflich zu sagen, „Reich mir bitte das Salz", statt sich über einen anderen Gast zu beugen und zu nehmen, was man haben wollte, und, natürlich, den Teller von sich weg zu neigen, damit man sich nicht mit Suppe oder Soße bekleckerte. „Und mit vollem Mund spricht man nicht!" Es folgte eine Unterweisung über die Handhabung der Serviette (auf dem Schoß, nicht vor der Brust), und wie man die Ecken der Serviette benutzte, um sich ein unerwünschtes Etwas von den Lippen zu tupfen (und dass man sie nie dazu benutzen durfte, sich darin zu schnäuzen). Wir lernten, dass man Messer und Gabel auf dem Teller kreuzte oder zumindest in möglichst stumpfem Winkel ablegte, um dem Kellner zu bedeuten, dass man mit dem aktuellen Gang noch nicht fertig war, und dass man Messer und Gabel selbstverständlich parallel zueinander ablegte, wenn man dem Kellner anzeigen wollte, dass er den Teller nun abräumen durfte. Wir erfuhren von einem Drei-Gänge-Menü, das mit Obst und dem Dessert endete. Ich glaubte, er meinte die Wüste, und fragte mich, wie man so etwas essen konnte. Ein anderer Junge äußerte ähnliche Zweifel. Nein, das war eine Speise, keine Schaufel voll Sand, und der Name lautete „Dessert" und nicht „desert". Wir lachten. Es war alles so abstrakt, so anders als die ländliche Küche zu Hause mit *ugali* und *irio*, die ich normalerweise mit den Fingern aß und mit Sicherheit, ohne von jemandem bedient zu werden. Mit dem Ideal der Manieren bei Tisch erzog Oades uns dazu, dass wir uns bedienen ließen. Zumindest pflanzte er uns diese Vorstellung ein.

Zu guter Letzt ging es ins Schlafzimmer, in dem er uns Matratzen, Bettdecken, Kommoden und Schubladen, Wandschränke, Schlafanzüge und Morgenmäntel vorführte. Als er schon auf dem Weg ins Gästezimmer war, entdeckten einige Jungen ein paar Gewehre, die in einem Nebenraum hingen. Oades wollte weitergehen, aber die Jungen blieben stehen und starrten die Gewehre an. „Das ist eine Lancaster-Maschinenpistole, das eine Very-Pistole und das ein Signalhorn", erklärte Oades. Als 1952 der Mau-Mau-Krieg ausbrach und der Ausnahmezustand ausgerufen wurde, hätten sich David Martin und er der Kenya Police Reserve angeschlossen. Anfangs hätten sie sogar einige Jungen für Nachtpatrouillen mit Pfeil und Bogen ausgerüstet, bisher aber hätten die Mau Mau die Schule nicht bedroht oder gar angegriffen. Es war offensichtlich, dass ihm nicht ganz wohl zumute war. Gewehre und ihr beabsichtigter Einsatz gehörten nicht zum vorgesehenen Unterrichtsstoff.

Wir sprachen nicht über diesen Missklang zum Abschluss, als wir zur nächsten Unterrichtsstunde in die Schule zurückmarschierten. Vielmehr steckten wir voller „Entschuldigen Sie bitte", „Reichen Sie mir bitte das Wasser", „Danke". Wir sagten die Reihenfolge eines Drei-Gänge-Menüs auf: Vorspeise, Suppe, Hauptgericht, Obst und Dessert, das manch einer zum allgemeinen Gelächter absichtlich immer noch wie „desert" aussprach. Möchtest du etwas von der Sahara? Nein, nein, lieber ein bisschen Kalahari. Und am wichtigsten war, wie der eine oder andere skandierte: Iss mit den Fingern nie etwas anderes als Obst. Das rief noch mehr Gelächter hervor. Wie sollten wir *gĩtheri*, *irio* und *ugali* mit Messer und Gabel essen? Der *ugali* würde nach nichts schmecken, bemerkte einer mit feierlichem Ernst. Der Genuss, *ugali* zu essen, lag doch in der Berührung und im Geschmack: Die Finger in das dampfende Gericht zu tauchen und es im Mund abkühlen zu lassen, indem man es mit der Zunge hin und her rollte. Andere fügten hinzu, dass es um englisches Essen gegangen sei, und um englische Manieren. Oades bekam einiges davon mit und bevor er die Klasse entließ, erklärte er, dass Manieren bei Tisch weder Rasse noch Hautfarbe kannten. Gutes Benehmen war ebenso wie Reinlichkeit ein Weg zu Gott und Gottesfurcht.

Oades nachfolgende Unterrichtsstunden beschränkten sich auf das Klassenzimmer, doch die englische Sprache fesselte mich weiterhin. Ich fand heraus, dass die Grammatik, die ich mir an der Kĩnyogori Intermediate School angeeignet hatte, mich mehr als ausreichend auf die Oberschule vorbereitet hatte. Die Konjugation im Allgemeinen und die Adjektiv- und Adverbialbestimmungen sowie die Nebensätze, die aus einer einfachen Subjekt-Prädikat-Struktur einen komplexen Satz formten, gelangen mir leicht. Literatur war eine Erweiterung des Sprachunterrichts, auf die ich mich immer freute. Doch ironischerweise geschah es ausgerechnet im Literaturunterricht, dass ich zum ersten Mal in Konflikt mit meinen Lehrern geriet.

Eines Tages ritt James Stephen Smith, unser Literaturlehrer, auf unserer Neigung herum, unsere Sprachbeherrschung immer durch die Verwendung hochtrabender Wörter unter Beweis stellen zu wollen. Er las einen Satz aus einem Aufsatz vor, den ein Schüler geschrieben hatte: „Während ich die Straße entlangschritt, wurde ich des Anblicks eines rot gewandeten, stiefelbewehrten Herren gewahr, der auf einer gigantischen, vierbeinigen Kreatur der Rinderspezies thronte." Das wurde der Beispielsatz dafür, wie man sich in Englisch besser nicht ausdrücken sollte.

„Vermeidet Wörter mit lateinischen Wurzeln", forderte er uns auf. „Verwendet die angelsächsischen Wörter. Und vor allem, lernt von der Bibel. Darin steht der kürzeste englische Satz überhaupt: Jesus weinte. Zwei Wörter. Folgt also dem Beispiel Jesu, er sprach ein sehr einfaches Englisch."

Ich war völlig durcheinander. Ich wollte weder besonders clever sein noch ihn berichtigen, aber ich hob die Hand und sagte, dass Jesus nicht Englisch gesprochen habe, die Bibel sei eine Übersetzung. Meine Bemerkung löste Gelächter in der Klasse aus und pikiertes Schweigen bei Smith. Dann hielt er uns eine kurze Predigt über die Bereitschaft zu lernen. „Denkt stets daran, dass ihr zum Lernen hier seid und nicht zum Unterrichten. Oder wollt ihr etwa den Platz mit mir tauschen?", fragte er und hielt mir die Kreide hin. Angespanntes Schweigen. Schließlich erklärte er, dass er von der von King James autorisierten Bibelübersetzung gesprochen habe, aus der viele englische Schriftsteller Anregungen für ihre Lyrik und Prosa bezogen hätten. Für diejenigen, die es erlernen wollten, enthielte sie hervorragendes Englisch. Smiths gereizte Erwiderung erstickte sämtliche weiteren Fragen und abweichenden Meinungen im Keim.

Diese Episode weckte die Erinnerung an Kenneth Mbūgua in mir, einen Mitschüler aus Grundschulzeiten, und unsere freimütigen, oft hitzigen Debatten, bei denen doch kein Groll zurückblieb. In den ersten Wochen meiner Zeit an der Alliance hatte ich vergeblich nach jemandem Ausschau gehalten, mit dem ich so diskutieren konnte, wie Kenneth und ich das immer getan hatten. Ich war davon überzeugt, dass Kenneth mit jedem meiner Mitschüler mehr als nur mithalten konnte. Es war nur ein Zufall, dass ich an der Oberschule und er an der Lehrerausbildungsschule gelandet waren, beide unterwegs zu unterschiedlichen Bestimmungsorten. Mehr als alles andere hatten mir meine Leistungen in Englisch den Zugang zur besten afrikanischen Oberschule verschafft.

Seit Kenneth an das Kambui gegangen war, hatte ich nichts mehr von ihm gehört und vermisste ihn, erst recht nach der Auseinandersetzung mit Smith. Eines Tages bekam ich dann endlich einen großen Umschlag von ihm. In seinem Brief ließ er sich nicht groß darüber aus, wie es ihm an der Lehrerausbildungsschule erging, noch fragte er mich, wie es mir an der Alliance gefiel. Stattdessen brachte er unseren alten Streit wieder auf den Tisch, ob man eine Genehmigung zum Schreiben brauche oder nicht. Ich weiß nicht mehr genau, wie ich zu meiner Meinung gelangt war, ich vertrat jedoch schon seit Langem hartnäckig die Ansicht, dass man ohne eine Genehmigung Verhaftung und Gefängnis riskiere. Kenneth hingegen behauptete steif und fest, dass keine erforderlich sei. Nun entfachte er die hitzige Debatte aufs Neue und teilte mir mit, dass er, um mich zu widerlegen, mit dem Schreiben eines Buches begonnen habe. Zum Beweis schickte er mir einige Seiten.

Seine Geschichte über einen Jungen, der nach Nairobi geht, um sich dort Arbeit zu suchen, damit er das Schulgeld für sich und seine beiden Geschwister bezahlen kann, aber in der korrupten Großstadt unter die Räder kommt, war ergreifend, aber zu kurz. Mir fiel sofort ein schwerwiegender Fehler in seiner Geschichte auf: Er verwendete hochtrabende Wörter und baute sehr lange Sätze. Früher hätte mich der Gehalt seines Vokabulars beeindruckt, jetzt aber sah ich mit Smiths Augen auf sein Werk. Smiths Aufforderung, von der englischen Bibelprosa zu lernen, musste tatsächlich ihre Spuren hinterlassen haben. Die von King James autorisierte Version blieb weiterhin meine Lieblingslektüre. Aus ihr lernte ich, das Einfache, das Zusammengesetzte und das Vielfältige miteinander zu unterschiedlicher Wirkung zu verbinden.

Schick mir ein paar Seiten mehr, schrieb ich an Kenneth, aber lass die großen Wörter. Lies noch mal in der Bibel nach, wie dort das Englische verwendet wird. Ich wollte schon schreiben, dass Jesus ein einfaches Englisch sprach, konnte mich aber gerade noch beherrschen. Doch unabhängig davon hatte Smith mir das erste Werkzeug an die Hand gegeben, mit dem ich ein Werk kritisch bewerten konnte.

In Englisch, Literatur, Geschichte und Erdkunde lernten wir neue Wörter, Titel, Fakten und Namen. Aus den Räumen für Physik und Chemie kam der Wortschatz für Bechergläser, Gase, Elemente, Mischungen. H_2O wurde unser neuer Begriff für Wasser: Kannst du mir bitte etwas H_2O rüberreichen?

Ich mochte Physik und Chemie, ließ mich aber oft durch meine Mitschüler einschüchtern, die so taten, als wären sie Naturwissenschaftler, indem sie wissend mit dem Lehrer diskutierten. Mich hingegen faszinierte das magisch-alchemistische Verhalten der Elemente, wenn sie vermischt oder zusammen erhitzt wurden, weit mehr. Warum sollten zum Beispiel Wasserstoff und Sauerstoff, die ja unsichtbar waren, sichtbares Wasser ergeben? Die Elemente waren von Geistern besessen. Aber konnte ich meine Lehrer danach fragen?

Die Biologieräume mit ihren Pflanzen in Töpfen und Gläsern und den toten Fröschen, Mäusen, Tausendfüßlern und Insekten, die in Formaldehyd konserviert waren, rochen nach Krankenhaus und Tod. Ich bestaunte sie, und manchmal stellte ich mir vor, dass sie wieder zum Leben erwachten und uns aus dem Unterrichtsraum jagten oder selbst einfach aus dem Gebäude auf die Rasenfläche im Hof flüchteten. Ich war in unberührter Natur aufgewachsen. Die Manguo-Sümpfe wimmelten nur so von allen möglichen Lebensformen: Blutsaugenden Egeln, Fröschen in den unterschiedlichen Entwicklungsstadien zwischen Laich, Kaulquappen ohne und mit Beinen und Jungfröschen und Vögeln, die im Schilf ihre Eier in Nester legten. Eine ähnliche Vielfalt gab es wahrscheinlich auch in den Ondiri-Sümpfen unweit der Alliance. Dort hätten wir an ihnen lernen sollen. Anstatt uns mit Pflanzen zu beschäftigen, die man isoliert eingetopft hatte, oder mit Fröschen und Insekten, die in Formaldehydlösungen gefangen waren. Obwohl mir die Naturkunderäume eine neue Welt eröffneten und mich anders auf das bisher Gewohnte blicken ließen, faszinierte mich das Leben in den Büchern der literarischen Fantasie dann doch weit mehr als die Fakten in Geschichtsbüchern und naturwissenschaftlichen Laboratorien.

Allan Ogot, mein erster Mathematiklehrer, war groß gewachsen und strahlte Selbstbewusstsein und Autorität aus. Die Begriffe, die er uns beibrachte, „Theorem", „Beweis" und „quod erat demonstrandum", wurden zu Schlagwörtern. Sätze wie „Das Quadrat über der Hypotenuse eines Dreiecks ist gleich der Summe der Quadrate über den beiden anderen Seiten" oder „a-Quadrat plus b-Quadrat gleich c-Quadrat" schlichen sich häufig in die Alltagsgespräche. Sie hörten sich gelehrt und tiefschürfend an.

In seiner Pfadfinderuniform sah Ogot sogar noch gebildeter und beeindruckender aus. Morgens und abends predigte er zum Gottesdienst in der Kapelle, und das glich mehr einer hochfliegenden Herausforderung an den Geist als dem hochtrabenden Aufruf an die Seele, sich zu erheben oder beschämt zu verbergen. Und er überraschte uns mit einem englischen Wortschatz, der vielschichtiger war als der seiner weißen Kollegen. Den nachhaltigsten Eindruck aber machte er außerhalb von Klassenzimmer und Kapelle auf mich, in einer Umgebung, die nichts mit Unterricht zu tun hatte. Und er war sich dessen nicht einmal bewusst. Er stand auf dem offenen Rasengeviert und unterhielt sich mit einem anderen Lehrer oder einem Schüler. Er hielt ein Buch in Händen, und mein Blick fiel auf den Titel: „Tell Freedom" von *Peter Abrahams*. Ich war wie gebannt. Der Titel schien von einer Welt jenseits der Mauern der Alliance zu sprechen.

Vielleicht hätte ich den Mut aufbringen und ihn bitten sollen, mir das Buch zu leihen, aber ich kam nicht dazu, und im August ging er dann zum Studium nach Schottland. Jahre später aber, als ich erneut auf Peter Abrahams stieß und die südafrikanische Literatur für mich entdeckte, fiel mir Allan Ogot wieder ein, wie er auf dem Gelände der Alliance High School stand und mittels eines Buchtitels predigte, ohne selbst ein Wort zu sagen: „Tell Freedom". Sein Schweigen wirkte aufrüttelnder als alle Predigten, die er in der Kapelle gehalten hatte und war überwältigender als jedes Euklid'sche Theorem.

Dies sollte zum Muster meines geistigen Heranwachsens werden. Oftmals außerhalb der formellen Unterrichtssituation hingeworfene, nebensächliche Bemerkungen und flüchtige Bilder hinterließen einen bleibenden, manchmal prägenden Eindruck in meinem Leben.

Das Leben im Refugium bestand jedoch nicht nur aus Mysterium und Aufregung. Einmal stand ich allein vor der Mensa, als ein Junge mich freudig grüßte und mir die Hand entgegenstreckte. Als ich ihm meine hinstreckte, um seine zu ergreifen, zog er sie schnell zurück und rief: *Jigger*, für wen hältst du dich? Ich wollte an ihm vorbeigehen, aber er versperrte mir den Weg und nannte mich *mono*. Schließlich ließ er mich durch, gab mir allerdings noch mit auf den Weg, künftig auf mein Benehmen zu achten, wenn ich mit Höherstehenden spreche. Es war brutal und demütigend, da ich so etwas nicht im Mindesten erwartet hatte.

In der Mensa suchte ich nach Kenneth Wanjai, der auch aus Limuru kam. Zu Hause hatten Wanjai und ich nicht viel miteinander zu tun gehabt, doch die Alliance hatte uns einander nähergebracht. Er saß mit einem anderen Schüler, Leonard Mbũgua, zusammen, der ebenfalls eine Klasse über mir war: Anfangs lachten sie und fragten sich, wieso ich dieser Tradition, Frischlinge zu schikanieren, nicht schon längst ausgesetzt gewesen war.

Genüsslich erzählten sie Geschichten über Neuankömmlinge, die man gezwungen hatte, für andere aus höheren Klassen die Sachen zu waschen; die man geschlagen und nachts hinaus in den Busch getrieben hatte, wo sie schlafen mussten; die ihre gesamten Essensrationen abgeben mussten; die man tatsächlich am Feuer geröstet hatte, weil sie sich weigerten, abzugeben. Sie lachten, als sie meine weit aufgerissenen Augen sahen. Das mit dem Feuer sei ein bisschen übertrieben, gaben sie zu. „Das war vor langer, langer Zeit", versicherte Wanjai, „lange bevor wir hier angefangen haben. Außerdem bin ich ja jetzt im zweiten Jahr. Mein Freund und ich, wir werden dich beschützen".

Ihre Beschützerschwüre wirkten alles andere als überzeugend: Sie drangsalierten selbst andere und hatten keine Hemmungen, mich mit dem verhassten Wort *mono* zum Schweigen zu bringen, wenn ihnen die Argumente ausgingen. Langsam begriff ich, dass ich mich auf mich selber verlassen musste, wenn ich hier überleben wollte. Es war, als hätte ich in dem Jungen, der mich belästigt hatte, einen bösen Geist hervorgelockt. Er hieß, wie ich nach einiger Zeit herausfand, Benaya Majisu, und ich hatte das Pech, ihm immer an den überraschendsten Orten über den Weg zu laufen. Freundlich bat er mich stehen zu bleiben, die Handflächen wie im Gebet aneinandergelegt, und ich tat es, weil ich glaubte, dass er seinen Fehler eingesehen hatte und sich entschuldigen wollte. Dann aber klappte er die Handflächen auf und zu und befahl mir, meinen Mund im Rhythmus seiner Handbewegungen zu öffnen und zu schließen. Als ich mich weigerte, schien er sauer zu sein, und ich wurde für ihn zur Herausforderung. Kamen ein Präfekt oder irgendjemand anderes vorbei, sah er wie die Unschuld selbst aus. Mich machte wütend, dass es niemanden gab, an den ich mich wegen Wiedergutmachung wenden konnte. Bei wem auch sollte man sich beschweren, wenn einen ein anderer Schüler gebeten hatte, den Mund so schnell zu öffnen und zu schließen, wie er die Handflächen schloss und öffnete? Er achtete sehr darauf, mich nicht körperlich anzugehen, und deshalb konnte ich wirklich nichts anderes tun, als ihm möglichst aus dem Weg zu gehen. Wie ich später herausfand, war er eigentlich nett und sanft und spielte mehr den Tyrannen, als dass er einer war.

In den Schlafsälen hießen die Neuen *monos* oder *jiggers*, die man an ihren Platz verweisen musste; sie durften zu sehen, aber nicht zu hören sein. Die schlimmsten Maulhelden kamen aus dem zweiten Jahrgang und taten den Frischlingen das an, was ihnen im vorangegangenen Jahr angetan worden war. Mir kam es seltsam vor, dass die früheren Opfer der Schikanen nun die schlimmsten Täter genau der Dinge waren, die sie so vehement beklagt hatten. Ich habe nie verstanden, dass es angeblich Freude bereitet, andere zu demütigen, schon gar nicht jemanden, der schwächer ist als man selbst. Ich schwor mir, wenn ich ins zweite Jahr käme, die Neuen nicht zu schikanieren. Ein Versprechen, das ich gehalten habe.

Nach einigen Wochen hielt eine gewisse Routine Einzug. Montag bis Freitag waren mit Unterricht und schulischen Aktivitäten ausgefüllt. Am Samstagnachmittag aber, wenn die morgendlichen Aufgaben erledigt waren, ergänzten viele Schüler ihre Uniform aus Khaki-Shorts und blauer Krawatte mit Socken und Schuhen und verließen das Schulgelände. Wer in der Nähe wohnte, ging nach Hause. Die anderen machten sich auf den Weg zu den indischen Läden in Kikuyu.

Die Stadt war ursprünglich ein Eisenbahndepot, das 1898 errichtet worden war. Wie in ähnlichen Depots waren auch hier die Inder die kommerziellen Grenzlandbewohner, die die Armee aus Eisenbahnarbeitern und Beamten mit Nahrungsmitteln, Kleidern und Transportmöglichkeiten versorgten. Der Stützpunkt entwickelte ein Eigenleben, das auch dann weiterging, als die Eisenbahnbauer längst weitergezogen waren.

In den ersten Wochen traute ich mich nicht vom Alliance-Gelände. Ich hatte auch keine große Lust, den Bahnhof von Kikuyu wiederzusehen; ich musste nicht daran erinnert werden, wie ich das erste Mal dort als Schmuggelgut in einem Güterwaggon angekommen war. Eines Samstags aber luden mich Wanjai und Leonard Mbũgua ein, mich ihnen anzuschließen, und ich hatte das Gefühl, dass es an der Zeit war, den Schritt aus dem Schulgelände zu wagen.

Man musste nicht lange gehen. Links von uns erstreckten sich die legendären Sümpfe von Ondiri und lösten in mir eben jene Furcht aus, die ich empfand, als ich über sie las und von ihnen erzählen hörte. Als wir in Kikuyu ankamen, hoben wir uns durch unsere Uniformen von der übrigen Bevölkerung ab; als wären die indischen Ladenbesitzer und ihre afrikanischen Kunden die Eingeborenen unserer Entdeckungsreise.

Erst im Einkaufszentrum entdeckte ich, dass unser uniformes Khaki einen Unterschied verbarg. Ich war Wanjai und den anderen blindlings gefolgt und hatte geglaubt, es handelte sich nur um einen Spaziergang in die Stadt, einen Schaufensterbummel und dann den Spaziergang zurück. Doch als sie anfingen, das eine oder andere zu kaufen, fiel unsere Gleichheit auseinander. Ich hatte kein Geld und so zog ich mich auf das zurück, was ich in meinen früheren Schultagen getan hatte, wenn ich kein Mittagessen hatte: Ich sonderte mich von der Herde ab und ging eigene Wege. Die Läden sahen aus wie in Limuru, Tuchläden mit dem Besitzer hinter der Ladentheke, dem ein langes Maßband um den Hals hing; Gemüseläden, in denen der Verkäufer auf einem hohen Stuhl saß, Blätter kaute und seine Hilfskraft herumkommandierte; und andere Geschäfte, die sich auf verschiedene Nahrungsmittel und Bonbons spezialisiert hatten, die in Gläsern ausgestellt waren. Selbst eine Tasse Tee oder das billigste Bonbon lagen jenseits meiner Möglichkeiten. Ich wäre ja zur Schule zurückgelaufen, wollte aber die Strecke nicht allein gehen.

Als ich sah, dass einige andere Frischlinge mit ihren *mandazi* und anderen Süßigkeiten auf mich zukamen, versteckte ich mich auf der Veranda des nächstgelegenen Ladens, um sie vorbeigehen zu lassen. Als ich wieder auf die Straße zurück wollte, rief mich jemand beim Namen. Ich drehte mich um und sah einen afrikanischen Schneider, der mich anlächelte. „Ich dachte, du kämst herein, um mir Guten Tag zu sagen!“, meinte er und schüttelte mir freundlich die Hand. „Erinnerst du dich nicht mehr an mich?“ Es war Igogo, der Junge, der in unseren längst vergangenen Kamandūra-Tagen von der Schule gemobbt worden war, nur weil sein Name Krähe bedeutete. Inzwischen war er erwachsen und Schneider von Beruf, hatte sich beim indischen Ladenbesitzer eine Singer-Nähmaschine gemietet und arbeitete auf eigene Rechnung. Wir redeten über die alten Zeiten, mieden dabei jedoch die Schikanen, die ihn von der Schule getrieben hatten. „Dein Erfolg ist auch unser Erfolg“, sagte er und schenkte mir etwas Kleingeld, damit ich mir etwas zu essen kaufen konnte, und entschuldigte sich, den Laden nicht verlassen zu können, um mir Gesellschaft zu leisten. „Wenn du wieder in der Gegend bist, musst du unbedingt zu mir in den Laden kommen und mir erzählen, wie es dir ergeht“, sagte er. „Vielleicht habe ich ja Zeit und wir können einen Tee zusammen trinken." Ich war ihm ehrlich dankbar, kaufte ein paar Bonbons und suchte, da mein Stolz wiederhergestellt war, nach Wanjai und Mbũgua, damit wir rechtzeitig zum Abendessen wieder in der Schule sein konnten.

Plötzlich sah ich, dass die Leute in alle Richtungen davonliefen. So etwas hatte ich in Limuru auch schon erlebt: Es war eine Razzia. Unter dem Kommando weißer Offiziere sprangen afrikanische Soldaten, bewaffnet und im Tarnanzug, aus Militärgeländewagen, die wie aus dem Nichts aufgetaucht waren. Sie rannten den Leuten hinterher, die zwischen den Läden verschwanden, und riefen drohend in die allgemeine Verwirrung: „Lala chini! Mikono juu! – Hinlegen! Hände hoch!" Bald waren die Soldaten überall und trieben die Leute zusammen. Aber manchmal geschehen Wunder. Unsere Alliance-Uniform wirkte wie eine Tarnkappe, die Bluthunde schienen uns nicht zu sehen. Trotzdem fühlten wir uns erst wieder sicher, als wir im Refugium angekommen waren.

Das Leben in der Schule blieb weiterhin eine Abfolge von Entdeckungen. Da gab es zum Beispiel die geheimnisumwitterte Hierarchie des Systems der Präfekten, das beinahe so etwas wie ein Spiegelbild der kolonialen Administration war. Das Lehrerkollegium mochte in den Wissenschaften die Herrschaft über unser Leben ausüben, doch eigentlich regierte der Direktor die Schule durch die Präfekten. Die oberste Klasse, Nachfolger und Erben jener, die im vorangegangenen Jahr ihren Abschluss gemacht hatten, schien auf einer intellektuellen Wolke in einem unerreichbaren Himmel zu schweben. Sie gingen, redeten und sahen aus, als trügen sie das volle Gewicht reiner Erkenntnis.

Die Taten all derer, die vor uns abgegangen waren, ihre Es-
kapaden, ihre Heldentaten, ihre Erfolge, ja, selbst ihre bloßen
Namen, wurden zum Stoff von Legenden. Zu diesen gehörte
auch Henry Kuria, ein Schüler, der ein Theaterstück in Kiswahili geschrieben hatte: „Nakupenda Lakini ... I love you but ..."
Auch die Regie hatte er übernommen. Das ganze Stück war
allein eine Initiative der Schüler und bevor das Stück in den
umliegenden Gemeinden aufgeführt wurde, erlebte es die Uraufführung an der Alliance. Kuria war außerdem der Gründer
und Organisator des Kīambu Music Festivals für die Grundschulen im Distrikt und hatte all das während des Ausnahmezustands bewerkstelligt.

Es klang wie eine Geschichte aus dem Märchenbuch, aber
das Musikfestival lebte auch nach seinem Abgang weiter und
fand 1955 in der Church of Torch auf der anderen Seite des
Tals statt. Dorthin gelangte man zu Fuß, also machte ich
mich auf den Weg. Das Gesangsspektakel der Schüler in den
unterschiedlichen Uniformen der ausgewählten Grundschulen
machte großen Eindruck auf mich. Die Legende selbst war als
Ehrengast zugegen, saß nur zu weit vorn, sodass ich ihn nicht
sehen konnte, was aber eigentlich keine Rolle spielte. Es gab
ihn wirklich.

Das Festival 1955 wurde von Kurias Nachfolger Kīmani
Nyoike organisiert, der gerade sein viertes Jahr an der Alliance
durchlief. Er trat in Kurias literarische Fußstapfen und schrieb
das Stück „Maisha ni Nini – What is Life?", das im April vor
tobendem Haus aufgeführt wurde. Kīmani war bereits für seine Debattierkünste berühmt und spielte in seinem Stück zugleich die Hauptrolle. Er war Schriftsteller, Wortkünstler und
Schauspieler – drei Talente in einer Person.

Meine Erfahrungen mit Bühnenaufführungen beschränkten sich bis dahin auf die Parodien an der Manguo-Grund-
schule. „Maisha ni Nini", das erste richtige Theaterstück, das
ich sah, ging in Niveau und Ausmaß weit über alles hinaus,

was mir bislang begegnet war. Zusammen mit der Kuria-Legende wurde es zur Grundlage meines lebenslangen Respekts vor den Anstrengungen von Schülern und Studenten und meines anhaltenden Interesses für das Theater.

Das erste Trimester ging seinem Ende entgegen, und ich war bereits über alle Maßen verändert. Trotzdem fühlte ich mich der Alliance noch immer nicht recht zugehörig. Das lag nicht nur daran, dass die Unruhestifter damit weitermachten, uns bei jeder Gelegenheit an unseren Platz zu verweisen; ich hatte bisher auch nirgends richtig Eindruck machen können. Im Hinterkopf war ich mir immer der zwanzig anderen in der A-Klasse bewusst, die besser abgeschnitten hatten als ich, und selbst innerhalb meiner B-Klasse konnte ich nicht sagen, wo ich wirklich stand. Trotz dieser verunsichernden Lage packte mich das Fieber, das jetzt von der ganzen Schule Besitz ergriff. Prüfungen! Man musste mir nicht erst sagen, dass sie vor der Tür standen, ich erkannte es am plötzlichen Verhaltenswandel. Überall senkten die Schüler ihren Blick in die Bücher, sogar die unverbesserlichen Maulhelden.

Je näher der erste Prüfungstag, der 5. April, ein Dienstag, rückte, desto größer wurde meine Beklemmung. Als am Donnerstag die letzte Prüfung vorbei war, fühlte ich mich noch niedergeschlagener. Die Art und Weise, wie die anderen Jungen über ihre Leistungen redeten, machte mich vollkommen mutlos, vor allem, wenn ich die Antworten, von denen sie so bestimmt behaupteten, es seien die richtigen, mit meinen eigenen verglich, an die ich mich erinnern konnte.

Doch als die Ergebnisse endlich bekannt gegeben wurden, waren Henry Chasia, ich und Hiram Karani in eben dieser

Reihenfolge die Besten der beiden Klassen. Ich würde in die A-Klasse versetzt werden. Die Tatsache, dass ich in allen Fächern, auch in den Naturwissenschaften, so gut abgeschnitten hatte, ließ mein Selbstvertrauen gehörig wachsen. Die Schüler, die mich durch ihr Auftreten eingeschüchtert hatten, Theoreme und Formeln auswendig aufsagen konnten, waren überhaupt nicht so gut, wie mich ihr prahlerisches Selbstbewusstsein hatte vermuten lassen.

Als am 21. April die Schulversammlung, mit der das erste Trimester offiziell beendet wurde, auseinanderging, hatte ich allen Grund, einer triumphalen Rückkehr in mein Heimatdorf entgegenzusehen. Ich sah mich jetzt in anderem Licht. Die Prüfungsergebnisse hatten mir bewiesen, dass ich nun wirklich ein Schüler der Alliance war. Meine Uniform aus Khaki-Shorts, blauer Krawatte, Schuhen und Kniestrümpfen verkündete diese Tatsache der Außenwelt. Der Ausweis, den mir die Schule ausgestellt hatte, würde dies jedem neugierigen Regierungsbeamten bestätigen. Das Bild von den Bluthunden, die vor dem Tor hechelten und darauf warteten, über mich herfallen zu können, war in den Hintergrund gedrängt worden und verblasst. Die Alliance würde mich vor jeder Unbill schützen. Auch deshalb war ich nicht im Mindesten auf die Zerstörung meines Heimatdorfes und die melancholisch stimmende Ansammlung von Häuserpilzen vorbereitet, die sich Kamīrīthū nannte.

Diese Dorfzusammenlegungen, wie die verharmlosende Bezeichnung des Kolonialstaates für die Zwangsumsiedlungen lautete, kamen 1955, mitten in meinem ersten Trimester an der Alliance, über das kenianische Volk. In der Abgeschiedenheit der Schule hatte ich nichts davon mitbekommen, dass die Handlanger des Staates die Heime der Menschen mit Bulldozern zusammenschoben oder gar in Brand steckten, wenn sich deren Besitzer weigerten, an ihrem Abriss mitzuwirken. Mau-Mau-Verdächtige oder nicht, alle mussten an einen gemeinsamen Ort übersiedeln. In einigen Regionen zwang der Staat die Menschen, einen Graben um die neuen Dörfer auszuheben, sodass es nur einen Aus- und Zugang gab. Ganz Central Kenya wurde zwangsweise umgesiedelt. Die alten Lebensgrundlagen wurden zerstört, um die antikolonialen Aufständischen in den Bergen zu isolieren und auszuhungern.

Auf die Massenumsiedlung folgte die erzwungene Flurneuordnung. Eine Person oder auch eine Familie, die Felder in unterschiedlichen Gegenden besaß, bekam die Parzellen jetzt zu einem Stück zusammengelegt, hatte aber keine Wahl hinsichtlich der Lage dieses zusammengelegten Landes. Die Leute in den Bergen und Konzentrationslagern konnten ihre Ansprüche nicht geltend machen. Es war ein massiver Betrug, bei dem oft das Land der bereits Armen an die verhältnismäßig Reichen und von den Familien der Guerillakämpfer an die dem Kolonialstaat treu Ergebenen ging.

Die Unterscheidung zwischen den Loyalen einerseits und allen anderen andererseits spiegelte sich im Aufbau des neuen Dorfes. Die Loyalen bewohnten Eckhäuser mit Wellblechdächern und großzügigem Raum dazwischen, während die als illoyal befundenen, die Mehrheit der Landlosen und Armen, in eng stehenden Rundhütten mit Grasdächern und Lehmwänden hausten. Loyale Haushalte waren meist christlich, relativ wohlhabend, besser gebildet und bestanden aus einer intakten Kleinfamilie mit Vater, Mutter und Kindern. Die Bauern- und Arbeiterhaushalte konnten meist nur Mütter und Kinder vorweisen.

Die neuen Dörfer stellten das ländliche Gegenstück zu den Konzentrationslagern dar, in denen immer noch Tausende gefangen gehalten wurden und zu denen seit der Verkündung des Ausnahmezustands 1952 jedes Jahr viele hinzukamen. Die Insassen der Konzentrationslager waren meist Männer, die Menschen in den Lagerdörfern hauptsächlich Frauen und Kinder. Diese zwei Lagermuster hatten vieles gemeinsam.

Am sichtbarsten war das anhand des Wachturms, der gewöhnlich am höchsten Punkt errichtet wurde und an dem als Symbol von Eroberung und Kontrolle der Union Jack wehte. Die Insassen der Lager sowie der Dörfer standen unter ständiger Überwachung, egal ob sie zu den Loyalen gehörten oder nicht, und es war üblich, dass man sie zu jeder Tages- und Nachtzeit anhielt und durchsuchte. Die Grenze zwischen Gefängnis, Konzentrationslager und Dorf war damit praktisch aufgehoben.

Meine Familie bewohnte im neuen Kamīrīthū eine Lehmhütte, und der Fußboden war unser Bett. Ich weiß nicht, wie es meine Mutter schaffte, so etwas wie Mahlzeiten aufzutreiben. Die Frauen durften nur zu bestimmten Stunden an genau festgelegten Tagen auf ihre Felder oder für die wohlhabenderen Dorfbewohner arbeiten. Ab und zu arbeiteten meine Schwester Njoki und Charity, die Frau meines Bruders, auf den Teeplantagen, die den Europäern gehörten.

Gerüchte über ein bevorstehendes Jüngstes Gericht ließen die Schwermut weiter anwachsen. Gouverneur *Sir Evelyn Baring* hatte Mitte Januar 1955 allen Mau-Mau-Kämpfern, die sich ergaben, Amnestie angeboten. Dieses Angebot folgte auf die 1954 gescheiterten Kapitulationsverhandlungen nach der Festnahme von *General China*. Nach Maßgabe dieses Amnestieangebots sollten die Widerstandskämpfer, wie bei den Verhandlungen Ende 1954, keine Zugeständnisse hinsichtlich ihrer politischen Forderungen nach Land und Freiheit erhalten, sondern nur die Zusicherung einer Haftstrafe anstelle der Hinrichtung. In beiden Fällen weigerte sich der Kolonialstaat, die Mau Mau als legitime antikoloniale und nationalistische Bewegung mit politischen Zielen anzuerkennen. Tiefflieger warfen über den Dörfern und in den Bergen Flugblätter ab, auf denen mit nicht näher ausgeführten Konsequenzen gedroht wurde, sollten die Guerillas das Angebot ablehnen. Die Drohungen nahmen zu, als gerade das neue Dorf gebaut wurde.

Ich sah mir das Angebot und die Drohungen an, weil sie meinen großen Bruder Good Wallace betrafen, der irgendwo in den Bergen kämpfte. Ich hatte Angst um sein Leben. Während der gesamten Ferien schwebte das Szenario des Jüngsten Gerichts über unserer Familie und wurde, zumindest für mich, noch bedrückender, weil wir nicht richtig darüber redeten. Es überraschte mich etwas, dass Charity, die Frau meines Bruders, die Drohungen so ruhig hinnahm, aber vielleicht tat sie auch nur so. Aufgeladen mit großer Furcht und Unsicherheit endeten meine dreiwöchigen Ferien, ohne dass ich mich mit Kenneth getroffen hatte, um über sein Buch zu sprechen.

Am 12. Mai kehrte ich an die Alliance zurück und begann mein zweites Trimester im Refugium, von Bildern des Gemeinschaftsgefängnisses gequält, das zu bauen ich geholfen hatte, und niedergedrückt von Gedanken an das Jüngste Gericht, das Good Wallace und seine Mitkämpfer erwartete, weil sie der Aufforderung, sich zu ergeben, getrotzt hatten. Künftig sollte ich mein Leben in einem Zuhause führen, das mich an den Verlust meines Zuhauses erinnerte, und in einer Schule, die Zuflucht bot, nicht aber die Gewissheit eines Zuhauses. Beides waren ironischerweise koloniale Konstrukte, ich fürchtete jedoch, dass sie ebenfalls jeden Augenblick zusammenbrechen und meine Träume unter sich begraben könnten.

Als ich im Januar zum ersten Mal an die Alliance kam, war Edward Carey Francis im Urlaub und man spürte deutlich seine Abwesenheit. Die Jungen in den Klassen über uns redeten über ihn, als wäre er ein Mysterium. Sie nannten ihn „Hiuria" oder „Kihiuria" und beschworen damit das Bild eines großen, angreifenden Nashorns und seine Seitwärtsbewegungen beim Umdrehen herauf. In allen Geschichten über die Alliance war er gewöhnlich der Bezugspunkt. Überall, während der Ruhezeiten in den Schlafsälen, bei den Mahlzeiten in der Mensa, in den Pausen zwischen den Unterrichtsstunden redeten die älteren Schüler darüber, was sich ihrer Meinung nach gelockert hatte oder nachlässig geworden war, seit Carey Francis im Dezember 1954 nach England abgereist war. Über die Lehrerfrauen, die vor allem an den Sonntagen farbenfrohe Kleider trugen, sagten die Schüler, sie benähmen sich so hemmungslos wie Kinder, deren strenger Vater außer Haus ist. „Paka akienda Panya hutawala", meinten andere auf Kiswahili. „Wartet nur ab, ob die Mäuse immer noch auf dem Tisch tanzen, wenn die Katze wieder da ist." Manchmal ahmten die Schüler nach, wie Carey Francis ging, je nachdem, in welcher Stimmung er sich gerade befand, vor allem, wenn er einen Lehrer oder Schüler dabei ertappte, wie dieser etwas tat, mit dem er nicht einverstanden war. Besonders beunruhigend aber war, dass sie behaupteten, nichts und niemand entginge seiner Aufmerksamkeit. Er kannte jeden einzelnen Jungen in der Schule mit Namen, alle zweihundert. Nein, mehr noch, er kannte die Namen aller Jungen, die jemals die Alliance durchlaufen hatten, seit er 1940 deren Leitung übernommen hatte. In meiner Fantasie wurde er zu einem riesigen, nicht greifbaren Unbekannten.

Ziemlich zu Anfang des zweiten Trimesters kam ich gemeinsam mit Wanjai, Aaron Kandie und Kirui nach dem Mittagessen aus der Mensa und sah einen Mann in khakifarbenem Safariüberwurf, Shorts und Kniestrümpfen in der prallen Sonne durch die Felder laufen und mit einem Hund spielen. Er schleuderte einen Gegenstand von der Größe eines Tennisballs, so weit er konnte, und der Hund rannte los und brachte ihn wieder zurück. Das ist Hiuria, erklärte mir Wanjai. Carey Francis, bestätigten die anderen. Er war am 21. Mai aus England zurückgekommen, neun Tage nach meiner Rückkehr aus den Ferien. Er sah überhaupt nicht wie die Schrecken einflößende Gestalt meiner Fantasie aus. Wart's nur ab, meinte Wanjai.

Die Auswirkungen seiner Rückkehr waren unmittelbar zu spüren und zu sehen. Ein neuer Eifer, neuartige Pünktlichkeit und Selbstdisziplin hielten bei Lehrern und Schülern Einzug, als wollten sie nicht riskieren, auf dem falschen Fuß erwischt zu werden. Trotzdem verstand ich immer noch nicht, was das ganze Theater sollte.

Doch dann erlebte ich eines Sonntags während des Morgenappells vor dem Gottesdienst jenen Zorn, der die Geschichten über ihn befeuerte. Der Appell begann ziemlich unheilverkündend. Carey Francis, in grauem Anzug mit blauer Krawatte, stand vor uns, wie die anderen Lehrer mit ihren Frauen auch. Während wir warteten, dass das Musterungsritual begann, ging ein europäisches Lehrerpaar, Mr. und Mrs. Kingsnorth, das sich ein bisschen verspätet hatte, an ihm vorüber. Mrs. Kingsnorth trug ein Kleid, dessen Saum, anders als bei den übrigen Damen, etwas mehr von den Beinen preisgab. Der Duft ihres Parfums erfüllte die Luft.

Plötzlich begann Carey Francis heftig durch die Nase zu atmen. Er schäumte, drückte die Zunge gegen die Backe und rollte sie im Mund von einer Seite zur anderen, als bewegte er einen kleinen Ball hin und her, sodass seine Backen sich abwechselnd aufblähten. Er fing an, auf der Stelle zu stampfen, links, rechts, vor, zurück, manchmal fast im Kreis, und ich musste zugeben, dass das wie bei einem Bullen aussah, der gleich durchgeht. Jeder Schritt wirbelte Staub auf, der seinen Zorn zum Ausdruck brachte, und seine Hosenbeine wedelten hin und her, als wären sie ebenso wütend. Die Schüler nannten das den Stepptanz. Einen Augenblick glaubte ich tatsächlich, der Boden unter seinen Füßen würde nachgeben. Erstaunlicherweise schienen die Lehrerschaft und die älteren Schüler unbeeindruckt, als hätten sie das bereits erlebt, und warteten nun ab, bis der Sturm sich legte oder zumindest abflaute.

Diesmal aber endete es nicht so, wie sie sich das vorgestellt hatten. Sein keuchender Atem und der Stepptanz fanden ein himmlisches Echo: Es donnerte und blitzte und plötzlich goss es in Strömen. Die Präfekten gaben sich Mühe, einen geordneten Marsch zur Kapelle zu organisieren, mussten aber bald, wie die Lehrer mit ihren Frauen auch, der Jungenmenge folgen, die die heiligen Zufluchtsräume stürmte. Als jeder schließlich einen Sitzplatz in den Kirchenbänken gefunden hatte, las ein völlig ruhiger Carey Francis einen Abschnitt aus „*Pilgrim's Progress*" vor, in dem Christ, als er das Haus des Exegeten besucht, in ein völlig verstaubtes Empfangszimmer geführt wird. Während das Zimmer gefegt wird, bringt der umherfliegende Staub die Anwesenden fast zum Ersticken. Da spritzt eine Frau Wasser auf den Fußboden und alles ist in Ordnung:

„Dann sagte Christ: ‚Was bedeutet das?' Der Exeget antwortete: ‚Diese Stube ist das Herz eines Menschen, das nie durch die süße Gnade des Evangeliums geheiligt worden ist. Der Staub ist die Erbsünde und das inwendige Verderben, das den ganzen Menschen verunreinigt. Der Mann, welcher zuerst anfing zu kehren, ist das Gesetz; die Jungfrau aber, welche das Wasser brachte und sprengte, ist das Evangelium.'"

Davon ausgehend steigerte sich Carey Francïs zu einer unglaublichen Darbietung, in der er die Alliance mit dem Haus des Exegeten gleichsetzte, in dem der Staub, den wir von draußen hereingeschleppt hatten, durch die Gesetze guten Benehmens hinweggefegt und durch das Evangelium des christlichen Gottesdienstes abgewaschen werden konnte. Das Wort Gottesdienst würzte seine gesamte Predigt. Aber, so setzte er hinzu, nur Jesus mit seiner Gnade konnte den Ausgang unserer irdischen Kämpfe segnen.

Die Predigt in der Kapelle schien die passende Ergänzung zu jener, die die Natur in Gestalt des Sturms gehalten hatte. Thema aller Gespräche aber wurde die franciskanische Wut, die beidem vorangegangen war. Was hatte sie ausgelöst? Einige behaupteten, es wäre das verspätete Paar gewesen. Carey Francis hasste es, wenn sich jemand verspätete, und verlangte von den Lehrern, ein gutes Beispiel zu sein. Nein, hielten andere dagegen, es waren das Parfum der Frau, ihr Kleid, die Saumhöhe. Er verabscheut Ausschweifungen. Nein, nicht um Ausschweifung geht es: Der hat etwas gegen Frauen. Der ist doch völlig daneben, findet ihr nicht?, fragten wieder andere und dehnten das Thema über Wut und Predigt hinaus auf sein Leben aus. Warum hatte er 1928 die angesehene Stellung als Universitätsdozent für Mathematik in Cambridge zugunsten des niederen Postens eines Direktors an einer Grundschule in Afrika aufgegeben? Glaubt ihr wirklich, es geht dabei nur um die missionarische Berufung? Nein, da war etwas anderes im Spiel. Etwas sehr Persönliches. Oh, ja, verschmähte Liebe.

Während des Ersten Weltkriegs, so ging die Mär, hatte Carey Francis in England und Frankreich gekämpft. Doch als er nach Hause zurückkehrte, musste er feststellen, dass seine Liebste mittlerweile einem anderen das Leben versüßte. Er kehrte sein gebrochenes Herz von den Frauen ab und wandte sich seinem Hund und Gott zu, den beiden einzigen Wesen, die ihn niemals im Stich lassen würden. Sein einfallsreicher

Geist entschied sich gegen ein ruhiges Leben zwischen Elfenbeinturm und Rasenflächen in Cambridge, für die Selbstaufopferung und reine Hingabe inmitten der Dornenbüsche Afrikas. Tatsache oder Erfindung, die Geschichte über Liebe und Krieg schien sinnfällig zu erklären, warum dieser Mensch, der am 13. September 1897 im Londoner Stadtteil Hampstead zur Welt gekommen war, die William Ellis School und das Trinity College in Cambridge besucht hatte und *Senior Wrangler* im *Mathematik-Tripos* war, alle Brücken hinter sich abbrach und an einer staubigen Grundschule in einem fremden Land sein Leben noch einmal radikal von vorne begann.

Carey Francis kam 1940 als eine Art Kriegsdirektor an die Alliance und machte sich als Erstes daran, eiserne Disziplin durchzusetzen. Die laxe Einstellung unter Grieves' Ancien Régime mochte er nicht und schwor, sie auszutreiben und die Alliance nach seinen Vorstellungen umzubauen. Wie bei einer Revolution sollte sich unter dem neuen Regime alles drastisch verändern, und seine erste Amtshandlung bestand darin, die knielangen Khaki-Shorts der Schüler und den rotbraunen Fez mit den schwarzen Quasten durch einfache Khaki-Shorts und -Hemden zu ersetzen. Lehrer, vor allem Afrikaner, die nicht mitzogen, entließ er kurzerhand. Andere gingen – unter Protest – von sich aus. Die Schüler murrten, weil sie ihre Lehrer verloren, und noch mehr wegen des Verlusts ihrer rotbraunen Feze mit den schwarzen Quasten. Doch zum Bruch zwischen dem neuen Direktor und den Schülern kam es wegen der franziskanischen Anweisung, dass die Schüler in entsprechenden Gärten Gemüse anzubauen hatten, um die britischen Kriegsanstrengungen zu unterstützen. Irgendjemand entfernte den Aushang, den der neue Direktor angeschlagen hatte, und kein Schüler mochte sich dieser Unverschämtheit schuldig bekennen oder einen anderen anschwärzen.

Carey Francis antwortete mit einer Mischung aus Rauswurf und Rohrstock, und die Jungen wurden erst wieder zur Schule zugelassen, nachdem sie, einzeln und einer nach dem anderen, schriftlich bestätigten, dass sie sich falsch verhalten hatten. Sie versprachen, von nun an die neuen Disziplinarregeln zu befolgen, und sagten: Danke für die Bestrafung, Sir. Er nutzte die Krise, um den alltäglichen Ablauf an der Schule neu zu organisieren, indem er den akademischen Bereich vom administrativen, das heißt, das Klassenzimmer vom Schlafsaal trennte. Die Lehrer trugen weiterhin die Verantwortung für den Lehrplan und die damit zusammenhängenden Aktivitäten, das System der Schülerpräfekten aber sollte sich um das Leben der Schüler außerhalb der Klassenzimmer kümmern. Der Direktor stand selbstverständlich sowohl der akademischen wie der administrativen Hierarchie vor. Damit war die Legende vom Zuchtmeister geboren, die sich im Sagenschatz der Schule mit Geschichten von Liebe, Krieg und Zauberei mischte.

Als er einmal durch ein Dorf unweit der Alliance spazieren ging, blieb Carey Francis stehen, um sich mit einer afrikanischen Kinderschar zu unterhalten. Er bat einen Jungen, ihm die Münze zu zeigen, die er in der Hand hielt. Vor aller Augen ließ Carey Francis die Münze verschwinden und dann hinter dem Ohr eines anderen Jungen wieder auftauchen. Die Kinder warteten nicht weiter ab, sondern rannten nach Hause, um von der Zauberei und dem Mann zu erzählen.

Eines Samstagabends erlebte ich das ganze Ausmaß seiner Zauberfähigkeiten. Ich konnte gar nicht fassen, dass die Person da oben auf der Bühne derselbe strenge Direktor war, den ich zu kennen glaubte. Wieder und wieder ließ er Karten und Golfbälle im Nichts verschwinden und anschließend wieder auftauchen, scheinbar ebenfalls aus dem Nichts. Am verblüffendsten waren die Kaninchen und Tauben, die er aus seinem Hut zog. Doch am Ende, vielleicht auch aufgrund des Zwischenfalls im Dorf, war er so vorausschauend, uns zu erklären, dass er die Zauberei nur spiele und gar nicht richtig zaubern könne. Das alles seien nur Zaubertricks. Es war meine erste Begegnung mit solchen Tricks, und immer wenn ich in späteren Jahren bei professionellen Zauberern noch verblüffendere Vorstellungen erlebte, musste ich unweigerlich an jenen ersten Abend mit der Zauberei von Edward Carey Francis an der Alliance denken.

Woran ich später allerdings nicht im Geringsten zweifelte, waren seine magischen Fähigkeiten als Vorleser. Einmal, während einer seiner Freitagsgesellschaften, stellte er uns ein Buch vor: „Drei Männer im Boot ... ganz zu schweigen vom Hund" von Jerome K. Jerome, die Geschichte einer Bootsfahrt auf der Themse. Zu Anfang war ich skeptisch. Wer wollte schon von Booten auf Flüssen hören, die man noch nicht gesehen hatte? Doch als er zu lesen begann, fand ich mich plötzlich inmitten der humorvollen Widrigkeiten und Verwicklungen der Geschichte wieder, einschließlich des Dramas, aus ungeschälten Kartoffeln, einem Kohlkopf, Erbsen, einer halben Schweinefleischpastete, ein wenig kaltem, gekochtem Bauchspeck, eingelegtem Lachs und anderen Resten ein Irish Stew zuzubereiten.

Als er die Lesepassagen beendete, fühlte ich mich, als wäre ich bei dieser imaginären Bootsfahrt auf einem Fluss, den ich nicht kannte, dabei gewesen, und lachte. Dieser Augenblick war magischer als jener Abend mit den Zaubertricks. Es fiel mir schwer, die unterschiedlichen Bilder des Zunge rollenden, stampfenden Sturmbeschwörers, des gewitzten Schöpfers von Illusionen und dieses wortgewaltigen Beschwörers des Lebens aus einem Buch, das 1889 veröffentlicht worden war, miteinander zu vereinen.

Carey Francis unterrichtete nicht in den unteren Klassen. Dadurch blieb er eine überlebensgroße Gestalt, die überall zugleich auftauchte und abwechselnd Zorn, Feuer oder Vergnügen heraufbeschwören konnte. Ich hätte ihn gern als Lehrer kennengelernt, musste mich aber mit der gelegentlichen Predigt in der Kapelle und den Freitagsgesellschaften begnügen, bei denen er über aktuelle Angelegenheiten – nationale, kontinentale und internationale – sprach. Das war seine Art, mit der gesamten Schülergemeinschaft in Verbindung zu bleiben.

Im November, kurz nach Carey Francis' Rückkehr aus dem Urlaub, war Winston Churchills Rücktritt als Premierminister der Conservative Party Gegenstand einer solchen Veranstaltung. Churchill gehörte zu den führenden Staatsmännern der Welt. Selbst die Tatsache, dass er während seiner Karriere die Partei gewechselt hatte, sprach für seinen unabhängigen Charakter. Er hing Prinzipen stärker an als einer Partei. Als sich um ihn herum Panik breitmachte, bewahrte er einen kühlen Kopf und rüttelte die Welt zum Kampf gegen Hitler auf. Wo ein Schuft den Himmel auf Erden versprochen hätte, sprach er von „Blut, Mühsal, Tränen und Schweiß". Durch sein Bündnis mit Präsident Franklin D. Roosevelt, das 1941 mit der Unterschrift unter die Atlantik-Charta bei einem geheimen Treffen auf dem britischen Kriegsschiff HMS Prince of Wales besiegelt wurde, veränderte sich das Kriegsziel. Es ging nicht mehr allein um den Sieg über Hitler, sondern um die Freiheit des Menschen, und das bekräftigte das Recht der Völker, die Regierung zu wählen, unter der sie lebten.

Churchills Worte kamen mit derartiger Überzeugungskraft auf uns, dass es schwerfiel, sich nicht von seinen Beteuerungen mitreißen zu lassen. Doch tief in mir hörte ich immer noch die Stimme Ngandis, meines geliebten Mentors aus früheren Jahren, der mir ein anderes Bild von Churchill gezeichnet hatte, das eines Kämpfers für den Erhalt des Empires. Ngandi hatte Churchills Undankbarkeit beklagt, weil er Gouverneur Baring gestattete, in Kenia den Ausnahmezustand auszurufen, und britische Truppen schickte, um eben die Kenianer zu zerschmettern, die ihm im Kampf gegen Hitler geholfen hatten und nun ihre Freiheit forderten. Es waren Churchills Konservative, die in Kenia Hitlers Konzentrationslager kopierten. Ngandi mochte aus meinem Leben verschwunden sein, aber seine Art, die Welt zu sehen, die propagierte Ordnungsmäßigkeit der Autorität in Frage zu stellen, war mir geblieben. Ngandi musste nicht an meiner Seite sein, damit ich die Konzentrationslagerdörfer in Central Kenya der Liste imperialer Untaten hinzufügte, ich war eben erst aus einem zurückgekehrt. Churchill stand dafür, dass ich mein Zuhause verloren hatte. Der Verlust nagte an mir, nährte die Angst vor weiteren unerwarteten und plötzlichen Störfällen in meinem Leben. Gouverneur Barings Jüngstes Gericht, der Tag, an dem er die bedingungslose Kapitulation der Mau Mau erwartete und der auf den 10. Juni festgesetzt war, hing drohend wie eine dunkle Wolke über meinem zweiten Trimester an der Alliance. Meine Furcht wuchs noch, weil ich niemanden hatte, mit dem ich meine Angst um Good Wallace teilen konnte.

Trotzdem genügte das Schauspiel des Alltags und Lernens an der Schule, mich von meinen Gedanken an das neue Dorf, das Jüngste Gericht und meinen Bruder in den Bergen abzulenken. Als das zweite Trimester am 4. August zu Ende ging und ich für die Ferien ins Dorf zurückkehrte, war das Jüngste Gericht schon gekommen und vorübergegangen. Zuhause aber hatte es zugeschlagen: Mutter war verhaftet und zum Verhör auf die Wache der Home Guard gebracht worden. Sie sprach kaum über die Torturen, die sie dort über sich hatte ergehen lassen müssen, und ich war mir sicher, dass es vieles gab, was meine Familie vor mir geheim hielt, um mir die Bürde zu nehmen zu wissen, was sie wussten. Sie behandelten mich als Außenstehenden, dem man nur eine gewisse Dosis Wirklichkeit zumuten konnte. Doch indem sie mich schützten, machten sie es mir noch schwerer, die Entfremdung zu überwinden.

Zwar ließ der Staat die Propagandaflugzeuge keine Flugblätter mehr abwerfen, dafür aber verstärkte er die Bombenabwürfe über dem Mount Kenya, die willkürlichen Razzien in den Städten und auf den ländlichen Märkten, die Massenverhaftungen und öffentlichen Hinrichtungen. All das geschah so regelmäßig, dass das neue Dorf dies als ein Furcht erregendes Abbild der Normalität aufzunehmen schien. Diese Normalität minderte aber nicht die Melancholie, die in dem blauen Rauchbaldachin gefangen zu sein schien, der über den Hütten hing.

Im September kehrte ich für das dritte und letzte Trimester meines ersten Jahres an die Schule zurück. Allan Ogots Fortgang und seine Ersetzung durch einen neuen Lehrer – er hieß A. Kilelu – bedeutete lediglich eine geringfügige Veränderung in der Lehrerschaft. Der Unterricht lief so wie immer, doch selbst diese winzigen Veränderungen bedrohten die Stabilität, auf die ich im Refugium immer gehofft hatte.

Im dritten Trimester war ich längst nicht mehr so neugierig und aufgeregt wie bei meiner ersten Anreise oder im Angesicht des franciskanischen Schauspiels im zweiten Trimester, doch dafür konnte ich jetzt Licht am Ende des Tunnels meines Frischlingsdaseins sehen. Die Tatsache, von den älteren Schülern immer nur toleriert zu werden, würde enden und damit wäre es auch mit ihren Schikanen vorbei. Das Prüfungsfieber, heftiger denn je, wies deutlich auf das nahende Ende hin. Für mich bestand der Druck darin, beim Übergang in das zweite Jahr meinen Platz unter den ersten zehn in der A-Klasse zu verteidigen. Ich freute mich keineswegs auf das Schuljahresende und der Gedanke daran, das Schulgelände zu verlassen, und wäre es auch nur für ein paar Wochen, war schrecklich, doch die intensiven Vorbereitungen auf die Prüfungen lenkten meine Gedanken von den Bluthunden vor den Toren ab.

Die Vorbereitungsräume waren stets überfüllt, das Gelände von Schülern bevölkert, die im Schatten der Bäume saßen und lernten. Immer mehr Schüler wurden dabei ertappt, dass sie im Schein ihrer Taschenlampen unter der Bettdecke büffelten, wenn sie eigentlich schlafen sollten. Die Schule hatte sich in einen Brutkasten für Bücherwürmer verwandelt. Deshalb war es eine echte Überraschung, als ich erfuhr, dass die Proben zu Shakespeares „Wie es euch gefällt" weitergingen und sogar einige aus der obersten Klasse mitmachten.

Die Theatergruppe an der Alliance war 1939 gegründet worden, und in den Fünfzigerjahren wurde Shakespeare, mit „Heinrich V." 1952, „Macbeth" 1953, und „Julius Cäsar" 1954, zur festen Einrichtung; Inszenierungen, die in den Sagenschatz der Schule eingegangen waren. Voller Ehrfurcht erzählten die älteren Schüler von Joseph Mūngai in der Rolle des Macbeth und dass er noch immer schlotterte, als er nach der Zeile „Ist das ein Dolch, was ich vor mir erblicke" von der Bühne abging, als hielte er weiter die blutbefleckte Waffe in der Hand. Nach der Vorstellung war er in Tränen aufgelöst, als könnte er überall das Blut sehen. Eine ganze Woche blieb er für sich, in seiner Rolle gefangen, vom Blut seiner Opfer verfolgt.

Mūngai war bereits von der Alliance abgegangen und studierte jetzt am *Makerere College*, doch sein Macbeth hatte bleibenden Eindruck hinterlassen und vielleicht sogar Moses Gathere zu seinem morgendlichen „Wär ich gestorben, eine Stunde nur" angeregt, das mich einst so erschreckt hatte. Ich freute mich schon auf das angekündigte „Wie es euch gefällt", hoffte unbestimmt auf ein ähnliches Drama auf und hinter der Bühne. Die Mensa wurde in einen Theatersaal verwandelt, die Stühle in Richtung Bühne aufgestellt, die um eine Vorbühne erweitert worden war. Die arkadischen Ardennen glichen tatsächlich einem Wald, den die Schauspieler in ihren farbenfrohen Kostümen durchstreiften. Sowohl die männlichen als auch die weiblichen Rollen wurden von Jungen gespielt. Wie zu Shakespeares Zeiten. Es war faszinierend anzusehen, wie Kleider, Ohrringe und Kopftücher Jungen in schöne Hofdamen verwandelten. Ebenso faszinierend war es, wenn auch irgendwie befremdlich, Afrikaner in englischen Kostümen aus dem sechzehnten Jahrhundert herumlaufen und in jambischen Pentametern sprechen zu sehen.

Doch was der Aufführung an gesellschaftlicher Authentizität und allem, was die lokale Geschichte betraf, fehlte, machte sie als Schauspiel anderer Geschichten, die sich weit entfernt und vor lang vergangenen Zeiten zugetragen hatten, mehr als wett. Als ich Mwangi Kamunge in der Rolle des melancholischen Jacques sagen hörte: „Die ganze Welt ist Bühne / und alle Frau'n und Männer bloße Spieler. / Sie treten auf und gehen wieder ab, / Sein Leben lang spielt einer manche Rollen", sah ich augenblicklich ein riesiges Dorf des alten Stils vor meinem geistigen Auge, mit zahllosen Pfaden, seinen Eingängen und Ausgängen jenseits des Horizonts.

Während ich der Handlung folgte, befeuerte beinahe alles, was ich sah und hörte, vom Szenenbild über die deklamierten Verse bis zu Kostümen, Gang und Gesten, meine Fantasie. Ich konnte nichts dagegen machen, dass ich die beiden Exilanten in den Ardennen mit meinem Bruder Good Wallace verglich, der durch die Wälder von Nyandarwa und am Mount Kenya streifte, oder wo immer in den Bergen er jetzt gerade lebte. Ich konnte mir vorstellen, wie die Rebellen verschlüsselte Botschaften übermittelten oder die Flugblätter lasen, die aus der Luft abgeworfen worden waren. Meine geistigen Abschweifungen minderten aber keineswegs meine Freude an diesem ersten Bühnenerlebnis eines Shakespeare-Stücks. Vielleicht deutete ja der glückliche Ausgang des Stücks ... wenn ich jedoch an diese Möglichkeit dachte, drängte sich zugleich die andere Möglichkeit auf.

Gedanken und Bilder meines Rebellen-Bruders stahlen sich oft in den unerwartetsten Augenblicken an die Oberfläche, ausgelöst von irgendeiner Assoziation, meistens aber von Oades. Seit er uns in der allerersten Englischstunde mit in sein Haus genommen hatte, konnte ich nicht vergessen, dass er, als Angehöriger der Kenya Police Reserve, meinem Bruder als Todfeind gegenüberstehen könnte. Oades war ein freundlicher Mensch, und ich konnte ihn mir nicht in einem Feuergefecht mit irgendjemandem vorstellen, aber als ich erfuhr, dass er im Dezember nach England zurückkehren würde, war ich doch ein wenig erleichtert.

Meine erste Jahresabschlußfeier war ein richtiges Spektakel mit Gästen, Reden und Preisen, mit dem mein erstes Jahr an der Alliance zu Ende ging. In unserer Klasse lagen zwar alle hinter Henry Chasia, aber meinen Platz unter den Besten hatte ich verteidigt. Mit diesem Erfolg würde ich zu meiner Mutter zurückkehren. Sie mochte den Unterschied zwischen der A- und der B-Klasse vielleicht nicht verstehen, aber ich konnte ihr versichern, dass ich mein Bestes gegeben hatte.

Die Ferien begannen am 10. Dezember. Es war kaum zu glauben, wie sich die Menschen – zumindest nach außen – in ihrem neuen Leben im Konzentrationslagerdorf eingerichtet hatten. Ich wollte es ebenso machen. Njinjũ, mein kleiner Bruder, war mein ständiger Begleiter, und er kannte alle Wege durch die neuen, engen Straßen. Wir nahmen *panga* und *jembe* und zogen zu den Feldern, um meiner Mutter zu helfen. Wenn wir so durch die Gegend marschierten, starrten uns die Frauen ungläubig nach. Ein Schüler der Alliance, der sich seine gebildeten Finger auf dem Feld schmutzig machte? Der Schmutz aber half mir dabei, mich einzuleben. Die Felder, die meine Mutter bestellte, waren größtenteils dieselben, die ihr früher schon gehörten, und wenn wir dort arbeiteten, Unkraut jäteten, mulchten, den Busch rodeten und ihre im Feuer gerösteten Kartoffeln aßen, hatte ich das Gefühl einer Verbindung zu den alten Zeiten, zu dem, was nicht mehr war. Kehrte ich dann abends in das Dorf zurück, überfiel mich wieder die

Melancholie, aber in der Hütte, mit den Erinnerungen an die Feldarbeit und bei einer gelegentlichen Geschichte, erlebte ich die Illusion des alten Zuhauses wieder, eine Illusion, die die Wirklichkeit bald schon in Fetzen riss.

Unmittelbar vor Weihnachten wurde Charity, die Frau meines Bruders, verhaftet und beschuldigt, die Aufständischen in den Bergen mit Nahrung und Kleidung zu versorgen. Ich hatte nie gesehen, dass sie Nahrungsmittel oder Kleider gesammelt hatte; es gab ja nicht mal ausreichend bei uns zu Hause, und wo sie die Zeit dazu hätte finden sollen, war mir ebenfalls unklar. Und jetzt das: mein Bruder draußen in den Bergen und meine Schwägerin im berüchtigten Kamĩtĩ Maximum Security Prison. Die Wirklichkeit hatte dem Weihnachtsfest alle Freude geraubt.

1956

*Eine Geschichte
über Seelen im Widerstreit*

Ich konnte den 18. Januar 1956 kaum erwarten, um in das Refugium zurückzukehren. Während meines ersten Jahrs war die Außenwelt nicht eingedrungen, sieht man einmal davon ab, dass jeder Angehörige der Gĩkũyũ, Embu und Meru eine schriftliche Genehmigung bei sich führen musste, wenn er mit dem Zug oder einem anderen öffentlichen Transportmittel von einer Region in eine andere reisen wollte, deren Fehlen meinen ersten Eintritt in die Schule um ein Haar vereitelt hätte. Ansonsten spielte die Genehmigung für das Leben im Refugium keine Rolle. In meinem zweiten Jahr aber begann sich die Außenwelt innerhalb der Schulmauern bemerkbar zu machen.

Wir hatten uns kaum wieder eingewöhnt, als einige Regierungsbeamte in der Schule auftauchten und unsere Fingerabdrücke nahmen. Man verlangte von uns, Personalausweise bei uns zu tragen. Jedes Mal, wenn ich die Beamten sah, zog sich mir der Magen zusammen. Das Ganze ging glatt vorüber, doch änderte sich die koloniale Politik derart rasch, dass die Personalausweise kurz darauf ungültig waren und durch einen Pass, einen sogenannten „internal passport" wie im Apartheid-Südafrika, ersetzt wurde. Darin mussten sämtliche Regionen übergreifenden Bewegungen eines Angehörigen der betroffenen Gemeinschaften eingestempelt werden. Die Hürden, ein solches Dokument zu erhalten, wurden erhöht. Der Empfänger musste eingehend überprüft und amtlich beglaubigt werden, dass er der Mau Mau keinen Treueschwur geleistet hatte.

Im März 1956 besuchte ein offizielles Überprüfungsteam die Schule und verhörte zwei Wochen lang Lehrer, Schüler und Angestellte, die zu den Gĩkũyũ, Embu und Meru gehörten. Als die Reihe an mir war, wurde bestimmt, dass man mich in Limuru überprüfen und ich mit einem vom District Office abgestempelten Schreiben, das meine Unschuld bestätigte, wiederkommen sollte. Um diesen Stempel zu erhalten, benötigte ich eine Unbedenklichkeitsbescheinigung des Chiefs meines Ortes. Ich sollte das während der nächsten Ferien erledigen.

Anstatt also das neue Leben als Schüler des zweiten Jahrgangs zu genießen, wurde mein Leben im Refugium von der Angst überschattet, diese Bescheinigung nicht zu bekommen. Der Chief, der im Amt gewesen war, als ich wegging, war als grausam verschrien. Er würde wissen, dass mein Bruder in den Bergen war und seine Frau im Gefängnis. Ich sah keine Chance, dass er mir eine Bestätigung meiner politischen Integrität ausstellte, und diese Furcht nagte an mir. Ich hatte niemanden, dem ich mich anvertrauen konnte. Wanjai und ich kamen zwar beide aus Limuru, doch unsere Familien standen auf entgegengesetzten Seiten des antikolonialen Kampfes.

Einmal war ich kurz davor, mich Samuel Githegi anzuvertrauen. Githegi und ich waren Klassenkameraden und gingen oft freundschaftlich miteinander um. Er war ein warmherziger Mensch und mit vielen befreundet. Dennoch hatte er etwas an sich, eine Art Traurigkeit oder Einsamkeit, die ich damals nicht verstand. Einmal gingen wir nach dem Mittagessen gemeinsam aus der Mensa und im Hof auf und ab. Ich war drauf und dran, ihm von meinen Ängsten zu erzählen, als er, wie aus heiterem Himmel, über Zucker zu reden begann. Er litt offensichtlich an etwas, das er Zuckerkrankheit nannte. Es sei ernst, sagte er, aber selbst da verstand ich noch nicht. Diabetes kam in unserem Wortschatz nicht vor, und er sah aus wie das blühende Leben. Die traurige Angespanntheit hinter seinem freundlichen Gesicht hielt mich davon ab, über mich zu reden*.

---

* Ungefähr ein Jahr nachdem er von der Alliance abgegangen war, starb Githegi an Diabetes.

Ich dachte über meine Lehrer nach. Wie würden sie mit dem Wissen über meine Familie umgehen? Vielleicht würden sie mich als Bruder eines Mau-Mau-Guerillas einsperren. Ich war mit der Vorstellung aufgewachsen, dass sich zwei monolithische Blöcke feindlich gegenüberstanden: ein weißer, „Mbarĩ ya Nyakerũ", und ein schwarzer, „Mbarĩ ya Nyakairũ". Jedes populäre Lied sang davon. Die Identität des Landes stand auf dem Spiel: das Weiße Hochland gegen das Land des schwarzen Volkes*. *Jomo Kenyatta*, der Kenias erster Präsident werden sollte, hatte einmal von Kenia als „Bũrũri wa Ngũĩ", dem Land des Konflikts, geschrieben. Einem Konflikt zwischen Schwarzen und Weißen, selbstverständlich. Wer waren nun diese Weißen wirklich, die da mit der Kreide in der Hand vor uns standen und nur unser geistiges und seelisches Wohl im Sinn zu haben schienen? Und wer waren diese Schwarzen, die an der Seite der Weißen unterrichteten und in gleichem Maße auf unser Wohlergehen ausgerichtet schienen? Wie fügten sie sich in das Schema von Weiß gegen Schwarz?

Sogar inmitten der Schrecken von Krieg, Konzentrationslagern und -dörfern waren die wenigen afrikanischen Lehrer positive Beispiele dafür, was aus uns werden konnte, doch sie waren meist nicht lange genug da, um sie gut kennenzulernen. Joseph Kariuki war der Schwarze, der am beständigsten vor Ort war. Er war ein sogenannter Old Boy, ein Absolvent, der 1945 an die Alliance gekommen war, 1949 School Captain wurde, bevor er nach Makerere ging, das gerade zum Overseas College der University of London erhoben worden war und akademische Grade verleihen durfte. Er gehörte zu den ersten, zu den glücklichen Dreizehn, die 1954 einen Makerere-Ab-

---

* 1902 hatte Sir Charles Eliot, der Gouverneur Kolonial-Kenias, das hochwertige Gebiet um Limuru zum Bestandteil der White Highlands erklärt, die Europäern vorbehalten waren. Schwarze Afrikaner wurden auf weniger ertragreiches Land umgesiedelt, das man als African Reserves bezeichnete.

schluss erhielten. Seine Persönlichkeit nahm alle für sich ein und sogar Carey Francis schien bei ihm etwas mehr Toleranz zu üben. Es war ein Schauspiel, wenn Kariuki samstagnachmittags mit weißen Damen, Lehrerinnen der Mädchenschule, Tennis spielte. Die Damen und er waren ganz in Weiß gekleidet, er in Shorts und Tennisschuhen, sie in ähnlichen Schuhen, jedoch mit Röcken, deren Säume weit über den Knien endeten. Nach dem Spiel konnte man Kariuki mit seiner weißen Tennispartnerin auf dem Weg zu seinem Haus sehen. Vielleicht lag es daran, dass Carey Francis selbst ein begeisterter Tennis- und Krocketspieler war, jedenfalls habe ich dabei nie einen seiner Ausbrüche erlebt. Liebenswert und freundlich ging Kariuki auch in anderen Bereichen bis an die Grenzen und zeigte uns, wenn er am Wochenende Aufsicht hatte, Filme mit aufregend säkularem Inhalt, die kein anderer Lehrer uns zeigte.

Er unterrichtete zwar Tennis und Literatur, aber eigentlich gehörte sein Herz der Musik. Musik war zwar kein eigenständiges Unterrichtsfach, aber mit dem Argument, dass die Musik das Tor zur Literatur, vor allem zur Lyrik sei, spielte er uns bei jeder sich bietenden Gelegenheit europäische Klassik vor, Beethoven, Mozart und Bach, und provozierte ungläubiges Gelächter, als er erzählte, dass Beethoven seine Neunte Sinfonie mit der „Ode an die Freude" komponiert hatte, als er schon völlig taub und bei schlechter Gesundheit war. Wenn er wirklich taub war, wie konnte er dann die Musik hören, die er schrieb? „Er hat sie gefühlt", antwortete Kariuki, „er fühlte sie im Herzen und in der Seele. Musik lebt in der Seele, bevor sie sich in Klang ausdrückt. Macht die Augen zu und denkt an eine vertraute Melodie. Hört ihr die lautlose Gemütsbewegung?"

Kariuki leitete auch den Schulchor, und vor allem im Spiritual gelang es ihm, Musik und Lyrik zusammenzuführen. Da die Wurzeln der Schule im Modell des amerikanischen Südens lagen, hatte das Spiritual an der Alliance immer eine große Rolle gespielt, aber mit Kariuki erreichte es ein noch höheres

Niveau. Er hielt sich nicht lange bei den politischen Aspekten des Spirituals auf und erzählte uns nur über seinen Hintergrund als Überlebensmechanismus auf den Sklavenplantagen, dann ließ er die Musik mit ihrer ureigenen Sprache direkt zu uns sprechen. Die schiere Kraft seiner Energie und Begeisterung machte selbst den größten Skeptiker zum Musikliebhaber und hemmungslosen Enthusiasten für Spirituals. Ob Kariuki diese Wirkung beabsichtigt hatte oder nicht, die Lyrik des Widerstands und die Musik der Befreiung, die im Spiritual steckten, hallten wortmächtig in einem Kenia wider, das sich damals im Ausnahmezustand befand. Wie konnte man den Schulchor, den er dirigierte, singen hören „Oh freedom, over me, and before I'd be a slave, I'll be buried in my grave, and go home to my Lord and be free" und nicht die Sehnsucht nach Freiheit spüren, die uns umgab?

Vielleicht konnte ich mich Kariuki anvertrauen. Er würde sicher verstehen. Doch er sprach weder innerhalb noch außerhalb des Klassenzimmers offen über die Parallelen zwischen der Musik und dem Terror im Land. Genauso wenig wie wir. Wir behielten unsere Gedanken für uns, beschränkten unser Nachdenken auf Metrum und Melodie.

Im Wesentlichen trennte der Unterricht an der Alliance in jener Zeit die Kenntnisse von der Wirklichkeit vor Ort. So war es jedoch nicht immer gewesen. Die ersten Jahre hatten mutige Versuche erlebt, den berufsbildenden Zweig der Schule mit dem Wissen vor Ort zu verknüpfen. Damals war Landwirtschaft eines der Hauptfächer, und das Studium indigener Bäume und Früchte, die Sprache der Rinderkennzeichnung, Bienenzucht und Butterherstellung gehörten ganz natürlich zum

Unterricht. Besuche bei den Schmieden in der Umgebung, von denen die Schüler lernten, wie man ein Schmiedefeuer entfachte und Eisen schmolz, zählten zu den Bemühungen, Bezug zum technischen Wissen vor Ort herzustellen. Die Lehrer mussten mindestens eine afrikanische Sprache lernen, und das Programm der *Bantu Studies and Civics* beinhaltete ein Praxisprojekt zur Aufzeichnung afrikanischer Legenden, Rätsel, Sprichwörter und Lieder.

In dem Maße jedoch, in dem die wissenschaftliche Seite die Oberhand gewann, verringerte sich die Wertschätzung für das handwerkliche Wissen vor Ort. Und als Makerere ab 1948 akademische Kurse mit Abschlüssen der University of London anbot, wurde die Oberschulbildung zunehmend zur Vorbereitung auf das College und mit dem Cambridge School Certificate zum Eingangstor in den akademischen Himmel. Als ich 1955 an die Schule kam, gab es, mit Ausnahme der Zimmerei, kaum noch Spuren von den früheren Bemühungen, das handwerkliche Wissen vor Ort freizulegen und nutzbar zu machen.

Unser Literaturunterricht bildete keine Ausnahme. Englische Texte waren die Norm und Europa war der kulturelle Bezugspunkt. Kariuki aber, der 1956 den Unterricht von James Smith übernahm, brachte Spaß in das Studium der Literatur. Shakespeare's „Macbeth", die Pflichtlektüre, ergänzte er um die Texte, die er als Liebessonette bezeichnete, worüber wir natürlich begeistert waren, weil wir glaubten, sie könnten gegenüber den Einflüsterungen Amors erwachenden Herzen von Nutzen sein, waren diese nun real oder nur eingebildet. Tatsächlich behauptete ein Junge schon bald, dass er Shakespeares 18. Sonett eines sonnigen Nachmittags an „einer von Gegenüber" mit nicht näher erläutertem Erfolg ausprobiert habe.

Im ersten Trimester meines ersten Jahres hatten mich die ständigen Anspielungen auf „die von Gegenüber" in den Geschichten der älteren Schüler verwirrt. Diese Bezeichnung beschwor das Bild von Bewohnern eines anderen Planeten herauf, die ab und an zum Spielen in ein Tal mit grünen Weiden herabstiegen und mit Zauberei die Männer verführten. Wanjai lüftete mir das Geheimnis des Tales.

In den frühen Jahren nahm die Alliance High School, obwohl sie hauptsächlich für Jungen gedacht war, auch Mädchen auf. Zu den ersten Absolventinnen gehörte Nyokabi, die ihren Lehrer Eliud Mathu heiratete, der zweite Afrikaner Kenias, der einen B. A. erhielt, und der erste Afrikaner im Lehrkörper der Alliance überhaupt, außerdem der erste Afrikaner, der im Legislative Council die Interessen der Afrikaner vertrat, und der erste Afrikaner im kolonialen Executive Council. Rebecca Njau, in der Alliance-Inszenierung von „*The Lady with a Lamp*" von 1951 eine Schauspielerin von erstaunlicher Kraft und Anmut, gehörte zu den letzten Absolventinnen. Sie wurde später zur Vorkämpferin für die Bildung von Mädchen, gehörte zu den ersten Schriftstellerinnen und Dramatikerinnen Afrikas und war außerdem eine international anerkannte Batikkünstlerin. Ungeachtet dessen war die Anzahl der Schülerinnen nie besonders groß. Zwischen der ersten Immatrikulation im Jahr 1938 und der letzten 1952 waren es durchschnittlich gerade einmal fünf Schülerinnen im Jahr.

Die Situation in der Sekundarbildung für Mädchen änderte sich, als 1948 offiziell eine gesonderte Alliance Girls High School eröffnet wurde. Die beiden Einrichtungen lagen einander an den Hängen eines Tales buchstäblich gegenüber, weshalb die Bewohner der gegenüberliegenden Einrichtung bei den Schülern der anderen immer nur „die von Gegenüber" hießen. Für die Jungen waren ihre weiblichen Pendants so etwas wie Nymphen in einem nebeldurchzogenen Tal, die sanfte, betörende Sirenenlieder sangen, Melodien mit dem innewohnenden Versprechen, die Seelen der Glücklichen zu erfreuen, und zugleich der Gefahr, die weniger Glücklichen zu peinigen. Fast jede Geschichte, die Herzensangelegenheiten zum Thema hatte, begann oder endete mit einem Verweis auf diese Nymphen und man wusste nicht immer, was man glauben konnte. Nun aber, in meinem zweiten Jahr, schwor einer von uns, dass er voller Versprechen und ohne Seelenpein aus dem grünen Tal heimgekehrt war, und das alles nur wegen eines Shakespeare-Sonetts. Dieser Erfolg spornte uns an. Wir lernten das ganze Sonett auswendig und man konnte hören, wie wir es laut auf den Schulkorridoren aufsagten und dabei verschiedene Haltungen und Stimmmodulationen ausprobierten: „Soll ich dich einem Sommertag vergleichen? / Nein, du bist lieblicher und frischer weit". Und dann rezitierten wir „Nie aber soll dein ewiger Sommer schwinden / die Zeit wird deiner Schönheit nicht verderblich", um die Darbietung schließlich mit den letzten beiden Zeilen abzuschließen:

„Solange Menschen atmen, Augen sehn,
wirst du, wie mein Gesang, nicht untergehn."

Obwohl ich die Wirkung des Sonetts nie an „einer von Gegenüber" ausprobierte, waren die Worte doch nicht weniger bezaubernd, umso mehr, wenn Kariuki selbst sie vortrug. Er las sie mit einem Ausdruck, der ihre Dramatik und ihre Musikalität hervortreten ließ. Mit den Sonetten brach Kariuki eine Lanze für die Unsterblichkeit literarischer Schöpfungen. In einem Klassenzimmer in Kenia 1956 lasen wir Worte, die ein Dichter, der 1616 gestorben war, in Stratford-upon-Avon oder auf den Straßen von London geschrieben hatte.

Doch selbst Kariuki vermochte es nicht, mich für die seit drei Jahrhunderten währende englische Obsession für Blumen und Jahreszeiten zu begeistern. Schließlich gab es in Kenia ja das ganze Jahr über Sonnenschein und üppiges Grün und Blumen waren nichts Außergewöhnliches. Dem Zauber der Literatur allerdings und ihrer nie nachlassenden Fähigkeit, Lachen und Tränen, die ganze Breite und Vielfalt der Gefühle auszulösen, entkam ich nicht. Die Tatsache aber, dass diese Gefühle ausschließlich in der englischen Erfahrung von Raum und Zeit vorkamen, konnte mein Gefühl der Entwurzelung nur verstärken. Nicht jede beliebige Blume der Welt war eine aus Wordsworths „Meer von goldenen Narzissen". Kenias Flora und Fauna, die Trockenzeit wie die Regenzeit konnten ebenfalls Bilder hervorbringen, die die zeitlose Bedeutung der Kunst einfingen, im Unterricht aber begegneten wir ihnen nicht.

Das Bestreben, Europa zum Bezugspunkt aller menschlichen Erfahrung zu machen, spiegelte sich auch in Inhalten und Herangehensweisen der anderen Fächer wider. In Erdkunde stellten die Landschaft in Europa, die Berge, die Flüsse, und Industriestandorte die wesentlichen Formationen dar, zu denen die afrikanischen Gegebenheiten, die natürlich von zweitrangiger Bedeutung waren, nun in Kontrast gesetzt werden konnten. Dem Wissen über die Themse, über die ich bereits in der Grundschule etwas gelernt hatte, fügte ich nun Kenntnisse über die anderen „zivilisierten" Gewässer Europas als erste frühe Standorte von Handel und Gewerbe hinzu – über die Seine, den Rhein, die Donau, den Rubikon. Für afrikanische Flüsse – den Niger, den Nil, den Kongo, den Sambesi –, die allesamt von Europäern entdeckt worden waren, gab es alle erdenklichen Gründe, warum sie nicht zu Standorten der Zivilisation herangewachsen waren. Mit Ausnahme des Nildeltas natürlich, aber selbst das war eigentlich Teil der mediterranen Welt und Kleinasiens, wie der Nahe Osten damals genannt wurde.

Im Geschichtsunterricht reisten wir durch das England des sechzehnten und siebzehnten Jahrhunderts und bewunderten eine Ahnenreihe verwegener Helden. Sogar die afrikanische Geschichte war im Wesentlichen die Geschichte der Europäer in Afrika. *Livingstone, Stanley, Speke* und *Burton* waren es, die, überlebensgroß, dem Dunklen Kontinent das Licht brachten. Sie waren Seelenverkäufer, die, mit nichts weiter als der Bibel bewaffnet, durch Gebiete mit gefährlichen Wäldern zogen, Aufklärung verbreiteten und den Teufel austrieben. Die Geschichte kolonialer Niederlassungen in Afrika und Amerika kannte nur die spanischen und deutschen Widersacher der Engländer, die durch Blut wateten, während die Engländer die Anfechtungen von Mensch und Natur überwanden. Sogar aus der Geschichte des Sklavenhandels gingen die Engländer wegen ihrer Anti-Sklaverei-Gesetzgebung als Helden ihrer Abschaffung hervor und keineswegs als die verbrecherischen Verursacher seiner vorangegangenen Ausbreitung.

Unsere Lehrer, in vielerlei Hinsicht brillant und in der Lage, die Dramen der Geschichte zu beschwören, folgten dabei, wie die Lehrer anderer Schulen auch, einem Lehrplan, der vom Cambridge Examination Board aufgestellt worden war. Ich glaube nicht, dass sie die Geschichte absichtlich verdrehten; eigentlich boten sie nur die Geschichte Afrikas aus imperialistischer Sicht dar. Wir paukten die Anmerkungen, Fakten, Standpunkte und all das, weil wir bereits damals begriffen hatten, dass die richtigen Antworten auf die oftmals parteiischen Fragen über die Zukunft entschieden. Unsere Zukunft wurde in England gemacht.

Dabei hat dieser pädagogische Ansatz vielleicht den einen oder anderen nicht beabsichtigten Vorzug gehabt. Der Glanz des weit Entfernten und lang Vergangenen stand in scharfem Kontrast zur Düsternis des Nahen und Gegenwärtigen. Eine Flucht in den Schnee des Winters, zu den Blumen des Frühlings, auf Bergschlösser und zur Piraterie auf hoher See verscheuchte meine Gedanken über die Ängste des Augenblicks.

Doch was ihre Faszination auch ausmachte, diese Bilder der Vergangenheit konnten der Zeit nicht standhalten. Mitte April begannen schließlich die Ferien, und das weckte in mir aufs Neue die Furcht, dass mit ihnen meine letzten Tage an der Alliance angebrochen sein könnten. Ohne die Unbedenklichkeitsbescheinigung meiner politischen Gesundheit würde man mich nicht wieder aufnehmen.

In den ersten Ferientagen schob ich die unausweichliche Konfrontation mit dem Chief vor mir her. Hinga war seinem sadistischen Bruder Ragae im Amt gefolgt, der unter dramatischen Umständen ermordet worden war. Mau-Mau-Guerillas waren ihm vom Markt in Limuru gefolgt und hatten auf ihn geschossen. Sie töteten ihn dabei nicht, schlichen sich aber später, als Krankenpfleger getarnt, ins Kĩambu-Hospital, und diesmal erschossen sie ihn durch ein Kissen, das sie als Schalldämpfer benutzten. Obwohl Chief Hinga nicht dieselbe sadistische Grausamkeit an den Tag legte, nahm ich doch an, dass er einen ziemlichen Hass gegen die Mörder seines Bruders hegen musste. Das Ende der Ferien kam näher und ich beschloss, es hinter mich zu bringen, auch wenn mir das große Qualen bereitete. Ob er von mir verlangen würde, mich einem weiteren Überprüfungsteam zu stellen, um zu beweisen, dass ich den Schwur nicht geleistet hatte? Wie sollte ich das hier im neuen Kamĩrĩĩthũ beweisen, wo jeder über Good Wallace Bescheid wusste? Der Chief hatte mit Sicherheit Vorurteile gegenüber dem Bruder eines Mau-Mau-Kämpfers.

Es war ein einsamer Gang durch die engen Gassen des Dorfes zum Militärposten, der auf dem höchsten Punkt des Hügels errichtet worden war. Als ich auf das Tor zuging, schien der bedrohliche Beobachtungsturm immer größer und höher über mir aufzuragen. Seit seiner Errichtung 1954 war der Posten ein Ort der Folter, dessen Umfassungsmauer man gebaut hatte, um die Schreie und das Stöhnen der Opfer zu dämpfen. Drei Monate lang war meine Mutter hier eingesperrt, hatte Fragen über das Verschwinden meines Bruders beantworten müssen und war auch danach hin und wieder, je nach Laune der Macht, verhaftet worden.

Plötzlich hörte ich wie aus dem Nichts einen Befehl: Halt! Nach einem Unheil verkündenden Schweigen wurde die Zugbrücke heruntergelassen. Als ich sie überquerte, war mein Magen nur noch ein einziger Klumpen. Unter der Brücke befand sich ein gähnender Graben mit Stacheldrahtverhau und angespitzten aufragenden Holzpfählen. Am Tor trug ich, bewaffnet mit Papieren und Schuluniform, mein Anliegen vor und wurde eingelassen. Bewaffnete Home Guards und Distriktpolizisten liefen über den Innenhof, während andere ihre Gewehre reinigten oder würfelten und Dame spielten. Wieder andere trugen Westen anstelle der Hemden und hängten ihre Sachen zum Trocknen auf eine Leine. Ich befand mich im Inneren eines bewaffneten Lagers, und mein einziger Schutz war die Alliance-Uniform, die ich trug. Man brachte mich zum Büro des Chiefs im rechteckigen Verwaltungsgebäude aus Steinmauern und Blechdach.

Ich traute meinen Augen nicht. Der neue Chief war Fred Mbũgua, Kenneth's Vater, mein früherer Lehrer an der Manguo, der einst meinen ersten Schreibversuch bemerkt und gelobt hatte. Offensichtlich hatte kürzlich ein Wechsel stattgefunden, und der Chief, der weder lesen noch schreiben konnte, war durch jemanden ersetzt worden, der Schulbildung besaß. Allerdings wusste ich nicht, was ich davon halten sollte, dass mein ehemaliger Lehrer jetzt kolonialer Chief war. Ich war nur froh, dass er mir keine Fragen stellte, sondern in seiner klaren Schreibschrift in einem Brief bestätigte, dass man mich überprüft und herausgefunden hatte, dass ich den Schwur nicht geleistet hatte. Als ich Büro und Gelände verließ, war ich erleichtert, auch dann noch, als mir auffiel, dass er den Brief zwar unterzeichnet, aber nicht mit einem offiziellen Stempel versehen hatte. Ich musste also noch eine Expedition zum Büro des Tigoni District Assistant unternehmen, um endgültig die offizielle Bestätigung meiner politischen Makellosigkeit zu bekommen.

Die Polizeiwache von Tigoni, Sitz des regionalen District Office, befand sich einige Meilen außerhalb der Township Limuru, noch hinter der Loreto Girls School, in einem Gebiet, das zum Inbegriff der Streitigkeiten um die europäischen und afrikanischen Ansprüche auf ein und dasselbe Land geworden war: den White Highlands für erstere, dem Black People's Country für die letzteren. Der Eingang zum Büro des District Assistant befand sich einige Meter hinter dem Haupteingang, und ich stellte mich in die Schlange, die darauf wartete, abgefertigt zu werden. Andere Leute kamen und stellten sich hinter mir an, sodass wir eine lange Schlange bildeten, über die zwei Polizisten wachten und darauf achteten, dass sich keiner vordrängelte.

Schließlich war ich an der Reihe. Hinter dem Schreibtisch saß ein weißer Beamter über einen Aktenhefter gebeugt. Ein schwarzer Polizist stand, das Gewehr an der Seite, neben ihm und sah mich misstrauisch an, als wäre meine Alliance-Uniform eine Verkleidung. Schließlich hob der weiße Beamte den Blick. Er sah jung aus, hatte aber ein ernstes Gesicht aufgesetzt, mit dem er seine Autorität zur Schau stellte. In Gedanken nannte ich ihn „Johnny the Green", weil Johnny bei uns das allgemeine Synonym für die britischen Soldaten war. Ich übergab ihm meine Papiere von der Alliance und den Brief des Chiefs, der meine Unbescholtenheit bestätigte. Schweigend warf er einen Blick auf die Unterlagen und den Brief, dann sah er misstrauisch auf und fragte, warum ich mit Dokumenten zu ihm komme, die nichts anderes aussagten, als dass ich die Alliance besuche und den Eid nicht geleistet habe. Ich erklärte ihm stockend, dass der Brief seinen Amtsstempel benötige, bevor man mir einen Pass ausstellen könne. Wieder warf er einen kurzen Blick darauf, langte nach einem Stempel auf dem Tisch und drückte ihn auf den Brief, doch als er mir das Dokument zurückgeben wollte, hielt er inne und sah es sich noch einmal an. Ihm musste aufgegangen sein, dass der Brief weder den amtlichen Briefkopf des Chiefs noch dessen Siegel trug. Er gab mir das Dokument und den Befehl: Warte draußen. Du wirst noch einmal überprüft.

Das war's dann für mich, dachte ich. Ich sah keine Chance, vor einem fremden Weißen oder den Polizeibeamten zu bestehen, denen er befehlen würde, mich zu überprüfen. Eine Zeitlang stand ich auf der Veranda. Aus irgendeinem Grund schien sich keiner der Polizisten sonderlich Gedanken um mich zu machen. Ich versuchte sogar, Blickkontakt herzustellen, ohne dass es mir gelang. Sie waren offenbar mehr mit denen in der Schlange beschäftigt, als sich mit mir abzugeben. Ich steckte in der Zwickmühle: Warten und die Überprüfung nicht überstehen, oder weggehen und die Verhaftung riskieren. Das Dokument mit dem amtlichen Siegel hatte ich in meiner Tasche. Warum warten?

Ich begann, mich langsam, Schritt für Schritt, zurückzuziehen, und niemand versuchte mich aufzuhalten. Zwei. Drei. Vier Schritte. Jetzt stand ich draußen, vor der Veranda. Ich kehrte dem Gebäude den Rücken und ging los, langsam, ohne Eile, auf dem Weg, der zur Hauptstraße führte. Hinter dem Haupteingang zur Polizeiwache wandte ich mich nach links. Wenn man mich fing und ins Büro zurückbrachte, wollte ich schwören, Johnny the Green's englischen Akzent nicht verstanden zu haben. Aber bloß Gedanke daran, eingefangen zu werden, ließ mein sorgfältig aufrechterhaltenes Schauspiel kultivierter Unbekümmertheit in sich zusammenbrechen. Mit einem Mal erfasste mich Panik. Ich hörte Schritte. Sirenen? Gewehrfeuer? Mir brach der Schweiß aus. Ich lief los, wagte nicht zurückzusehen und hielt nicht, bis ich wieder in Kamīrīthū war. Die Schritte, die mich verfolgten, die Sirenen, der Donner des Gewehrfeuers – ich hatte es mir nur eingebildet.

Anfang Mai war ich wieder an der Alliance, und da ich jetzt das Reinheitszeugnis meiner politischen Unbescholtenheit besaß, wurde mir mein Pass ausgestellt. Dieser Pass war dazu gedacht, die Regierungskontrolle über die Bewegungen von Angehörigen der Gĩkũyũ-, Embu- und Meru-Gemeinschaften im ganzen Land zu verschärfen und sie von den Afrikanern zu isolieren, die nicht zu den sogenannten GEM-Afrikanern gehörten. Nicht einmal unsere Lehrer waren davon ausgenommen.

Indem der Staat die Illusion verbreitete, dass einige Gemeinschaften größere Privilegien genossen als andere, hoffte er darauf, sich ihre Loyalität zu erkaufen. Doch in Wirklichkeit war es das Schwarzsein und keineswegs der Pass, das bei plötzlichen Razzien zum immer gleichen Kriterium für die Identität eines Verdächtigen wurde. Erst nach den Razzien wurden die GEMs mit Hilfe der Pässe von den Nicht-GEMs getrennt. Und zu diesem Zeitpunkt hatten schon alle unter irgendeiner Form von Schikane und Demütigung gelitten.

An der Alliance lief das Leben wieder in normalen Bahnen. Doch die Pässe belegten, dass der scheinbar unberührte Lebensrhythmus an der Schule, das Land und die Welt mitunter aufeinanderprallten und unser Leben im Refugium unmittelbar beeinflussten. Ich musste erkennen, dass die Grenzen, von denen ich angenommen hatte, sie bestünden zwischen ihnen, wie die mich verfolgenden Sirenen bei meiner Flucht, vielleicht nur in meiner Einbildung existierten.

Jedenfalls war es Mitte 1956 klar, dass der Rest meines Lebens an der Alliance aus einer Abfolge von Zusammenstößen der widerstreitenden Wirklichkeiten meiner Schule und des neuen Dorfes bestehen würde. Ich machte meinen Frieden mit der Erkenntnis, dass die Linderung, die das Refugium mir bot, nur vorübergehend war und beide Orte, die Alliance wie auch Kamĩrĩthũ, mich immer an meinen Verlust erinnern würden. Nach und nach kam ich zu dem Entschluss, dass ich selbst in Zeiten der Furcht mich nicht völlig von ihr übermannen lassen durfte. Mich allein in das Innere des Postens der Kamĩrĩthũ Home Guard vorgewagt zu haben und meine spätere instinktive Flucht vor Johnny the Green bestärkten den aufsteigenden Widerstandsgeist, mit dem ich mich fortan, selbst während des Trimesters und trotz der Bluthunde vor dem Tor, vor die Mauern des Refugiums wagte. Es war ein solcher Zusammenstoß, einer zu viel, der mir schließlich eintrug, dass ich zu meinem ersten Treffen von Angesicht zu Angesicht mit Edward Carey Francis in das Büro des Direktors einbestellt wurde.

Es gab einen besonderen Samstag, an dem es den Schülern gestattet war, den ganzen Tag dem Schulgelände fernzubleiben, vorausgesetzt, sie waren bis abends um sechs Uhr wieder zurück. Dieser Samstag hieß Nairobi-Samstag. Vielleicht, weil viele Schüler, vor allem die, die von weit her kamen und deshalb nicht nach Hause konnten, stattdessen in die Hauptstadt fuhren. In meinem ersten Jahr nutzte ich den Nairobi-Samstag nicht; die Erfahrungen aus den Trimesterferien hatten mein Widerstreben, die Sicherheit des Schulgeländes zu verlassen, nur noch verstärkt. Im zweiten Jahr aber überredete Wanjai mich, ihn und Leonard Mbũgua nach Limuru zu begleiten.

Wanjai versicherte mir, seine Freunde und er wären an vergangenen Nairobi-Samstagen die zehn bis fünfzehn Meilen hin und zurück gelaufen, ohne in irgendwelche Schwierigkeiten zu geraten. Außerdem besaß sein Vater, Reverend Jeremiah Gitau, ein Auto und würde uns zurückbringen. Weder er noch ich waren deshalb in Kontakt mit irgendjemandem zu Hause: Es war immer eine Mischung aus Spiel, Hoffnung und Zufall.

Der erste Teil des Ausflugs verlief glatt. Wir beschlossen, zuerst meine Mutter zu besuchen und dann bei seinem Vater vorbeizuschauen, damit er uns zurückbrachte. Es stellte sich heraus, dass meine Mutter auf dem Feld in der Nähe von Limuru war, auf einem Streifen Land, den sie seit Langem bestellte, schon lange vor der Dorfzusammenlegung. Den großen *Mugumo*-Baum in der Feldmitte kannte ich seit meiner Kindheit. Er stand für eine Beständigkeit in meinem Leben, und so hatte ich das Gefühl, die anderen in mein wirkliches Zuhause mitzunehmen. Meine Mutter bewirtete uns mit ihren am offenen Feuer gerösteten Kartoffeln.

Wir fühlten uns wohl, und weil wir uns immer noch sicher waren, genug Zeit zu haben, beschlossen wir, weil Wanjai darauf bestand, bei der Loreto Girls School vorbeizugehen, einfach um die Mädchen in ihren flammendroten Uniformen zu sehen. Wanjai und sein Freund wollten beweisen, dass die Mädchen, wie die Gerüchte besagten, anstelle der kalten Duschen wie wir an der Alliance, Duschen mit warmem Wasser hatten. Nach der Loreto wollten wir bei Wanjai zu Hause vorbeigehen und dann stilvoll im Auto seines Vaters in die Schule zurückfahren. So einfach war das.

In der Loreto erzählten wir der Nonne im Büro, dass wir nicht gekommen waren, jemanden Bestimmtes zu besuchen, sondern uns einfach nur die Schule ansehen wollten. Jungen von der Alliance in Uniform, die einfach so vorbeischauten? Wir bekamen nicht nur eine Eskorte zugeteilt, die uns herumführte, man behandelte uns wie Stars, und die Mädchen machten uns schöne Augen, ja, einige pfiffen uns sogar hinterher, was mir komisch vorkam, weil ich glaubte, dass nur Jungen so etwas machten. Anders als vor über einem Jahr, als ich an diesem Ort meine Prüfungen abgelegt hatte und mir alle Mädchen gleichermaßen hübsch erschienen waren, konnte ich diesmal trotz ihrer roten Uniformen einige Unterschiede in ihren Persönlichkeiten ausmachen. Weil wir den Augenblick der Bewunderung verlängern wollten, nahmen wir sogar die Einladung zu einem spätnachmittäglichen Tee an und entkräfteten alle Warnungen, dass wir uns verspäten könnten damit, dass wir behaupteten, wir würden gefahren werden. Als wir die Loreto schließlich verließen, besänftigte Wanjai unsere Befürchtungen. Sein Vater würde uns schon beispringen.

Nun, das tat er nicht. Auch wenn er im Zorn die Stimme nicht erhob, war er nicht davon begeistert, dass Wanjai es nicht fertiggebracht hatte, früher mit seinen Gästen vorbeizukommen. Mit ruhiger Predigerstimme sagte er, dass wir, da wir nicht seine Zustimmung eingeholt hatten, unsere Zeit zu verschwenden, sicher einen Plan gehabt hätten, rechtzeitig wieder in der Alliance zu sein, und den sollten wir jetzt besser in die Tat umsetzen. Wir kamen zu spät. Am nächsten Samstag mussten wir zur Strafe auf dem Schulgelände bleiben und den Rasen mähen. Es war eine Lehre, dass man seine Planungen nicht darauf gründen sollte, was man von anderen erwartete.

Im Laufe der Zeit und mit jedem neuen Erzählen wurde die Geschichte über unseren Besuch an der Loreto dramatischer; die Unannehmlichkeiten, die Erschöpfung und die Gefahren des einsamen Weges durch die Dunkelheit verwandelten sich zu einem spannenden Abenteuer. Wanjai musste auch die Kunst meiner Mutter, Kartoffeln in einem offenen Feuer zu rösten, in den höchsten Tönen gelobt haben, denn viele seiner Freunde machten später mir gegenüber Andeutungen, dass sie nichts dagegen hätten, am nächsten Nairobi-Samstag mit mir nach Limuru zu wandern. Und stimmte es wirklich, dass die Loreto Girls School gar nicht weit von dem Ort entfernt war, in dem ich wohnte? Weil ich aber nicht darauf zählen konnte, dass in meinem neuen Zuhause jemand da war, ließ ich diese Andeutungen immer von mir abprallen. Ich wollte nicht, dass ein Gast die zehn oder fünfzehn Meilen hin und zurück mit leerem Magen bewältigen musste. Außerdem konnte ich doch nicht einen weiteren Besuch an der Loreto heraufbeschwören, und der war, ganz offensichtlich, die Hauptattraktion.

An einem Nairobi-Samstag im zweiten Trimester aber gab ich die selbst auferlegte Zurückhaltung auf und lud Johana Mwalwala zu mir ein. Der *Mtaita* Johana und ich waren keine Klassenkameraden, er ging in die B-Klasse und ich in die A-Klasse, aber wir waren beide im Schlafsaal II des Livingstone House untergebracht. Er war immer höflich und rücksichtsvoll, und das zog mich an. Ich beichtete ihm, dass ich keine Möglichkeit hatte, zu Hause Bescheid zu sagen, was den Besuch anging, dass wir es auf gut Glück versuchen mussten, und er hatte Verständnis. Ich glaube, er wollte an diesem Nairobi-Samstag einfach nur von der Schule weg.

Nach dem Frühstück machten wir uns auf den Weg, und am frühen Nachmittag konnten wir Kamīrīthū vor uns liegen sehen. Ich war zuversichtlich, dass meine Mutter, wenn sie zu Hause war, einen Weg finden würde, uns wenigstens mit ihren gerösteten Kartoffeln zu beköstigen. Wir wollten schnell etwas essen, einen Tee trinken oder etwas Brei schlürfen und anschließend zur Schule zurückwandern. Diesmal wollten wir uns nicht auf die Autos anderer Leute verlassen. Unsere Füße sollten uns tragen und es stand außer Frage, einen Abstecher zur Loreto zu machen oder uns irgendeine andere Ablenkung zu erlauben. Wenn wir uns an diese Vorgaben hielten, sollte alles verlaufen wie erhofft, und je mehr wir uns Kamīrīthū näherten, desto sicherer war ich mir, dass es gut ausgehen würde. Doch es sollte nicht sein.

Kurz vor der Abzweigung zu meinem neuen Zuhause gerieten wir in eine militärische Großfahndung. Bewaffnete weiße und schwarze Soldaten in Tarnanzügen, mit rotem Barett und in grünen Militärfahrzeugen und Landrovern hatten eine große Menschenmenge eingekesselt, die nun auf der Ebene unterhalb des Dorfes in der prallen Sonne hockte. Ich hatte gehofft, die Alliance-Uniform würde uns unsichtbar machen, aber das tat sie nicht, und man zwang uns, uns zu den anderen Gefangenen zu setzen. Mwalwala durfte gehen, weil er ein Mtaita war, ich aber musste ewig warten, niedergedrückt von der Angst, die ich ständig mit mir herumschleppte, dass meine Verbindung zu einem Guerilla-Kämpfer mich für immer daran hindern könnte, an die Alliance zurückzukehren. Und jedes Mal, wenn es mir scheinbar gelang, die Furcht zu bezwingen, verhöhnte mich ein anderes Ereignis mit einem Nicht-so-eilig.

Endlich kam ich an die Reihe. Ich hatte aus meinen Erfahrungen der Vergangenheit gelernt und beantwortete alle Fragen nach meinem Bruder und ob ich seine Kontaktmänner kannte, indem ich bei den meisten Fragen ruhig meine Ahnungslosigkeit beteuerte. Ich versteckte mich dahinter, weit weg an der Alliance, einer Internatsschule, zu sein. Obwohl ich all meinen Mut zusammennahm und die Furcht nicht die Oberhand gewinnen ließ, wollte ich es nicht wahrhaben, dass mir dies ausgerechnet an dem einzigen Samstag widerfuhr, an dem ich ganz allein einen Besucher mit nach Hause genommen hatte. Schließlich ließen sie mich gehen.

Klugerweise hatte Mwalwala sich schon auf den Rückweg zur Schule gemacht. Ich rannte nach Hause, um meiner Familie zu erzählen, was geschehen war, aber sie wusste es bereits. Mutter meinte, dass es wirklich nicht nötig sei, vor Ende des Trimesters nach Hause zu kommen. Ich nahm mir, was an

Essen da war, und ging. Erschüttert und enttäuscht lief ich allein im Dunkeln zur Schule zurück. Ich kam zu spät, viel zu spät. Damit hatte ich zwei Mal dasselbe Vergehen begangen. Am Montag wurde ich in das Büro des Direktors bestellt.

Ich war überzeugt, dass ich den Rohrstock zu spüren bekommen und man mich vielleicht sogar von der Schule verweisen würde. Seit meiner Zulassung hatte ich mir unablässig die Frage gestellt, wie lange es dauern würde, bis mich die Tatsache einholte, dass mein Bruder in den Bergen war. Irgendwie konnte ich nach jener Churchill-Rede das Bild von Carey Francis als Verteidiger des britischen Empires nicht abschütteln. Und noch dazu war er OBE. Als ich nun in das Büro trat, stand mir das Bild des loyalen Bürgers des Empires und der Legende vom strengen Schulmeister vor Augen.

Er hatte wie immer seine Khaki-Kleidung an. Ich stand vor ihm und sein Blick durchbohrte mich förmlich. Warum habe ich so grob gegen die Schulregeln verstoßen, dass ich erst um Mitternacht wieder in der Schule gewesen sei? Und das schon zum zweiten Mal? Ob mir klar sei, wie schwer dieser Bruch der Schulregeln wiege? Der Nairobi-Samstag sei nicht dazu gedacht, die Regeln zu brechen. Er schien äußerlich ruhig, aber mir kam es so vor, als könnte er jeden Augenblick anfangen zu kochen, zu steppen und die Zunge im Mund hin und her zu rollen. Ich begann, nach Auswegen durch Tür und Fenster Ausschau zu halten.

Ich steckte in der Zwickmühle. Der ganze letzte Samstag lief vor mir ab. Ich könnte ihm von der Razzia erzählen, aber müsste ich dann nicht auch über die Fragen und meine Antworten reden? Sagte ich ihm, dass mein Bruder draußen in den Bergen gegen Churchills Empire kämpfte, würde man mich aus dem Refugium verstoßen und ich müsste ins Dorf zurück und damit in das Gemeinschaftsgefängnis, an dem ich in meinen ersten Ferien als Schüler der Alliance mitgebaut hatte, an jenen Ort, der mich immer daran erinnerte, was ich verloren hatte. Trotzdem beschloss ich, ihm alles zu erzählen.

Zu guter Letzt war mein Geheimnis offengelegt. Ich fühlte mich erleichtert. Jetzt war es an mir, ihn herauszufordern, schweigend, ihm unverwandt in die Augen sehend, meinem Schicksal ergeben. Sie sind ein Beamter des britischen Empires. Mein Bruder ist entschlossen, diesem Weltreich ein Ende zu machen. Schicken Sie mich zu meiner Mutter zurück, wenn Sie wollen, aber ich werde ihn niemals verleugnen. Nicht Ihnen zuliebe. Nicht der Alliance wegen. Mein Bruder ist ein guter Mensch. Alles was er je verlangte, war das Recht, frei zu sein. Hat Ihr Churchill nicht gegen Hitler gekämpft, damit sein Volk nicht von den Deutschen beherrscht wurde? Begreifen Sie doch, Sir, mein Bruder will dasselbe für sein Volk. Er wollte immer nur … Carey Francis riss mich aus meinen Gedanken.

Ob ich meine Schuluniform anhatte?, fragte er. Das war das Letzte, das ich aus seinem Mund zu hören erwartet hatte. Die Schuluniform? Ja, selbstverständlich, mit Abzeichen und AHS-Emblem, antwortete ich. Er stellte mir keine weiteren Fragen. „Du kannst gehen, aber sei in Zukunft vorsichtiger. Einige dieser Soldaten sind Halunken!", fügte er mit zusammengebissenen Zähnen hinzu.

Ich war von seiner Reaktion völlig überrascht, sogar verwirrt. Ich war erleichtert und dankbar, dass er keine Strafe über mich verhängte, aber dass er britische Soldaten Halunken nannte? In der Welt von Carey Francis waren Politiker entweder Staatsmänner oder Halunken. Beamte waren entweder Staatsmänner oder Schurken. Und die, die mich verhaftet hatten, waren, auch wenn sie weiße Soldaten waren, Halunken, weil sie die Schuluniform der Alliance missachtet hatten.

Erst später ging es mir auf: Er hatte gar nicht auf die Tatsache reagiert, dass mein Bruder in den Bergen war. Oder meine Schwägerin im Hochsicherheitsgefängnis. Er fragte nicht einmal danach, ob ich den Eid geschworen hatte, was ja auch nicht zutraf. Es war, als hätte er die ganze Zeit um meine Geschichte gewusst. Vielleicht war meine Geschichte aber auch nicht so einzigartig, sondern nur eine von vielen, die er gehört hatte.

Tatsächlich war mein Fall, wie ich später erfahren sollte, alles andere als einmalig, denn es gab einige Klassenkameraden, die sich mit ähnlichen Nöten herumschlugen. Zu Beginn des Ausnahmezustandes war die Schule während der Ferien sogar ein Zufluchtsort für Opfer von beiden Seiten des Konfliktes: für jene, die sich vor Vergeltung der Mau Mau fürchteten, weil ihre Väter loyale Home Guards waren, und jene, die die Vergeltung der kolonialen Mächte fürchteten, weil ihre Verwandten in den Bergen oder Gefangene in den Konzentrationslagern waren. Die franciskanische Reaktion auf mein Geständnis fügte meiner Vorstellung von einem weißen Monolithen, der einem schwarzen Monolithen gegenüberstand, weitere Risse zu, zumal diese ohnehin von der Tatsache bedroht wurde, dass viele Afrikaner, und es gehörten auch einige Verwandte dazu, auf Seiten der Kolonialmacht kämpften. Und auf eine persönlichere Art und Weise trug seine Reaktion auf lange Sicht dazu bei, die Furcht zu beschwichtigen, die meinen Aufenthalt im Refugium plagte, die Furcht, dass die Entdeckung meiner Blutsverbindung zu den Freiheitskämpfern irgendwie meine Bildungsmöglichkeiten beeinträchtigen könnte.

Gutes zieht Gutes nach sich, und so erreichte mich kurz darauf die willkommene Nachricht, dass der Kīambu Native African Location Council mir ein Vollstipendium gewährt hatte. Man werde meine Schulden übernehmen und ich würde für die restlichen Jahre an der Alliance kein Schulgeld mehr bezahlen müssen. Die nächsten Ferien im August würden die ersten ohne die Angst sein, dass Geld und Politik den Pfad meiner Bildung blockieren könnten. Doch dann geschah das Unerwartete.

Kurz vor meiner Rückkehr an die Schule für das letzte Trimester meines zweiten Jahres erfuhren wir, dass die britische Armee meinen Bruder gefangen genommen hatte. Weil es keinerlei offizielle Benachrichtigung gab, erreichte uns die Neuigkeit über Banana Hills, wo seine Schwiegereltern wohnten. Es gingen allerhand Gerüchte um. Man habe ihm ins Bein geschossen; nein, in den Kopf; nein, die Kugeln hätten sein Herz durchlöchert. Eines aber schien sicher: Sie hatten ihn lebendig erwischt. Wenn das stimmte, war das eine Erleichterung. Trotzdem hatte ich Angst, dass sie ihn in Gīthūngūri hängen würden, wie viele andere vor ihm auch. Meine Befürchtungen wurden dadurch noch größer, dass ich nichts über die Umstände seiner Festnahme wusste.

Erst Jahre später sollte ich erfahren, dass Good Wallace und seine Leute in einen Hinterhalt geraten waren, kurz nachdem sie in der Nähe von Longonot selbst einem kleinen Konvoi britischer Soldaten aufgelauert hatten. Es gelang ihnen, aus dem Kessel auszubrechen und in unterschiedliche Richtungen zu fliehen. Die feindlichen Kräfte forderten Verstärkung an und verfolgten sie ohne Gnade, über Hügel und durch Täler, über Flüsse, Tag und Nacht, durch Gilgil und Süd-Nyandarwa. Manche seiner Kameraden fielen im feindlichen Feuer, Good Wallace jedoch gelang es zu entkommen. Später sollte er eine erschütternde Geschichte erzählen, wie er einmal völlig erschöpft hinfiel und unter einen dichten Teestrauch auf dem Brooke Bond Estate auf der White-Highlands-Seite von Limuru kroch, das Gewehr neben sich. Die feindlichen Soldaten verteilten sich auf die Teesträucher – jeder von ihnen übernahm eine andere Reihe – und durchstöberten das Dickicht mit dem Gewehr. Einmal stand ein Soldat direkt über dem Versteck meines Bruders. Good Wallace dachte, seine letzte Stunde hätte geschlagen, und öffnete den Mund, weil er um sein Leben flehen wollte, „hapana ua – töte mich nicht", aber wie in einem Albtraum kam kein Laut heraus. Und das war gut so. Der Soldat ging bald weiter und suchte unter anderen Sträuchern.

Die nächsten Tage verbrachte Good Wallace damit, Kontakt zu seinen verbliebenen Kameraden zu suchen, aber es gelang ihm nicht. Allein, nur das Gewehr als Gefährten, dachte er über seine Lage nach. Einmal war es ihm gelungen, durch einen Kugelhagel in den Wald zu entkommen; jetzt war er dem Tod um Haaresbreite entgangen. Sollte er das Schicksal noch einmal herausfordern? Er hatte die Wahl zwischen einem heldenhaften Tod oder aufzugeben in der Hoffnung, den Kampf irgendwann weiterführen zu können.

Er entschied sich für Letzteres. Er vergrub das Gewehr unter einem Mugumo, überquerte Flüsse und lief über waldige Hänge und Kaffeeplantagen den weiten Weg bis zum Hof von Chief Karūgas Familie in der Nähe von Banana Hills. Good Wallace kannte die Familie noch aus der Zeit, in der sie Nachbarn meiner Schwester Gathoni in Kīambaa gewesen waren.

Früh am Morgen klopfte er bei ihnen an und offenbarte Karūgas Frau Grace Nduta seine Identität, die ihn einließ und ihm etwas zu essen machte, die erste hausgemachte Kost seit Jahren. Sie war es auch, die ihrem Mann heimlich die Nachricht überbrachte. Chief Charles Karūga Koinange sorgte dafür, dass mein Bruder nicht in rachelüsterne Hände fiel. Wir wussten nicht, welche Geschichte der Chief auftischte, waren allerdings erleichtert, als wir erfuhren, dass man Good Wallace in das Konzentrationslager Manyani gebracht hatte. Er würde am Leben bleiben, wenigstens das.

Die nationalistischen Guerillas mussten einen schweren Schlag hinnehmen. Am 21. Oktober 1956 nahm die britische Armee *Dedan Kīmathi* gefangen, den Guerilla-Führer der Mau Mau, vor dem sie sich am meisten fürchteten und um den sich Legenden rankten. Die Vorstellung vom verwundeten Krieger, der an sein Krankenhausbett gefesselt war, sollte mich noch lange begleiten, zumal sie der Vorstellung vom legendären Kīmathi widersprach, die Ngandi in seinen Geschichten vor mir ausgebreitet hatte. Ich fragte mich, was Ngandi, wo immer er jetzt lebte, zum Untergang Kīmathis sagen würde. Zweifellos würde er behaupten, dass sie lediglich seinen Schatten gefangengenommen hatten und dass der richtige Kīmathi noch immer über die Hügel von Nyandarwa und die Hänge des Mount Kenya strich und schwor, den Kampf bis zum Ende zu führen, und verkündete, dass es besser war, im Kampf für die Freiheit zu fallen, als auf Knien leben zu müssen.

Dennoch: Die Gefangennahme Dedan Kīmathis, die kurz nach der Verhaftung meines Bruders erfolgte, hinterließ einen Hauch von Niederlage und in mir eine Leere. Doch gab es andererseits in Kenia und der restlichen Welt Anzeichen dafür, dass die Bedrohung, die Kīmathi für die imperiale Ordnung symbolisierte, auch anderswo in Afrika um sich griff.

Wenige Monate vor Kīmathis Verhaftung verkündete Ägyptens Oberst Gamal Abdel Nasser, der 1952, in dem Jahr, in dem in Kenia der Mau-Mau-Krieg begann, an die Macht gekommen war, die Verstaatlichung des Suez-Kanals, um den Bau des Assuan-Staudamms finanzieren zu können. Mir kam es so vor, als sei Afrika durch Nasser zu einem Faktor in der Weltpolitik geworden, dem die Führer von Eisenhower bis Chruschtschow und Mao ungeteilte Aufmerksamkeit widmeten. Nasser hatte die britischen und französischen Aktieninhaber in der Suez Canal Company deutlich verärgert, und die Schockwellen waren selbst bei uns an der Alliance zu spüren.

Carey Francis berief eine außerordentliche Schulversammlung ein, in der er Nasser einen Halunken nannte und die Nationalisierung einen räuberischen Akt. Er erläuterte die Geschichte des Kanals von seiner Erbauung im Jahr 1868 durch Ferdinand de Lesseps bis zu seiner Übernahme durch die britische Suez Canal Company. Diese Geschichte kannte ich noch nicht, aber es schien sonnenklar, dass ein Kanal, der durch ägyptisches Gebiet gegraben worden war, Ägypten gehörte, wie auch das Land, das von den britischen Siedlern besetzt war, zu Kenia gehörte. Frankreich mochte die ingenieurstechnische Kompetenz und Großbritannien das Kapital zur Verfügung gestellt haben, aber wie verhielt es sich mit dem ägyptischen Boden und den ägyptischen Arbeitskräften?

Carey Francis agitierte leidenschaftlich gegen die Nationalisierung. Als aber Israel, Frankreich und Großbritannien am 29. Oktober desselben Jahres in Ägypten einmarschierten, um die Kontrolle über den Kanal zurückzuerlangen, hielt er das für eine Fehlentscheidung und sprach es uns gegenüber auch aus, wobei er argumentierte, dass zwei falsche Dinge kein richtiges ergaben. Carey Francis erstaunte uns immer wieder.

Dieser gesamte politische Aufruhr spiegelte sich in meinem eigenen spirituellen Umbruch, der zu Beginn des dritten Trimesters einsetzte. David Martin hatte eine Sonderveranstaltung der Christian Union organisiert, auf der ein Evangelist den *Billy-Graham*-Film „Souls in Conflict" zeigen und mit uns darüber diskutieren sollte. Der Gastevangelist stand mit Billy Grahams „crusades", den Massenevangelisationen, in Verbindung. Die Veranstaltung, die in der Mensa stattfand, war für jedermann gedacht, und die Beteiligung war hoch. Nach dem Film sprach der Evangelist ein paar Worte.

Es war Abend. Auf derselben Bühne, die Zaubertricks, Debatten und Shakespeare erlebt hatte, stand nun der Evangelist und zitierte aus der Bibel, Römer 3, 23: „Sie sind allesamt Sünder und ermangeln des Ruhmes, den sie bei Gott haben sollten." Er begann langsam und sah uns an, wobei ich das Gefühl hatte, er meinte vor allen anderen mich. Dann griff er geradewegs nach den Herzen der Zuhörer und entwarf ein lebendiges Bild des Feuers, das Sünder in der Hölle erwartete. Und sie hatten es verdient, wir hatten es verdient, und weder gute Taten noch Lernen noch Bücher konnten uns davor bewahren. Er war meisterhaft, sprach alle an und zielte doch mit jedem Wort auf mich; zumindest kam es mir so vor. Und doch waren er und ich einander völlig fremd. Dieser Gott machte mir Angst. Ich will nicht in die Hölle, hörte ich mich sagen und war überrascht, weil ich eben diese Worte schon oft gehört hatte und sie niemals diese Wirkung auf mich gehabt hatten. Die Hölle war aber nicht unausweichlich, hörte ich ihn jetzt sagen und die andere Vision der Erlösung ausmalen. Aus dem Gott von Rache und Zorn war der Gott unendlicher Gnade und Liebe geworden. Das bezeugte Johannes in der Bibel, 3, 16: „Denn also hat Gott die Welt geliebt, dass er seinen eingeborenen Sohn gab, damit alle, die an ihn glauben, nicht verloren werden, sondern das ewige Leben haben. Denn Gott hat seinen Sohn nicht in die Welt gesandt, dass er die Welt richte, sondern dass die Welt durch ihn gerettet werde."

Er sprach weiter, als würden er und Gott sich gut kennen. Gott zwang die Menschen nicht, sich für oder gegen einen Weg zu entscheiden. Er schenkte uns die Freiheit der Wahl, einen freien Willen. Du kannst wählen zwischen Himmel und Hölle, sagte er, und sah mich wieder an und zeigte auf mich. Sogar wenn ich versuchte, mich hinter anderen zu verstecken, fand er mich mit Augen und seinem Zeigefinger. Ich glaubte an die Freiheit der Wahl. Er rührte an mein besseres Ich, an meine Vernunft, Unvernunft allein mit dem Glauben anzunehmen. Und dann machte er mir im Namen Gottes ein Angebot aus dem Buch der Offenbarung 3,20: „Siehe, ich stehe vor der Tür und klopfe an. Wenn jemand meine Stimme hören wird und die Tür auftun, zu dem werde ich hineingehen und das Abendmahl mit ihm halten und er mit mir."

Ich musste weder irgendwohin gehen noch irgendetwas Dramatisches tun, ich musste nur die Tür öffnen. Er machte es mir sogar noch leichter. Er forderte uns auf, die Augen zu schließen und Gott um Kraft und Führung zu bitten. Die Augen noch geschlossen, hörte ich ihn direkt zu Gott sprechen und ihn bitten, mir zu helfen, die richtige Wahl zu treffen. Mir, ja mir, denn mir kam es so vor, als spräche er mich die ganze Zeit direkt an. Gott wird nicht auf die Tür losstürmen und sie mit Gewalt für dich öffnen. Du musst ihn hereinlassen. Willst du? Er forderte uns auf, mich, nicht mit unseren Stimmen zu antworten. Wenn ich eine Wahl getroffen hatte, würde ich dann bitte die Hand heben, ohne die Augen zu öffnen? Ja, es fühlte sich wirklich so an, als spräche er zu mir allein. Ich spürte, wie mein Herz zersprang. Etwas gab nach, eine Kapitulation des Willens, des Denkens und der Vernunft. Ich konnte mir bildlich vorstellen, wie seine Augen auf mir ruhten und beobachteten, ob ich in vollständiger Unterwerfung und Aufgabe die Hand hob. Ich tat es, und es kümmerte mich nicht, ob es ein anderer auch tat. Schließlich hatte er allein zu mir gesprochen.

Du hast die wichtigste Entscheidung deines Lebens getroffen. Er redete noch eine Weile und forderte mich dann auf, die Hand zu senken und die Augen zu öffnen. Es herrschte Stille. David Martin sagte, dass es allen freistand zu gehen, doch bat er die, die die Hände gehoben und Jesus als persönlichen Erlöser angenommen hatten, zusammen mit denen, die dies früher schon getan hatten, noch zu bleiben. Tatsächlich gab es eine kleine Gruppe, die immer behauptet hatte, Jesus besser zu kennen als wir anderen. Ich blieb ebenfalls da und war überzeugt, dass ich der Einzige wäre. Die Mehrheit ging und blickte scheu zurück, um zu sehen, wer sich hatte fangen lassen.

Ich gehörte ihnen, war aber froh, dass ich nicht allein war. Unsere Gruppe frischer Konvertiten war ziemlich groß, und die älteren Konvertiten begrüßten uns in ihrer Mitte. Wir waren auf ihr spirituelles Niveau erhoben. Ihr prominentester Vertreter war E. K., der immer mit seinem Glauben hausieren gegangen war. Der Evangelist sprach voller Frohlocken mit uns, warnte uns aber, dass sich uns zahlreiche Versuchungen in den Weg stellen würden. Wenn Satan so wenig Anstand besessen hatte, Jesus zu versuchen, wie konnten wir dann glauben, dass er uns in Ruhe lassen würde? Doch aus SEINEM Sieg konnten wir Kraft schöpfen. E. K. versicherte uns, dass die christliche Gefolgschaft der Erlösten uns in den Kämpfen mit dem Versucher immer zur Seite stehen würde.

Der Evangelismus war keine neue Erscheinung an der Alliance. Schon 1949 waren die Balokole, Anhänger der Bewegung Jesus-ist-mein-persönlicher-Erlöser, die ihren Ursprung in Ruanda hatte, nach Kenia gekommen. Einige Schüler der Alliance konvertierten und gaben diese Tradition weiter. Obwohl sie gläubige Mitglieder der Christian Union waren, die sich regelmäßig trafen, um die heiligen Schriften zu studieren, bildeten die Balokole, die Erlösten, außerdem noch eine weitere Gruppe und hielten zusätzliche Gottesdienste ab.

Carey Francis hatte, trotz seiner Predigten über das Haus des Exegeten, nichts mit der spirituellen Unternehmung der sich an die Brust schlagenden Gottesverehrung vom Typ Jesus-ist-mein-persönlicher-Erlöser zu tun. Christsein war für ihn eine Art Langstreckenlauf und er sprach oft davon, mit den Kräften hauszuhalten, damit man am Ende sagen konnte: Ich

habe den gerechten Kampf gefochten, ich habe den Lauf voll-
endet, ich habe den Glauben bewahrt. Für ihn waren Taten und
ein Benehmen, durch das der Glaube zum Ausdruck kam,
wichtiger als laute Worte. Jedoch verunglimpfte er den Evangelismus nicht. Vielleicht, weil er seinen Wert erkannte. Die
Balokole waren die gläubigsten Anführer der Sonntagsschulen
und liefen Sonntag für Sonntag viele Meilen, um jene zu erreichen, die am weitesten abseits der Alliance wohnten.

Mit der Zeit fiel eine ganze Reihe derer, die die Hand gehoben
hatten und nach der Veranstaltung dageblieben waren, wieder
in den alten Trott zurück. Mein Klassenkamerad Joshua Omange, E. K. und ich aber bildeten einen Drei-Mann-Bund und er-
richteten eine spirituelle Festung um uns herum. Wir waren
entschlossen zu verhindern, dass sich Satan in unsere Mitte
drängte. Jeden Tag trafen wir uns früh in der Kapelle, lasen in
der Bibel und beteten, noch bevor die anderen auftauchten.
E. K., der Jesus lange vor uns als persönlichen Erlöser angenommen hatte, war der Anführer unseres Trios. Im Lauf der
Jahre hatte er gute Verbindungen zu den evangelikalen Gemeinden in den umliegenden Dörfern und darüber hinaus in
Nairobi und anderen Städten geknüpft. Durch ihn hatten wir
das Gefühl, mit dieser großen Gemeinde der Balokole außerhalb der Mauern der Alliance verbunden zu sein.
	Eine der wichtigsten Pflichten der Erlösten bestand darin,
Zeugnis von der unendlichen Güte und Gnade unseres Herrn
abzulegen, indem wir andere für ein Leben mit dem Kreuz gewannen. E. K. gelang dies mühelos, während mir meist kaum
ein Wort über die Lippen wollte. Es fiel mir schwer, Fremden
gegenüberzutreten und ihnen von meinem Glauben zu erzäh-

len. Ich hatte das Gefühl, zu prahlen und die anderen in die Defensive zu drängen. Das kam mir zu aufdringlich vor. Genau das aber sei das Entscheidende, erklärte mir E. K., es gehe darum zu erreichen, dass sich der Sünder unwohl in seiner Haut fühle und sich bewusst werde, dass Satan es sich in seinem Herzen gemütlich gemacht habe.

Das zweite Ritual in den Kreisen, in denen sich E. K. bewegte, bestand darin, der Herde der Erlösten die eigenen Sünden zu beichten. Diejenigen, die es überkam, erzählten davon, wie sie das ersten Mal zum Herrn gefunden hatten. Dabei machten sie Anleihen bei den „Bekenntnissen des Heiligen Augustinus" und dramatisierten die Schwere der eigenen Verfehlungen im früheren Dasein, bevor der Herr Erbarmen gezeigt und den Weg zum Leben mit dem Kreuz gewiesen hatte. Oft umfassten die Beichten die zahllosen Begegnungen mit dem Teufel seit der Bekehrung, weil man zeigen wollte, wie unnachgiebig Satan in seinem Versuch blieb, die Hingabe an ein Leben mit dem Kreuz zu verhindern. Manche waren in der bildhaften Beschreibung der Versuchungen, denen sie sich gegenübergesehen hatten, sehr schöpferisch. Einigen war es gelungen, den Versucher in die Flucht zu schlagen, andere allerdings waren schwach geworden, und ihnen galten die inbrünstigsten Gebete, um sie im Kampf gegen Satan zu unterstützen. Je größer die Versuchung, desto größer das Ansehen, das der Versuchte genoss, hatte er ihr nun nachgegeben oder nicht. Die größte Aufmerksamkeit zogen Sünden sexuellen Verlangens auf sich. Keine schien größer. Schließlich war Sex die Erbsünde, die dazu geführt hatte, dass alle Menschen aus der Gnade Gottes gefallen waren. Einige ergingen sich in derart erregenden Einzelheiten, dass man die Gruppe mit deutlich mehr sexuellen Bildern im Kopf als zuvor verließ.

Als ich an der Reihe war, musste ich zu meiner Betroffenheit feststellen, dass ich keine Sünden zu beichten hatte. Und doch musste ich gesündigt haben! Alle sündigten! Wenn wir behaupteten, keine Sünden begangen zu haben, belogen wir uns selbst. Omange hatte dasselbe Problem wie ich. Auch er war ein Sünder, der nicht um seine Sünden wusste. Wir konnten nur mit Belanglosigkeiten wie Wut und Schimpfwörtern aufwarten, oder dass wir uns eine Extrastunde Lesezeit ermogelt hatten, obwohl wir um neun im Bett sein mussten. E. K. hingegen hatte immer reichlich Sünden zu beichten, vor allem solche, in denen es um verstecktes Verlangen nach dem anderen Geschlecht ging. Doch war es ihm noch bei jedem Anlass gelungen, Satan siegreich niederzuringen.

Dagegen sahen Omange und ich wie Blender aus. Schließlich sonderten wir uns außerhalb der Schule von den anderen Gruppen ab, behielten aber unseren Dreierbund und die tägliche Routine aus zusätzlichen Gebeten und Bibelstudium bei. E. K. wurde nie müde, uns über seine Treffen mit den christlichen Mitbrüdern und Mitschwestern zu berichten. Wir vertrauten E. K., der uns die Zweifel mit Bibelzitaten austrieb. Er sprach mit der Autorität desjenigen, der direkt mit Gott kommunizierte, was allerdings nur meine Zweifel über meinen Status nährte. Ich konnte nie sicher sein, dass Gott direkt zu mir gesprochen hatte.

Einmal fragte ich E. K., in welcher Sprache Gott zu ihm sprach. Englisch, antwortete er. Und wie konnte man den Unterschied zwischen Gott und Jesus feststellen, wenn sie zu ihm sprachen? Gab es einen Unterschied in der Eigenart und Lautstärke der Stimmen? Jesus und Gott waren ein und dasselbe. Ich sollte meinen Glauben bewahren, dann wäre ich schon bald in der Lage, den Unterschied zu benennen. Derartige Fragen, die so wichtig waren, weil sie mich ehrlich beschäftigten, führten zunehmend zu Spannungen zwischen uns.

Der umstrittenste Punkt entwickelte sich aus der Frage nach der Hautfarbe von Gott und Jesus. Am 26. September 1956 hatten Sam Ntiro, damals Dozent an der Makerere Art School, und sein Schüler Elimo Njau unsere Schule besucht, um mit uns über Kunst zu sprechen, Bilder eines schwarzen Christus' zu zeigen und darauf hinzuweisen, dass Jesus nicht im weißen Europa zur Welt gekommen war*. Schließlich hatte Gott den Menschen nach seinem Bilde geformt, den Schwarzen in seinem prachtvollen Schwarzsein und den weißen Menschen in seinem silbrigen Weißsein.

Viele blieben skeptisch. Alle Bilder, die wir bisher in Büchern und Zeitschriften gesehen hatte, zeigten einen weißen Jesus mit blauen Augen. Einige weiße Lehrer vertraten die Ansicht, dass es unnötig wäre, Gott durch eine rassische Brille zu betrachten. Gott hatte keine Farbe. Jesus war weiß, und Weiß war keine Farbe. E. K. vertrat dieselbe Meinung von einem farblosen Gott und Jesus, konnte aber nicht erklären, warum die beiden Gottheiten auf allen Abbildern in der christlichen Literatur weiß waren. Ich stand auf der Seite von Ntiro und Njau. Wenn Gott den Menschen nach seinem Ebenbild erschaffen hatte, dann war auch Schwarz eine Farbe Gottes. Jeder von uns konnte sich vorstellen, wie Gott aussah, indem er sich selbst ansah.

Meine Unfähigkeit, wie E. K. Gottes Stimme zu hören und dem Kreuz neue Anhänger zuzuführen, beunruhigte mich. Ich fasste einen Entschluss: Wenn ich eine einzige Person gewinnen konnte, wenn ich Christus irgendwie auch nur eine einzige Seele zuführen konnte, wollte ich von meinen Zweifeln lassen. Ich begann, den Leuten von meinem Glauben zu erzählen, meistens ausgewählten Freunden unter vier Augen. Doch bei den wenigen Gelegenheiten, bei denen ich es versuchte, sahen sie mich an und lachten oder stellten Fragen, auf die ich keine Antwort wusste. Am schlimmsten war es mit meinen Freunden, weil sie mir unverblümt sagten, dass sie mir nicht glaub-

---

* Jahre später sollte Elimo Njau einer der führenden Künstler in Afrika werden; er begründete die berühmte Galerie „Paa ya Paa", die es noch heute gibt.

ten. Oder sie baten mich schelmisch, ihnen meine Sünden zu beichten, damit sie sie mit ihren vergleichen könnten. Sie hatten nicht erlebt, wie ich mir bei den Massenveranstaltungen an die Brust schlug und *tukutendereza* rief. Ich erzählte E. K. von meinen Schwierigkeiten, und dass meine Anrufung der Vernunft stets mehr Auseinandersetzungen als Übertritte bewirkte. Nein, du musst an das Herz appellieren, nicht an den Verstand, erwiderte er. Der Glaube sei keine Angelegenheit der Logik. Er meinte, ich solle mir keine Gedanken machen, und dass es Zeit brauche zu lernen, wie man Satan aus den Seelen der Gefallenen vertrieb. Dennoch war ich enttäuscht, weil meine Bekehrungsversuche niemals auch nur einen einzigen Erfolg erlebten. E. K. seinerseits berichtete im Laufe der Zeit von vielen Siegen. Er hatte eine kleine Gefolgschaft von Anhängern, die behaupteten, durch ihn zu Gott gefunden zu haben.

An einem Morgen zu Beginn unseres letzten Jahres trafen wir uns wie gewöhnlich. E. K. hatte dieses Treffen einberufen. Nach unserem Ritual aus Gebet und täglicher Bibeldosis sagte er, dass er uns etwas über die Versuchungen des Fleisches mitteilen müsse. Wir wollten schon für ihn beten, damit ihm beim nächsten Mal mehr Kraft zuwüchse, als er uns erklärte, dass es um mehr ginge. Er hatte eine Mitschwester in andere Umstände gebracht. Das war eine große Sünde, größer als alle, die er früher gestanden hatte. Das schockierte uns, ließ uns jedoch zugleich die Größe seiner Hingabe spüren. Er hatte gebeichtet und nun bat er uns demütig, für ihn zu beten. Nach den Gebeten sprach Omange unverblümt und ernsthaft. Was geschehen war, war geschehen. Wir würden ihn weiterhin unterstützen. Zunächst einmal versprachen wir, ihm bei der Hochzeit zur Seite zu stehen, die, wie wir annahmen, bald stattfinden würde, damit das Kind ehelich zur Welt kam. E. K. zögerte. Er plane nicht, sie zu heiraten, und würde seine Meinung nicht ändern, wie sehr man ihn auch anflehte. Omange brach in Tränen aus. Wir kamen uns hintergangen vor.

Später erfuhr ich, dass die Versuchungen, die E. K. immer beichtete, durchaus den Tatsachen entsprachen, und die Dame, von der er uns erzählte, nicht die erste war, die er geschwängert hatte. Irgendwie bewirkten seine herzerweichenden Beichten, dass er ein geachtetes Mitglied der evangelikalen Gemeinde blieb. Omange und ich aber konnten uns nicht von dem Schock erholen, den seine kategorische Weigerung, die Frau zu heiraten, bei uns ausgelöst hatte. Unser Bund zerfiel. Nie wieder trafen wir uns als evangelikales Trio, obwohl Omange und ich unsere christliche Gemeinschaft bewahrten, die nun durch unsere Erfahrung von Verrat vertieft worden war.

Dieses Erlebnis ließ die Erinnerung an die franciskanische Sicht auf das Leben als Christ mit neuerlicher Neugier in mir aufleben. Für ihn war das mehr als der bloße Ausdruck von Frömmigkeit, für ihn offenbarte es sich in alltäglichen Handlungen und Entscheidungen; im Unterricht, in freiwilliger Arbeit, im Spiel. Die Versuchung des Willens konnte sich in jeder Tätigkeit und nicht nur in einem dramatischen Zusammentreffen mit Satan zeigen, wenn man allein in den Bergen oder in der Wüste war. Die Auflösung unseres Bundes hinterließ ein Loch in meinem Herzen und vermehrte meine Zweifel. Trotzdem gab ich, ungeachtet meiner zunehmenden Misserfolge, meine Versuche nie auf, die Seelen der Menschen, die ich kannte, zu bekehren.

So stark mein religiöser Eifer auch war, er konnte nicht meine leidenschaftliche Hingabe an das Theater dämpfen. Eine Aufführung von Shakespeares „König Heinrich IV, Erster Teil" verkündete das Schuljahresende, und ich bewarb mich um eine Rolle. Eine Sprechrolle bekam ich nicht, aber ich wurde einer der Fußsoldaten, die die ganze Zeit angespitzte Holzstöcke in der Hand hielten, und war Teil der Statisten im Hintergrund. Doch mit dabei zu sein, wenn auch stumm, hinderte meine Fantasie daran, abzuschweifen und das sich entfaltende Universum weiterzuspinnen, denn ich musste mich konzentrieren, auch wenn der Kampf um Macht und die Gewalt, die damit einherging, in diesem Geschichtsdrama viel deutlicher zutage traten, als es in „Wie es euch gefällt" der Fall gewesen war.

Während der Proben beeindruckte mich, wie die Schauspieler sich von der anfänglichen Unvollkommenheit zur nahezu makellosen Darstellung in der Aufführung entwickelten, die am Ende stand. Ich lernte, das Theater als kollektives Bemühen zu sehen: Die wechselseitige Abhängigkeit der kleinen und großen Rollen voneinander, die im Hintergrund blieb; Requisite, Kostüme und Licht; die Regie, die vor jubelndem Publikum ein unterhaltsames Spektakel entstehen ließ. Keiner, der die Aufführung verfolgte, konnte wissen, wie oft die Schauspieler während der Proben ihren Text oder ihre Positionen vergessen hatten oder welche Spannungen und Ego-Streitereien die Vorbereitungen zum Stillstand brachten. Der kollektive Erfolg war berauschend und glich die ständig lauernde Gefahr, dass alles im Chaos unterging, mehr als aus. Auch das Absinken des Adrenalins in den Tagen nach dem letzten Vorhang konnte die freudige Erinnerung an den gemeinsamen Kampf nicht trüben.

Doch abgesehen von der Freude und den Anstrengungen, die es bedeutete, mit dabei zu sein, war das politische Theater auf der Bühne ein Spiegel des Theaters der Politik vor den Toren der Schule. In der Welt draußen waren die Sowjets in Ungarn einmarschiert, ein Ereignis, das Carey Francis verurteilte, und in unserem Land tobte weiterhin der Krieg zwischen der Mau Mau und den Briten. Diese drei Theater beeinflussten mich in jeweils unterschiedlicher Weise. Das Theater auf der Bühne unterhielt meinen Geist und das in Ungarn weckte meine Neugier, doch das im Land selbst bedrohte mich körperlich. Die Tatsache, dass Good Wallace kein aktiver Guerilla mehr, sondern Kriegsgefangener war, vermochte nicht zu verhindern, dass über meiner Rückkehr nach Kamīrīthū am Jahresende Ängste schwebten. Ich verließ das Refugium im Dezember, zum Ende meines zweiten Jahres, und freute mich auf eine sichere Rückkehr in ihren Schoß im Januar, wenn mein drittes Jahr beginnen würde.

Mutter machte selbst in den härtesten Zeiten nicht viele Worte. Sie freute sich immer, mich zu sehen und von meinen Fortschritten in der Schule zu erfahren, aber sie wähnte mich in der Schule sicherer als in unserem neuen Zuhause und war deshalb stets erleichtert, wenn die Ferien zu Ende waren. Ich hätte mich gefreut, wenn sie angesichts dessen, was um uns herum geschah, mehr über ihre Gedanken und Gefühle gesprochen hätte; die Festnahme und Haft meines Bruders zum Beispiel oder das Verhör, das sie über sich ergehen lassen musste. Aber für sie lag all das in Gottes Hand, und ihr Sprichwort „Gūtirī ūtukū ūtakīa – jede Nacht endet im Morgengrauen" fasste ihre Weltsicht zusammen.

Sie liebte die Erde; und wenn sie auf den Feldern arbeitete, den Boden umgrub, die Pflanzen hegte und schließlich das Produkt ihrer Hände Arbeit erntete, war sie am glücklichsten. Ich konnte erkennen, dass es ihr gefiel, wenn ich mich nicht vor der Feldarbeit drückte und die Oberschule meine Hände nicht verweichlicht hatte. Sie sagte nie, heute musst du aufs Feld raus, sondern immer, ich röste dir Kartoffeln auf dem Acker, weil sie wusste, dass ich dieses Angebot nicht ausschlagen würde.

Sie war stets früh auf und sich nicht immer sicher, ob wir uns ihr anschließen würden, doch zumindest sorgte sie dafür, dass wir wussten, wo sie war. Einmal, es war schon ziemlich spät am Morgen, gesellten sich mein kleiner Bruder und ich auf ihrem Lieblingsacker zu ihr. Sie hatte bestimmt nicht mit uns gerechnet, aber sie freute sich zu sehen, dass wir mit unseren gewohnten Werkzeugen – Hacken und Macheten – ausgerüstet waren. Mittags machte sie Feuer neben dem Mugumo-Baum und suchte die besten Kartoffeln heraus, um sie zu rösten. Sie röstete immer viel mehr, als wir bewältigen konnten. Das hatte mit ihrer Erfahrung zu tun, dass sich unerwarteter Besuch einstellen konnte. Und genau das geschah an diesem Tag. Es war mein Vater, der, hinter dem Baum unserem Blick verborgen, aus dem Nichts aufzutauchen schien. Ich hatte meinen Vater seit dem Tag nicht mehr gesehen, an dem ich mich, vor meiner Abreise an die Alliance, im alten Gehöft von ihm verabschiedet hatte. Jetzt wohnte er mit seinen anderen Frauen in einem anderen Teil des Dorfes, und ich hatte sie während der vergangenen fünf Ferien nie besucht. Mutter schien nicht überrascht, ihn zu sehen, und so nahm ich an, dass es nicht das erste Mal war, dass er sie auf dem Acker besuchte.

Sie bat ihn, sich zu setzen, und meinte, er käme gerade recht für ein paar geröstete Kartoffeln. Er fragte, wie ich mich in der Schule machte, schimpfte mit mir, weil ich ihn nicht besucht hatte, überschüttete mich aber gleich darauf mit seinen Segenswünschen, um zu zeigen, dass er keinen Groll hegte. Davon abgesehen, redeten wir nicht viel miteinander, auch Mutter und er nicht. Während wir gemeinsam auf dem Acker im Schatten des Mugumo aßen, kam mir unwillkürlich in den Sinn, ob er auf einem solchen Feld um sie geworben hatte, vielleicht sogar auf diesem. Nach dem Essen ging mein Vater wieder seines Weges.

Mein jüngerer Bruder, der sich nie wie ich mit ihm ausgesöhnt hatte, sah nicht gerade wohlwollend auf seinen Besuch:

„Ich bin sicher, der kommt nur, wenn er Hunger hat." Der Tadel meiner Mutter ließ nicht auf sich warten. „Er ist immer noch dein Vater. Also urteile nicht über ihn. Das soll er selbst tun." Um diesen unangenehmen Moment zu überspielen, fragte ich meine Mutter nach der Geschichte, die sie uns einmal erzählt hatte, wie sie einander gefunden hatten. Sie lächelte nur und ignorierte meine Bitte. Und doch musste meine Frage, oder war es sein Besuch, sie milde gestimmt haben, denn mit einem Mal begann sie zu reden, mit ungewöhnlicher Offenheit. Nicht über ihn, sondern über den Baum. Sie glaubte, dass er heilig und heilend war. Irgendwie brachte sie uns dazu, sorgfältig seine Wurzeln zu betrachten. Sie waren kräftig und reichten tief, und das war der Grund, warum ein Mugumo sich nie den herrschenden Winden und dem wechselnden Wetter unterwarf und viele Jahre lebte. „Wisst ihr, dass der schon da war, bevor die Kolonisierer hier ankamen, sogar schon vor euren Ur-ur-ur-Großeltern?" Als wir sie scherzhaft fragten, woher sie sein Alter wüsste, meinte sie nur, es wäre Zeit, wieder an die Arbeit zu gehen. Dann aber antwortete sie doch: „Weil Menschen hier schon länger leben als der Baum, und sie erzählen diese Geschichte und sie geben sie weiter und wir tragen unseren Teil zur Geschichte bei."

Ich habe ihr nie von meinem spirituellen Streben erzählt, aber wahrscheinlich hatte sie eine gewisse Rastlosigkeit an mir bemerkt, sodass diese Geschichte vielleicht ihre Art war, sich damit auseinanderzusetzen. Viele Jahre später begann mein Leben als Schriftsteller mit einer Kurzgeschichte unter dem Titel „Mugumo, der Feigenbaum".

1957

Eine Geschichte
von der Straße und der Macht

Die Alliance, an die ich am 17. Januar 1957 zurückkehrte, war in meiner Vorstellung nicht länger ein Refugium. Obwohl ihre Anziehungskraft als Refugium verblasste, behielt sie ihren Charakter als Fenster, durch das ich den einen oder anderen Blick auf das richten konnte, was sich draußen, in meinem Land und in der Welt, ereignete. Sie war eine Art Filter, durch den ich die Bedeutung dessen, was ich da sah, ergründen konnte. Diese Rolle als Fenster und Filter kam durch den redaktionellen Rahmen von Schulversammlung, Unterricht und Saturday Evening Paper zustande.

Die SEP war 1943 gegründet worden, um die Lücke zu füllen, die mit der Einstellung der offiziellen Schulzeitschrift wegen kriegsbedingter Papierknappheit entstanden war. Die Redakteure der SEP, allesamt Schüler, schrieben alles mit der Hand und lasen es der Versammlung vor. Und als die offizielle Schulzeitung nach dem Krieg ihre Arbeit wieder aufnahm, war die SEP längst ein fester Bestandteil des Wochenkalenders geworden.

An meine erste Erfahrung mit der SEP werde ich mich immer erinnern. Nach dem Abendessen hatten wir uns in der Mensa versammelt und warteten begierig, dass die berühmte Samstagabendunterhaltung begann, als der School Captain Manasseh Kegode auf die Bühne an der Stirnseite der Halle trat und die Versammlung zur Ordnung rief, damit sie die neuesten Nachrichten aus Caesar's Kingdom vernahm, was von jenen mit Applaus quittiert wurde, die wussten, dass es sich bei diesem Königreich um die Alliance handelte. Dann betrat ein Schüler, einer der beiden aktuellen Redakteure, die

Bühne, einen Aktenordner in der Hand, und las vor: „Saturday Evening Paper, Gründer: M. E. Mugwanja und B. M. Gecaga." Das war, wie ich später herausfand, das unverkennbare Ankündigungsritual dieser Nachrichtensendung. Die Qualität der Zeitung hing von der Materialauswahl der Redakteure ab, von ihrer Fähigkeit zu schreiben und vorzutragen und der schüchternen oder selbstbewussten Körpersprache. Das Redaktionsteam von 1957 bestand aus Allan Ngũgĩ und Lucas Ritho, die der SEP eine gewisse Würde und Autorität einbrachten. 1958 hielten meine Klassenkameraden George Ongute und Joab Onyange das hohe Niveau des mündlichen Vortrags und bewahrten die große Tradition in der Vielfalt des dargebotenen Materials, der umsichtigen Balance von Trivialem und Ernsthaftem.

Das Triviale reichte von zumeist satirischen Geschichten über Ereignisse auf dem Schulgelände bis zu beliebten Kolumnen wie jener, in der die Logik der englischen Rechtschreibung und Grammatik bis an die Grenzen des Absurden getrieben wurde. Wenn die Adjektive „tall" und „long" mit „tall, taller, tallest" und „long, longer, longest" gesteigert wurden; warum dann nicht „good, gooder, goodest" und „bad, badder, baddest"? War die Vergangenheit von „go" „went", konnte dann die von „do", das ja eine ähnliche Endung hatte, nicht „dwent" heißen? Andere machten sich über die englische Aussprache unter dem Einfluss der afrikanischen Sprachen unserer unterschiedlichen Herkunftsgebiete lustig. Eine Konstante des Trivialen waren humorvolle Anspielungen auf Jungen, ohne natürlich deren Namen zu erwähnen, die man dabei ertappt hatte, wie sie sich im Tal mit Mädchen trafen, oder kritische, aber humorvoll dargebotene Anekdoten über Frischlinge, die man dabei gesehen hatte, wie sie ein so ungebührliches Verhalten an den Tag legten, indem sie auf den Boden spuckten oder geräuschvoll ihren morgendlichen Brei schlürften. Es konnte sich aber auch um ernstere Geschichten über Abenteuer oder

Missgeschicke außerhalb der Schulmauern handeln, vor allem während der Exkursionen in die große Stadt.

Mir waren die ernsthaften Geschichten über nationale oder internationale Ereignisse, die aus dem East African Standard ausgewählt wurden, am liebsten. Mein Interesse an äußeren Ereignissen und ihrer Wirkung auf Kenia hatte in der Zeit mit Ngandi begonnen und noch immer betrachtete ich alle Nachrichten aus dem Blickwinkel jener Weltsicht, die sich aus meinen Unterhaltungen mit ihm entwickelt hatte, und ich stand nationalistischen Gefühlen wohlwollend gegenüber. Zu meiner Genugtuung schaffte es die SEP, die im Land und in der Welt vorherrschende Stimmung einzufangen. Ihre Berichterstattung über die Suezkrise war ein Beispiel dafür.

Der Kampf um den Suezkanal hatte das Gefühl hinterlassen, dass ein Wandel in der Welt stattfand. In Großbritannien hatte die Krise – oder vielmehr das Scheitern im Vorgehen des Dreimächtepakts – einen Wechsel in der Führung erzwungen. Am 9. Januar 1957 trat Anthony Eden als britischer Premierminister zurück und wurde von Harold Macmillan abgelöst. Innerhalb von drei Monaten sah sich Macmillan dramatischen Ereignissen gegenüber, die schließlich die Karte der Machtverhältnisse in Afrika und seiner Beziehungen zur restlichen Welt neu zeichnen sollten. Die Unabhängigkeit Ghanas von Großbritannien am 6. März 1957 stellte die von Libyen, das sich im Dezember 1951 von Italien befreit hatte, sowie die von Marokko und Tunesien, die 1956 Frankreich die Unabhängigkeit abgetrotzt hatten, und sogar die des Sudan von Großbritannien, ebenfalls im Jahr 1956, in den Schatten. Obwohl es sich um mehrere Ereignisse handelte, waren wir uns dieser anderen früheren Unabhängigkeiten kaum bewusst. Ghanas Sieg aber wurde in der SEP gebührend gewürdigt und beschäftigte unsere Fantasie wie kein anderes Ereignis in der jüngeren Geschichte Afrikas.

Es konnte mir deshalb nicht entgehen, dass die ersten Direktwahlen afrikanischer Mitglieder für den Legislative Council, die gesetzgebende Körperschaft der Kolonie Kenia, die auch unter dem Kürzel „Legco" bekannt war, am 10. März stattfanden, nur vier Tage nach Ghanas Unabhängigkeit. Diese Wahl war, ungeachtet der Tatsache, dass die Central Province von der Wahl ausgeschlossen blieb und die europäischen wie asiatischen Kandidaten eine überwältigende Mehrheit besaßen, ein historisches Ereignis. Drei Tage danach gründeten die acht gewählten Kandidaten die African Elected Members Organization, AEMO, und erklärten den *Lyttelton-Plan*, der die Grundlage ihrer Wahl darstellte, für null und nichtig. Die Redewendung „null und nichtig" fand sofort Eingang in unser Schülervokabular.

Es war eine langsame Entwicklung, doch markierten die Festnahme Kīmathis im Jahr 1956 und seine Hinrichtung im Februar 1957 den Beginn einer entscheidenden Verlagerung des politischen Geschehens aus den Bergen auf die Straßen Nairobis und in die imperialen Flure in London. In den Zeiten vor der Mau Mau bildete die Straße die volkstümliche Basis, von der aus man die Macht des Empires öffentlich herausfordern konnte, aber der 1952 ausgerufene Ausnahmezustand hatte die Straße als Bühne der gesellschaftlichen und politischen Aktion buchstäblich außerhalb des Gesetzes gestellt. Nach den Wahlen von 1957 nahm die Straße jedoch wieder die Rolle ein, die sie in früheren Zeiten gespielt hatte, und wurde erneut zur lebendigen Bühne, auf der sich das Schauspiel unerwarteter Szenen und Darsteller entfaltete.

Die politischen Darsteller waren bislang für mich Figuren der Fiktion. In der Ngandi-Periode meiner Kindheit waren mir die nationalistischen Figuren der Zeit vor der Mau Mau über-lebensgroß vorgekommen. Ihr Kampf gegen das riesige weiße Ungeheuer aus Übersee schien eine epische Schlacht, die mit glühenden Schwertern gefochten wurde, die in der Dunkelheit leuchteten. Manchmal bildete ich mir auch ein, dass die Helden es im Verborgenen ausfochten, mit dem Angriffsgetrampel von wilden Nashörnern und dem Gebrüll von Löwen. Jetzt, da sie sich im Exil, in Gefängnissen und Konzentrationslagern befanden, verblassten die Darsteller in ihren Konturen. Aber endeten die Helden der Epen nicht immer so, an die Felsen der Zeit gekettet oder in Kerker geworfen?

Die neuen Nationalisten der Zeit nach Ngandi und nach der Mau Mau, schienen nur lebensgroß, waren Darsteller auf einer Bühne, die ich überschauen konnte. Das lag vielleicht daran, dass wir Zeugen ihrer Auftritte waren und manchmal auch ihrer Abgänge, oder weil sie erkennbar in dem Nachteil waren, keine politischen Parteien gründen zu dürfen, deren Gebiet Distriktgröße überschritt. Die Afrikaner setzten ihren Einfallsreichtum dagegen, die Beschränkung und die Begrenzung auf das Lokale zu umgehen, indem sie sich unter dem Schirm der AEMO versammelten. Trotzdem tummelten sich dort immer noch zu viele Bullen in ein und demselben Kral. Ich sehnte mich nicht so sehr danach, einen Blick auf sie zu erhaschen, wie mir das bei den älteren Darstellern gegangen war. Dennoch befeuerten die Zusammenstöße mit ihren Siedlerfeinden und die wechselnden Bündnisse mit ihren indischen Pendants das Treiben des aktuellen Schauspiels. Mitunter verlegten sie ihre Handlung aus den Straßen Nairobis auf die Straßen Londons, um den imperialen Thron zu Hause zu konfrontieren, aber sie kamen immer zurück nach Kenia, um den Massen, die sich auf den Straßen drängten, zu berichten, was sie zu Stegreifdichtern werden ließ und ihre Reden zu Poesie. Die friedliche, singende und Spaß liebende Menge aus den Slums ließ die Bewohner der vornehmen Stadtteile aus Angst vor dem Unbekannten zittern und sich in ihren Palästen mit Gewehren und Telefonen in Reichweite verbarrikadieren.

Tom Mboyas Wortwechsel mit Michael Blundell, dem Führer der Siedler, erzeugten während ihrer Debatten im Legislative Council Funken, die, so schien es, die Steppe jeden Augenblick in Flammen setzen konnten, doch blieben die Funken, ganz der Tradition des britischen Parlaments entsprechend, auf die Kammern der Legislative beschränkt. Diese feinen Herren, die immer, abgesehen von dem gelegentlichen Zugeständnis an afrikanische Kleidung, in Anzügen auftraten, forderten die Macht mit Worten, anders als die langhaarigen, bewaffneten Guerillas in ihren dreckigen Lumpen, Fellen und zerfetzten Stiefeln, die damit drohten, die Macht gewaltsam an sich zu reißen und die Mauern zum Einsturz zu bringen, in denen die epischen Helden der Vergangenheit angekettet waren.

Wir in der Alliance konnten den Blick nicht vom Schauspiel auf den Straßen abwenden. Jeder Tag brachte etwas Neues hervor, das unsere Sicht auf das Land, den Kontinent und die Welt beeinflusste. Alle unsere Aktivitäten auf dem Schulgelände spielten sich jetzt vor dem Hintergrund des ganzjährigen politischen Schauspiels auf den Straßen ab. Manchmal geschah es, dass sich das Schulgelände und die Straße unvermittelt gegenübertraten. Das spürte ich am deutlichsten bei einem Pfadfinderereignis.

Das Pfadfinderlager war, wie Kapelle, Sportplatz und Klassenzimmer auch, darauf ausgerichtet, die Idee des Dienens in den Schülern zu verankern. Die Mitgliedschaft bei den Pfadfindern war freiwillig, aber sie enthielt alle aufregenden Bestandteile von körperlicher und geistiger Disziplin, von Loyalität, Gefolgschaft und Unterordnung unter eine Autorität und war eine Art säkularer Religion ohne die Rituale eines besonderen geistlichen Ordens. Mutter würde allerdings entsetzt darauf hinweisen, dass das Wort „Pfadfinder" auf Gīkūyū wie „thika hiti" klang, was einen professionellen Hyänenbestatter bezeichnete. Diese Ähnlichkeit im Klang ließ mich der Bewegung gegenüber immer skeptisch bleiben. 1955 aber erlebte ich voller Bewunderung, wie die Truppe mit Geschichten über ihre Abenteuer in der Wildnis aus dem Pfadfinderlager zurückkam, die ihre Kenntnisse vom Leben in der freien Natur belegten. Ihre Abzeichen auf den Hemdsärmeln, Brusttaschen und Schultern und ihre farbenfrohen Halstücher besaßen eine unwiderstehliche Anziehungskraft. Die Pfadfinder betrieben auch die Kantine, ein gut geführtes Unternehmen, in dem man Butterbrote kaufen konnte. Auch viele Lehrer waren an den Pfadfinderaktivitäten beteiligt. Sogar Carey Francis war in Cambridge Leiter der Pfadfinder gewesen, auch wenn er jetzt bei der Schultruppe nicht mehr mitmachte.

Wenn man diese Farbenpracht an der Alliance sah, konnte man leicht vergessen, dass die Bewegung ihren Ursprung in der Verteidigung des britischen Empires in Afrika hatte. Die Pfadfinderbewegung in Kenia entstand 1910, drei Jahre nachdem Lord *Baden-Powell* die Bewegung in Brownsea in der Nähe von Dorset in England ins Leben gerufen hatte. Ursprünglich war sie ausschließlich Europäern und Indern vorbehalten, bis 1929 die erste afrikanische Truppe offiziell vom Hauptquartier in Nairobi anerkannt wurde.

Ich trat 1956 den Pfadfindern bei und schwor, bei der Erfüllung meiner Pflichten vor Gott und der Königin mein Bestes zu geben, anderen jederzeit zu helfen und die Regeln der Pfadfinder einzuhalten. Ich lernte, dass sich ein Pfadfinder loyal verhielt, sich nützlich machte und anderen half, jedem anderen Pfadfinder Bruder war, höflich und mit allen gut Freund, auch mit Tieren, sparsam und sauber in Denken, Wort und Tat, noch bei den größten Schwierigkeiten lächelte und pfiff und die Anordnungen der Vorgesetzten befolgte, ohne Fragen zu stellen. Der Ehre eines Pfadfinders musste man vertrauen. Auch wenn das mit der Königin schwer zu schlucken war, die Versprechen standen nicht im Widerspruch mit der Alliance, meiner religiösen Zugehörigkeit oder meiner familiären Erziehung. Werte wie Einfachheit, aus einem Minimum das Maximum herauszuholen und in schwierigen Situationen nicht zu verzweifeln, sondern nach einem Ausweg zu suchen, gefielen mir. Wir lernten viele Fertigkeiten für das Überleben. Vor allem Knoten waren wichtig. Einige kannte ich mit ihrem Gĩkũyũ-Namen, aber in Englisch klangen Namen wie Leibknoten, Kreuzknoten und Schotstek so, als wären sie besonders schwierig zu bewältigen. Komischerweise aber trug das dazu bei, dass ich mein Wissen nicht als gegeben hinnahm oder glaubte, alle Knoten zu kennen, die man zu kennen hatte.

Außerdem war die Pfadfinderei nicht nur lehrreich, sondern sie machte auch Spaß. Ich genoss das Rowallan Camp in Nairobi, die Ausflüge zu den Ngong-Bergen mit dem wunderbaren Blick ins Great Rift Valley und die Fahrten zum Hell's Gate, wo sich einem der unglaubliche Anblick von aus dem Schoß der Erde aufsteigendem Dampf bot. Im Oktober 1956 besuchte Prinzessin Margaret Kenia, und das hatte eine besonders erinnernswerte Pfadfindererfahrung zur Folge. Ich gehörte zu den fünfzig Jungen und zwanzig Pfadfindern, die nach Nairobi fuhren, um die Straße zu säumen und mit einem kleinen Union Jack zu winken, als sich die langsam fahrende Autokolonne ihren Weg um das Stadion bahnte. Weil wir Pfadfinder waren, hatten wir bessere Plätze und konnten so einen Blick auf die vorbeifahrende Prinzessin erhaschen. Und doch war es die wimmelnde Kinderschar, die den größten Eindruck hinterließ.

Das Pfadfindererlebnis aber, das mir am deutlichsten in Erinnerung geblieben ist, war das Pfadfindertreffen 1957 am Grab von Lord Baden-Powell zur Feier seines einhundertsten Geburtstages. Am Samstag, dem 22. Februar um 7 Uhr morgens, fuhren vierundzwanzig Pfadfinder in Begleitung von drei Lehrern – Omondi, Ogutu und Smith – und Mrs. Smith im Schulbus los. Hinter Nairobi klang jeder neue Ortsname – Ruiru, Juja, Mang'u, Thika – geradezu magisch. Am Blue Post Hotel überquerten wir die Brücke über den Chania. Das war der größte Fluss, den ich je gesehen hatte. Noch atemberaubender aber war der donnernde Wasserfall zu unserer Rechten. Doch das war nur der Anfang der Wunder. Als wir durch Murang'a und danach durch Fort Hall fuhren, schlug mich die Landschaft mit ihren Kämmen und tiefen Tälern, die parallel zueinander verliefen, völlig in ihren Bann. An den Hängen sahen wir Menschen, die auf der Suche nach Weideflächen zwei oder drei Kühe die staubigen Pfade entlangtrieben, während andere auf den Maisfeldern arbeiteten.

Im Zickzack ging es die Hänge hinauf und hinunter und von Kamm zu Kamm, bis wir eine kleine Ebene erreichten, an deren Rand der Thagana River mäanderte, der am Mount Kenya entsprang und, mit anderen Flüssen zum Tana River vereint, bis hin zur Küste und in den Indischen Ozean floss. Danach ging es weiter bergauf, hoch nach Karatina, das im Krieg für seine Landwirtschaft berühmt wurde, die die britische Kriegswirtschaft unterstützte und deren Produktionsanlagen nach dem Krieg dem Erdboden gleichgemacht wurden, damit die Afrikaner nicht mit den weißen Siedlern konkurrieren konnten. Ein oder zwei Meilen weiter erreichten wir die

Stadt Nyeri, die damalige Distrikthauptstadt von Central Kenya. Dichte Wälder, schroffe Felsen und andere Naturformationen hatten mich immer angezogen, aber die Landschaft zwischen Murang'a und Nyeri hinterließ einen bleibenden Eindruck, der Jahre später als fiktionale Landschaft in meinen ersten Roman „Der Fluss dazwischen" Eingang finden sollte. Man könnte sagen, dass sich die Bilder, die später meine schriftstellerischen Bemühungen auslösen sollten, formten, während ich mich auf dem Weg befand, um Baden-Powell zu ehren.

Am Nachmittag nahmen wir an einer Veranstaltung teil, die als *Asante*-Kundgebung bezeichnet wurde, eine Ehrung im Gedenken an Baden-Powell, eine unvorstellbare Versammlung von Jungen aller Rassen aus allen Landesteilen und der ganzen Welt. Allein die schiere Größe der Menschenmenge aus einfachen Verehrern dieser Ikone war schon ein Anblick, der sich in der Erinnerung einprägte und mitten im Gemetzel eines Kolonialkrieges über eine Vision von Frieden und Zusammenarbeit über die Rassenschranken hinweg nachdenken und träumen ließ.

Für mich ging es in Nyeri nicht allein um Baden-Powell; in meinem Herzen ging es auch um Dedan Kīmathi, Stanley Mathenge und die anderen überlebensgroßen Guerillas aus Nyeri, die es schafften, in einem richtigen Wald zu überleben, während wir Pfadfinder uns freiwillig gemeldet hatten, Überlebenstechniken zu erlernen, nur um unsere Treue zu Gott, Königin und kolonialer Autorität zu beweisen.

Als ich dann versuchte, mir einen Weg durch die wogende Menge zu bahnen, ohne den Blickkontakt zur Alliance-Truppe zu verlieren, traf ich Kenneth Mbūgua, den Freund meiner Kindheit aus Limuru. Welch ein Zufall! Wir blieben eine Weile zusammen und ließen sogar Fotos von uns machen, mit den Pfadfindermessern an unseren Gürteln. Wir redeten über alles Mögliche, von unseren Erfahrungen bei den Pfadfindern bis hin zu den Büchern, die wir gelesen hatten. Es war immer großartig, mit Kenneth über Bücher zu diskutieren, denn die eifrige Suche nach starken Argumenten, mit denen wir unsere jeweilige Seite der Auseinandersetzung stützen konnten, erweiterte die Grenzen unseres Verständnisses.

Es war unvermeidlich, dass Kenneth und ich unsere ewige Diskussion über die Erlaubnis zum Schreiben fortsetzten. Diesmal war ich nicht so aggressiv in meinen Erwiderungen, weil ich auf den Fortgang seines Buches neugierig war. Er erkannte die Anmerkungen an, die ich hinsichtlich einfacher Sätze und den Vorzügen der angelsächsischen Wörter gemacht hatte. Es herrschte wohlwollendes Einvernehmen und ich versuchte, meinen Vorteil für meine erste Bekehrung zu nutzen. Ich kannte seinen Eigensinn zu gut, um dieses Thema direkt anzusprechen. Ich musste auf der Hut sein, wenn ich in meine Jesus-ist-mein-persönlicher-Erlöser-Haltung schlüpfte und versuchte, meinen ersten Fang zu landen. Er könnte aus der Bibel lernen, erklärte ich ihm, mehr als nur die einfachen Worte der Sprache. Aber Kenneth erwies sich als Skeptiker und fiel nicht auf meine hinterhältigen Versuche herein, von der Struktur der englischen Sprache zur Restrukturierung der Seele zu wechseln. Seine Seele blieb dem sündigen Leib verhaftet, so wie seine Figuren der Großstadt verhaftet blieben und wahrscheinlich Opfer von Polizeirazzien und der eigenen Sünden wurden.

Schließlich kam unsere Unterhaltung über Bücher und Erlösung – Themen bei denen wir wohl nie einer Meinung sein würden – auf das Leben im neuen Dorf. Die Tatsache, dass wir zwar in ein und demselben übervölkerten Dorf wohnten, uns aber nie begegneten, wie das früher in der alten Heimat der Fall gewesen war, bestürzte uns. Seit dem Verlust des alten Zuhauses hatte ich immer unter der Melancholie des neuen gelitten. Obwohl wir im selben Dorf wohnten, blieben wir eine Ansammlung von Fremden, von einsamen Dörflern. Vielleicht war meine Sehnsucht der Grund, mein Wunsch nach irgendetwas, das es mir erlaubte, mich im neuen Dorf zu Hause zu fühlen, jedenfalls beschäftigte es mich mehr und mehr, dass es keinerlei gesellschaftliche Aktivitäten gab, die die Jugend des neuen Dorfes zusammenbringen konnten. Kenneth ging es genauso. Vielleicht konnten wir, die wir den Vorteil der Oberschulbildung und der Lehrerausbildung genossen, die Führung übernehmen und etwas beitragen, das der Gemeinschaft half, ihre Seele zu entdecken. Kenneth schien sich für die Idee, zum Gemeinschaftsgeist beizutragen, stärker erwärmen zu können als für die Rettung der eigenen Seele.

Die Herausforderung, ein Zusammengehörigkeitsgefühl unter den Jugendlichen des neuen Dorfes zu bewirken, ließ mir keine Ruhe. Als ich später, am 18. April, während meiner ersten Ferien des Jahres nach Kamīrīthū zurückkam, begann ich, den Kontakt mit Jungen und Mädchen aus Limuru zu suchen, die in der Oberschule oder im letzten Jahr der Grundschule waren, um Wege zu erforschen, wie wir zusammenarbeiten könnten. Dadurch kam ich in viele Häuser in verschiedenen Teilen von Kamīrīthū und in den Nachbardörfern. So bekam ich langsam wieder Verbindung zu den unterschiedlichen Familien der alten Siedlung und lernte gleichzeitig neue kennen. Anstelle des Rauchdachs über dem Dorf, das mir immer Spiegelbild der Melancholie gewesen war, sah ich jetzt den lebensfrohen Geist der Jugend aufsteigen, der sich in vielen kleinen Dingen ausdrückte: Spaziergängen durch die engen Straßen, zwanglosen Treffen an bestimmten Ecken, dem gelegentlichen Tanz in den Häusern der Bewohner.

Als ich für das zweite Trimester an die Alliance zurückkehrte, hatte ich mich ein wenig mit dem neuen Dorf angefreundet. Zum nächsten Nairobi-Samstag lud ich Allan Ngũgĩ, den berühmten Herausgeber der SEP, zu mir nach Hause ein, und er freute sich darauf, etwas Neues kennenzulernen und zehn Meilen zu Fuß zu bewältigen.

Meine Mutter war zu Hause, als wir kamen. Sie röstete Kartoffeln für uns und Alan gestand hinterher, dass sie zu den besten gehörten, die er jemals gegessen hatte. Seine Anerkennung war ein riesiges Lob für eine feste Größe in meinem Leben. Die Kartoffeln meiner Mutter symbolisierten Beständigkeit angesichts der vielen Veränderungen in meinem Leben. Das letzte Mal, als sie Kartoffeln unter dem Mugumo-Baum geröstet hatte und das anschließende Gespräch über das Weitererzählen einer Geschichte sollten mir noch Jahre im Gedächtnis haften bleiben; das hatte bereits meine Einstellung zum Dorf beeinflusst.

Nicht ein einziges Missgeschick widerfuhr mir; es war das erste Mal, dass mir bei meiner Rückkehr ins Dorf nicht irgendetwas Schlimmes zugestoßen war. Auf dem Rückweg freute ich mich am Laufen und Reden, ohne dass ich dabei an den Schrecken oder die Angst denken musste, zu spät in der Schule einzutreffen. Und mitten in unserem Gespräch über die unterschiedlichen Zukunftsaussichten und eingebettet in vielerlei Dinge kam mir eine Idee, wie man den Geist Baden-Powells am besten in Kamīrīthū verbreiten konnte: Warum nicht ein Debattierklub anstelle einer Pfadfindertruppe, in dem die Jugend die Geschichte nicht nur erfahren, sondern auch fortschreiben konnte?

Die Debating Society an der Alliance gehörte zu den ältesten Schülervereinigungen und war 1939 gegründet worden. Das erste Disputationsthema – „Soll Großbritannien die Kolonialansprüche Deutschlands akzeptieren?" – war ein ironisches Beispiel dafür, wie die Kolonisierten die Vorzüge konkurrierender Kolonialmächte diskutierten und vermutlich für die eine oder andere Seite Partei ergriffen. Trotzdem nahm damit die Tradition, dass die Debating Society politische Themen aufgriff, ihren Anfang. Gute Diskutanten wurden, vor allem im Hinblick auf die Wettbewerbe zwischen den Schulen, sofort zu Helden gekürt. Das war auch beim Rededuell zwischen Kĩmani Nyoike aus dem Abschlussjahrgang und Paul Mwema, seinem Gegenspieler von der Kagumo, der Fall. Ich war im ersten Jahr und gehörte zu den vielen, die miterleben wollten, wie sich zwei unbeugsame Helden mit Verbalangriffen an die Kehlen gingen und um unsere Aufmerksamkeit und Gefolgschaft rangen. Sie sprachen frei, ohne irgendwelche Unterlagen. Woher nahmen sie den Mut, vor solch eine Menge zu treten und ihre Ansichten darzulegen?, fragte ich mich immer wieder fasziniert.

Als ich bei anderer Gelegenheit selbst das Wort ergriff, stellte sich die Mutfrage nicht. Das Thema lautete „Die westliche Bildung hat Afrika mehr geschadet als genutzt". Während sich Befürworter und Gegner der These duellierten, bekam ich das Gefühl, als gewänne das Triviale der Ernsthaftigkeit gegenüber die Oberhand. Ich dachte an all die Gespräche, die ich mit Ngandi über Bildung, Land und Religion geführt hatte. Ich hob die Hand. Da die Debatten gewöhnlich von Schülern des dritten und vierten Jahres bestimmt wurden, hatte die Einmischung eines Frischlings Neugier und hochgezogene Augenbrauen zur Folge. Ich verfügte nicht über dieselbe Eloquenz und Gewandtheit der Ausführung wie sie, aber die Klarheit der Leidenschaft stand mir zur Seite. Ich hielt einen Bleistift hoch. Sämtliche Augen waren darauf gerichtet. Ich erzählte eine Geschichte. Jemand kommt in dein Haus. Er nimmt dir dein Land. Im Austausch gibt er dir einen Bleistift. Ist das ein gerechter Tausch? Mir wäre lieber, er behielte seinen Bleistift und ich mein Land. Es war eine riesige Anstrengung. Außer Atem setzte ich mich. Der einsetzende Beifall sagte mir, dass die Analogie funktioniert hatte. Vielleicht hatte sie sogar dazu beigetragen, die Debatte zugunsten der These zu beeinflussen. Der Widerspruch lag natürlich auf der Hand: Wir alle, ob wir nun für oder gegen diese These waren, befanden uns wegen eben der westlichen Bildung, die wir kritisierten, an der Alliance. Und ich lernte daraus etwas über die Macht der Bilder bei der Klärung komplizierter Zusammenhänge. Noch dazu hatte meine Einlassung Eindruck auf die Führung der Debating Society gemacht.

Fortan beteiligte ich mich eifrig an den Debatten, auch wenn ich nicht jedes Mal diese Wirkung erzielte. Im Lauf der Zeit aber wurden einige andere und ich dieser Form gegenüber kritischer. Ich hatte das Gefühl, dass zu viele im Publikum passiv blieben; irgendetwas fehlte. Als ich in die Leitung der Debating Society aufgenommen wurde, besprachen wir, wie man den Sitzungen Dramatik einimpfen könnte. Ich wünschte mir beständiges Feuer, zumindest aber ein paar Funken, und beides konnte nur durch die Beteiligung des Publikums zustande kommen. Anregung holten wir uns beim Legislative Council.

1907 gegründet, war der Legco ursprünglich eine rein weiße Angelegenheit und diskutierte Themen wie Eier und Straußenfedern. Den Leuten wurde untersagt, aus Nestern in der Natur die Eier zu nehmen oder wilde Strauße zu fangen. Damit sollten die eingetragenen Straußenzüchter geschützt werden. Aber es gab auch Unheil bringendere Debatten zur Durchsetzung von Gesetzen, die Kenia zum Land der Weißen machten.

Die Alliance verband eine lange Beziehung zu dieser erlauchten Institution. Noch vor der Gründung der Schule waren diejenigen, die das Vorhaben der Schulgründung unterstützten, eng mit dem Legco verbunden. Dr. John W. Arthur, Missionar und Hauptfigur bei jener Allianz der Missionen, die die Schule errichtete, war zum Vertreter der afrikanischen Interessen ernannt worden. Eifersüchtig wachte er über seinen

Status als Stimme der Afrikaner und war entsetzt, als *Harry Thuku* und Jomo Kenyatta eigene politische Organisationen gründen wollten, anstatt sich den loyalen Vereinigungen anzuschließen, die Dr. Arthur ins Leben gerufen hatte. Er war ein freundlicher Mensch und engagierte sich augenscheinlich für sein Anliegen, verhielt sich aber so, als würde er die Afrikaner besser kennen als sie sich selbst. Erst 1944 berief die Regierung den ersten afrikanischen Vertreter afrikanischer Interessen. Es war Eliud Mathu aus der Alliance-Abschlussklasse von 1928, der später auch an der Schule unterrichtete. Auch Schüler hatten mit der kolonialen Körperschaft zu tun. Immer wenn die Legco eine Sitzung eröffnete, stellte die Schule zwei Jungen als Saaldiener ab. 1955 waren das Peter Mburu aus der Debating Society und Bethuel A. Kiplagat, unser Schlafsaalpräfekt.

1957 waren Mburu und Kiplagat von der Alliance abgegangen, sodass es niemanden im Komitee der Debating Society gab, der persönliche Erfahrungen mit dem Gesetzgebungsverfahren hatte. Wir wussten aber, dass es der Verfahrensweise im britischen Parlament folgte und beschlossen, unsere Debattierregeln nach unserer Auslegung des parlamentarischen Systems zu verändern. Die Mensa wurde zum Parlament. Der Vorsitzende, ausgestattet mit einem Holzhammer der Autorität, wurde zum „Speaker of the House" ernannt. Das Publikum sollte dabei die gewöhnlichen Parlamentsmitglieder darstellen und war ausgeglichen in Regierung und Opposition unterteilt. Hatten die wichtigsten Befürworter und Gegner zum Thema gesprochen, war der Saal an der Reihe. Jedoch konnte das Publikum keine direkten Stellungnahmen zum Thema abgeben. Es war ihm lediglich erlaubt, Fragen zu stellen und dadurch Lücken in der Argumentation der Befürworter oder der Opposition offenzulegen oder eine vorangegangene Erwiderung zu verstärken. Geschickte Fragen und Schlussfolgerungen waren tatsächlich dazu in der Lage, Widersprüche in den Positionen der Redner aufzudecken. Wenn ein gewöhnliches Mitglied des hohen Hauses mit der Position einer Seite absolut nicht einverstanden war, konnte er das zum Ausdruck bringen, indem er die Seite wechselte. Ob man sich nun äußerte oder nicht – jeder war damit Teilnehmer. Das ständige Hin und Her über den Mittelgang sorgte für dramatische Situationen; oft wurde der Übertritt auf die andere Seite mit schallenden Rufen der Schande oder des Willkommens quittiert, sodass der Speaker ständig seinen Holzhammer einsetzen musste.

Bald schon hielt die franziskanisch-binäre Unterteilung politischer Akteure in Staatsmänner und Halunken Einzug in das Vokabular der Debatten. Zu Anfang lösten diese Bezeichnungen noch Gelächter aus, weil jeder wusste, dass sie ein humorvoller Seitenhieb auf Carey Francis waren, aber später gewannen sie ein Eigenleben und wurden Synonyme für die radikalen und konservativen Positionen. Halunken waren populärer als Staatsmänner, weil sie mit ihren extrem zugespitzten und oft respektlosen Fragen für größere Dramatik sorgten, Applaus anregten, Pfiffe und Buhrufe aus dem Publikum zur Folge hatten. Der Speaker rief immer wieder „Ordnung! Ordnung!", belehrte das Auditorium über die parlamentarische Etikette und drohte, den Aufsässigen vom diensthabenden Sergeanten aus dem Saal werfen zu lassen. Es gab einen Redner, der seine Antworten stets mit einem Satz Churchills einleitete: „Bevor ich so rüde unterbrochen wurde, war ich gerade im Begriff zu sagen ..." Und bei anderer Gelegenheit: „Ist Ihnen bewusst, Sir, dass Ihre Antwort ein Rätsel darstellt, umhüllt von einem Geheimnis im Innern eines Mysteriums?" Nachfolgend überboten sich die Redner gegenseitig mit Zitaten von Politikern aus dem In- und Ausland.

Mit dieser Debattierform verbinden sich zwei besondere Begebenheiten. „Wenn du Frieden willst, bereite dich auf Krieg vor" lautete das Thema, über das ich sprechen sollte. Ich war zwar nicht sonderlich von dieser Behauptung überzeugt, Rhetorik war jedoch wichtiger als die eigene Überzeugung. Meine zentrale These besagte, dass ein Volk, wenn es sich nicht auf den Krieg vorbereitete, leichte Beute der Kriegslüsternen wurde, während diejenigen, die sich vorbereiteten, über Mittel zur Selbstverteidigung verfügten. Dann konnte man aus einer Position der Stärke über den Frieden verhandeln. Sich zu bewaffnen, diente, wie im Kalten Krieg zwischen Amerika und Russland, der Abschreckung. Ich schloss mit der Maxime Macchiavellis: „Daher kommt es, dass alle bewaffneten Propheten gesiegt haben und alle Unbewaffneten untergegangen sind" – eine Art *Dawa ya moto ni moto*. Da mehr Zuhörer auf unsere Seite wechselten, sah es ganz so aus, als würden wir gewinnen. Der Krieger schien mehr Ehrfurcht und Bewunderung auszulösen als der Friedensstifter.

In einem strategisch entscheidenden Augenblick aber kam uns ein Friedensstifter in die Quere. Man erntet, was man gesät hat. Man erwartet doch nicht, Mais zu ernten, wenn man Kartoffeln gepflanzt hat. Wenn man Krieg will, bereitet man sich auf den Krieg vor. Will man Frieden, sollte man sich auf den Frieden vorbereiten. Als ich mit einer Zusammenfassung an der Reihe war, gelang es mir nicht, auch nur die kleinste Scharte in dieses anschauliche Bild zu schlagen.

Alles in allem aber wurde unsere Auslegung des parlamentarischen Systems unseren Bedürfnissen gerecht und belebte die Diskussionen sichtlich. Ich ahnte nicht, dass diese Debattierform ein paar Jahre später auf völlig unerwartete Weise in mein Leben eingreifen sollte.

Die Augustferien begannen am 31. Juli und brachten für unsere Familie gute Neuigkeiten. Meine Schwägerin kam aus dem Kamītī Maximum Security Prison frei und wir erfuhren, dass

Good Wallace in die letzte Durchgangsstation vor der Freilassung verlegt worden war, die sich buchstäblich direkt neben unserem Dorf befand.

Das System der Durchgangsstationen hatte der Kolonialstaat eingeführt, um Häftlinge aus Konzentrationslagern freizulassen. Wer sich trotz aller Versuche, ihn durch Worte oder Folter zu brechen, weigerte, mit den Vernehmungsbeamten zusammenzuarbeiten, blieb in den härtesten Lagern. Wer jedoch Anzeichen von Kooperationsbereitschaft zeigte, durchlief verschiedene Stationen, bis er zu guter Letzt in dem Lager landete, das seinem Heimatort am nächsten lag, bevor er schließlich in das Lagerdorf entlassen wurde. Mein Bruder wurde als kooperativ eingestuft, nachdem er erklärt hatte, dass er in Jesus den Herrscher über sein Leben entdeckt hatte. Good Wallace hatte nie einen Widerspruch zwischen den christlichen Werten und denen der Befreiung gesehen. Soweit ich mich erinnern konnte, hatte er immer eifrig die Bibel studiert und die sonntäglichen Gottesdienste in der African Orthodox Church besucht, bevor sie verboten wurde.

Ich hatte ihn seit jener Nacht, als er, ein bewaffneter Freiheitskämpfer, aus den Bergen herabgestiegen war, um mir für die Abschlussprüfungen an der Grundschule Erfolg zu wünschen, nicht mehr gesehen. Ich zog meine Alliance-Uniform an, um ihm zu zeigen, dass seine Gebete und Wünsche erhört worden waren. Er war mit einigen anderen Häftlingen zusammen, erhielt aber die Erlaubnis, an den Stacheldrahtzaun zu treten. Ngenia war kein ausgesprochen gesichertes Gefängnis. Wer würde auch kurz vor der Freilassung ausbrechen wollen? Und dennoch wollte der Staat klarstellen, dass er die Freiheitskämpfer als Gefangene betrachtete, als gewöhnliche Kriminelle und nicht als die Helden, die sie in der politischen Fantasie des Volkes waren. Good Wallace würde für mich immer ein Held bleiben. Ich kämpfte gegen die Freudentränen an, in die sich die Trauer mischte, ihn eingesperrt zu sehen. Er bemerkte sofort meine Khaki-Shorts, das Hemd und die blaue Krawatte. Sein Blick und das Lächeln auf seinem Gesicht sprachen von Dankbarkeit und Befriedigung, so als wäre diese Uniform all das Leid wert gewesen, das er erlitten hatte. Als wir uns schließlich verabschiedeten, erwachte in ihm der Instinkt des älteren Bruders. Er ermahnte mich, meine Schuluniform auszuziehen und lieber normale Sachen zu tragen, damit sie nicht schmutzig wurde oder zerknautschte. Dieser Satz sagte alles: Er hatte die Verfolgungen durch die Polizei überlebt, die Berge und die Konzentrationslager. Er lebte und es ging ihm gut.

Auf das Wiedersehen mit Good Wallace folgte noch ein Ereignis, das erfolgreich verlief. Ich traf mich mit der Gruppe von Mädchen und Jungen, die ich zu organisieren versucht hatte. Nach vielen Diskussionen entschieden wir uns gegen einen Debattierklub. Wir wollten gemeinsam etwas erarbeiten, das auch unsere Eltern anzog. Wir entschieden uns für Lieder, die wir vielleicht im Dezember aufführen wollten. Da wir uns während des Trimesters meist nicht alle treffen konnten, teilten wir uns nach dem Prinzip der Nähe in Gruppen auf. Wer dieselbe Schule besuchte, sollte gemeinsam proben. Wenn alle die Lieder gelernt hatten, wäre es leichter, alles zusammenzuführen, sobald sich die Gelegenheit für ein Treffen der gesamten Gruppe bot.

Als ich am 5. September 1957 für mein drittes Trimester des Jahres an die Alliance zurückkehrte, geschah das mit dem guten Gefühl, eine Truppe zusammengebracht zu haben, mit der sich das gesellschaftliche Leben in unserem Dorf verbessern ließe. Die größte Zufriedenheit aber bezog ich, trotz des Stacheldrahts zwischen uns, aus dem kurzen Wiedersehen mit meinem Bruder.

Am 4. Oktober, einen Monat nach Beginn des dritten Trimesters, schickten die Sowjets beziehungsweise die Russen, wie wir sie nannten, Sputnik I ins All – den ersten von Menschenhand gebauten Satelliten in der Geschichte, der die Erde umkreiste. Aus irgendwelchen Gründen sorgte das an unserer Schule nicht für Aufregung. Doch am 3. November änderte sich alles. Die Nachricht, dass eben diese Russen nun Sputnik II gestartet hatten, erreichte Kenia wie den Rest der Welt. Er hatte einen Hund namens Laika an Bord. Dieses Ereignis löste bei den Weißen in allen Winkeln der Kolonie mächtiges Gezeter aus: Die Russen hatten einen Hund zum Sterben ins All geschossen.

Auf einer außerordentlichen Schulversammlung verdammte Carey Francis diese vorsätzliche Grausamkeit. Einige Schüler verstanden überhaupt nicht, wie der Tod eines Hundes im Weltraum solchen Zorn und Trauer auslösen konnte. Für mich reimte sich Laika auf Malaika und das hörte sich an, als ob ein Engel ins All geschickt worden wäre, aber natürlich lebten die Engel im Himmel weit über den Wolken. Ein Engel, der zum Sterben in den Himmel geschossen worden war?

Dann erfuhr ich, dass Laika eigentlich nur ein streunender Hund aus den Straßen Moskaus war. Das Gĩkũyũ-Wort für streunende Hunde „ngui cia njangiri" – oder einfach nur „njangiri" – war zugleich die Vokabel für Obdachlose und Unzurechnungsfähige. Die Jungen warfen mit Steinen nach streunenden Hunden. Neben der Tatsache, dass ich von Hunden gebissen worden war, konnte ich ihr Jaulen nie ertragen. Es erinnerte mich an menschliche Schmerzensschreie.

In unserem neuen Dorf wurden aus streunenden Hunden regelrechte Plündererhorden, die durch die Straßen zogen und häufig untereinander um die Abfälle kämpften. Mit der Zeit wurden die ausgehungerten Hunde verwegener und manchmal knurrten sie und schnappten kleinen Kindern und alten Leuten das Essen weg. Der Kolonialstaat musste den Befehl erlassen haben, ihre Population zu reduzieren, denn es kam eine Zeit, in der die bewaffneten Home Guards Jagd auf die Hunde machten und sie abschossen und nicht mehr die Jungen, die zum Spaß hinter ihnen her waren. Hundejagd wurde zum offiziellen kolonialen Sport. Drei oder vier Polizisten jagten die Hunde durch die Täler und über die Hügel und wetteiferten miteinander, wer die meisten erlegte. Die Hunde flitzten im Zickzack hin und her und verhöhnten dadurch oft die Treffsicherheit ihrer Jäger.

Während der gesamten Kampagne gegen die streunenden Hunde hörte ich nicht ein einziges Mal, dass jemand dagegen protestierte. Und nun dieser Ausbruch wegen Laika! Wenn ich mir die streunenden Hunde vorstellte, die in unserem Dorf getötet worden waren, musste mir einfach die Ironie auffallen, die darin lag, dass nun ein streunender Hund aus den Straßen Moskaus geschafft hatte, was noch kein Mensch geleistet hatte: Ein „njangiri" war auserwählt worden, wenn auch nicht ganz freiwillig, den Anbruch eines neuen Zeitalters zu symbolisieren. Wieder einmal hatte die Straße ihre Macht demonstriert.

Als der Patriot Dedan Kīmathi starb, sangen die Trauernden des antikolonialen Widerstands bekümmert und heimlich, dass Mond und Sterne bluteten. Der Mond war zugleich ein wichtiges Symbol im Shakespeare-Stück des Jahres, „Ein Sommernachtstraum", an dem sich mir die wahre Zauberkraft des Theaters offenbarte. Der Aufbau eines Stücks-im-Stück, die feenhafte Atmosphäre, in der Fantasie und Wirklichkeit ineinander übergingen, in einer Unzahl von Leidenschaften verwechselter Identitäten und auch die Verwendung von Liebestränken zur Verwirrung und Klärung von Herzensangelegenheiten – all das kam mir vertraut vor. Es weckte in mir die Erinnerung an die Magie mündlich überlieferter afrikanischer Geschichten, in denen die Verwandlung einen beliebten Bestandteil darstellte.

Ich habe an der Alliance weder ein Stück geschrieben noch eine Hauptrolle gespielt oder gar Regie geführt, dennoch gaben die Schulinszenierungen meiner Arbeit mit der Jugendgruppe in Limuru letztlich ihre Gestalt. Wir wollten eine Aufführung in zwei Teilen bewerkstelligen, die miteinander in Beziehung standen und in einem Weihnachtsspiel gipfelten. Der erste Teil, eine Art Konzert, das viele Spirituals umfasste, die ich an der Alliance von Joseph Kariuki gelernt hatte, bewegte sich um das Thema neuen Lebens. Er war eigentlich die Einstimmung auf den zweiten Teil, das Nachspielen der Reise der Heiligen Drei Könige. Als die drei Weisen aus dem Morgenland, Myrrhe und Weihrauch in den Händen, die Kamandūra-Kirche betraten und durch den Mittelgang zum Altar schritten, stimmte die Gesangsgruppe das Lied an:

O star of wonder, star of light,
Star with royal beauty bright,
Westward leading, still proceeding,
Guide us to thy perfect light.

Das vollkommene Licht kam aus einem Futtertrog neben dem Altar. Ich hatte die Reise der heiligen drei Weisen aus dem Morgenland um eine komische Note ergänzt: Parallel verläuft eine Prozession ortsansässiger Schafhirten, die, auf der Suche nach einem verloren gegangenen trächtigen Schaf, sich sehr freuen, als sie eben diesen Futtertrog erblicken. Sie glauben, dass ihr verlorenes Schaf geworfen hat und im Trog sein Junges füttert. Als sie eine menschliche Gestalt dort liegen sehen, von dem als Lamm die Rede ist, sind sie sprachlos. Als sie jedoch erfahren, dass das Neugeborene das Kind Gottes ist, stimmen sie in die Lieder der anderen Prozession ein und feiern das neugeborene Leben. Dieses Thema hielt die Mischung aus Spirituals, Weihnachtsliedern und einigen Liedern, die auf traditionellen Gĩkũyũ-Melodien beruhten, zusammen.

So etwas hatte es in der Kamandũra noch nie gegeben. Es wurde zum Dorfgespräch und Thema in der Kirche. Angeführt von Edward Matumbi kamen die Ältesten später auf mich zu und meinten, ich solle die Gruppe zum Kernstück eines regulären Kirchenchors machen. Die Einladung war verlockend, doch stellte die Organisation einer solch ungleichen Gruppe Schwerstarbeit dar und beanspruchte viel Zeit, sodass wir leider nicht weitermachen konnten.

Mir half die Aufführung dabei, mein Gefühl einer Bindung an Kamĩrĩthũ zu verstärken. Für viele andere aber mochte die Vision eines neuen Lebens inmitten des antikolonialen Krieges auf eine Weise angeschlagen haben, die ich nicht beabsichtigt hatte: Die Spirituals und Weihnachtslieder verkörperten die Hoffnung auf ein neues Leben, ein Thema, mit dem sich die Bewohner des neuen Dorfes, egal auf welcher Seite des sich ausdehnenden politischen Kampfes sie standen, identifizieren konnten.

1958

*Eine Geschichte
über zwei Missionen*

Vom ersten Trimester meines Abschlussjahres an der Alliance an waren unsere Augen und Ohren wie gebannt auf das politische Schauspiel gerichtet, das sich draußen in den Straßen und in den Sälen der Legislative unseres Landes entfaltete. Kurz nach den Wahlen im März erreichte es einen ersten dramatischen Höhepunkt, weil eine nach dem *Lennox-Boyd-Plan* wieder einmal überarbeitete Verfassung sechs weitere Afrikaner im Legco vorsah, deren Zahl damit auf vierzehn wuchs, sodass es erstmals zu numerischer Gleichheit mit den Europäern kam.

Während sie die sechs direkt gewählten Mitglieder in ihren Reihen begrüßte, lehnte die AEMO jenen Teil des Lennox-Boyd-Plans ab, der zwölf gesondert gewählte Mitglieder vorsah, je vier aus den Gruppen der Europäer, Inder und Afrikaner auf einer gemeinsamen nichtrassischen Liste. So ausgeglichen die Bevölkerung damit repräsentiert zu sein schien, zählte doch ein einziger Europäer so viel wie Hunderte Afrikaner. Die AEMO hatte aber inzwischen gelernt, unter taktischen Gesichtspunkten den positiven Teilen einer Vereinbarung zuzustimmen und anschließend diejenigen Teile abzulehnen, die sie als den afrikanischen Interessen abträglich verurteilte.

Am 25. März, nur einen Tag nach den Wahlen, veröffentlichte die AEMO eine Stellungnahme, in der sie diejenigen Afrikaner heftig angriff, die sich bereit erklärt hatten, für einen dieser Sitze zu kandidieren und sie als Strohmänner, Quislinge und schwarze Europäer beschrieb.

Am 16. April, unserem ersten Ferientag, brachte der Staat die sieben Verfasser des Quisling-Papiers wegen Diffamierung und Aufwiegelung vor Gericht.

In der Mitte unseres zweiten Trimesters erlangte der Fall eine gewisse Berühmtheit und das Wort Quisling rückte in den Mittelpunkt. Nicht einmal Philip Ochieng, der von uns allen am meisten in Wörter verliebt war, kannte die Bedeutung dieses Wortes, und so mussten wir Wörterbücher bemühen, von denen einige nicht gerade hilfreich waren. Das Wort war ironisch aufgeladen. Anfang der Vierzigerjahre hatte es die britische Presse aus dem Namen des norwegischen Faschistenführers Vidkun Quisling abgeleitet, der während der Besetzung seines Landes mit Hitler kollaborierte. Etwas später verwendete Winston Churchill das Wort in seiner Rede an die Amerikaner im Jahr 1941 und beschrieb den Zorn, den die barbarischen Angriffe der Nazis auf sein Land im britischen Volk entfacht hatten. Weitere fünfzehn Jahre danach verwendeten die Führer der kenianischen Afrikaner diesen Begriff gegen jene, denen sie vorwarfen, mit den brutalen britischen Eindringlingen gemeinsame Sache zu machen. Das Verfahren endete mit einer Geldstrafe von 75 Pfund für jeden Angeklagten, doch zu diesem Zeitpunkt loderten bereits die Flammen des Nationalismus im ganzen Land lichterloh.

Die schlimmsten Befürchtungen des Staates sollten nur allzu bald Wirklichkeit werden. Als *Oginga Odinga* am 26. Juni im Legco erklärte, Kenyatta und die anderen mit ihm Inhaftierten seien noch immer die politischen Führer des kenianischen Volkes, erreichte das Schauspiel auf den Straßen und in den Fluren des Gesetzes ein völlig neues Niveau. Sogar seine Kollegen in der AEMO waren überrascht und zögerten, und nur der Unmut im Land darüber ließ sie Oginga Odingas Haltung übernehmen. Er hatte die Macht der Straße in den Bereich des politischen Anstands getragen, und die Straße hatte gewonnen. Kurz darauf wurde „*Uhuru na Kenyatta*" zur Parole auf den Straßen.

Das Jahr mochte großes politisches Theater mit sich bringen, aber für uns in der Abschlussklasse schwebte die schwierigste der Prüfungen unseres gesamten Bildungsweges wie ein Damoklesschwert über allen Aktivitäten und Gedanken. Bislang hatte noch jedes Jahr meines schulischen Lebens seine ureigene innere Dynamik besessen. Im ersten Jahr freute ich mich darauf, mich mit der neuen Schule vertraut zu machen und dort heimisch zu werden. Im zweiten Jahr wurde das Gefühl dazuzugehören durch die Anwesenheit von neuen Frischlingen bestätigt. Das dritte Jahr besaß die Gelassenheit des Besitzrechts. Mit Beginn des vierten Jahres hatte man vollständig gelernt, wie man mit den drei Seiten, die das Alliance-Ideal ausmachten, umgehen musste: die Kapelle für die Seele, der Sportplatz für den Körper und das Klassenzimmer für den Verstand. Und dennoch barg dieser Triumph einen Widerspruch in sich. Mit einem Mal war jede Aktivität zum Schwanengesang geworden; jeder Tag, der verging, war ein Schritt in Richtung eines ungewissen Endes. Weil sie den Gedanken an eine unbestimmte Zukunft mit dem Gedanken ausglich, wie weit ich es geschafft hatte, schien Johnson Oatmans Hymne, die wir in der Kapelle sangen, in besonderer Weise auf meine Situation zu passen:

Wenn du in des Lebens Stürmen bist verzagt,
Wenn dein Herz voll Sorge mutlos bangt und klagt,
Zähl die vielen Gnadengaben, denke dran,
Und du wirst dich wundern, was dir Gott getan.

Das Auseinanderbrechen unseres Balokole-Dreierbundes hatte mein spirituelles Dasein aus seiner gewohnten Verankerung in der Gruppe herausgerissen. Zwar trafen Omange und ich uns auch weiterhin ohne E. K., doch der Gemeinschaftsgeist war nicht mehr derselbe. Ich suchte Zuflucht, wo ich sie bisher immer gefunden hatte, in der Kapelle und der Sonntagsschule. Die ökumenische Kapelle mit ihrem neugotischen Gewölbe war in den Jahren 1933 und 1934 errichtet worden. Sie sollte ein Symbol für die Präsenz Gottes in der Schule sein, als motivierende Kraft hinter Arbeit und Dienstbereitschaft, doch war sie zugleich eine beständige Erinnerung an die Einheit von Alliance und Kolonialstaat.

Unsere Kapelle hatte keinen ständigen Kaplan, sie vertraute auf durchreisende Laien, Pastoren und Bischöfe. Ich war fasziniert von den unterschiedlichen Charakteren auf der Kanzel. Manche Prediger sprachen unmittelbar das Herz an, andere den Verstand und wieder andere boten eine Mischung aus beidem. Die Gottesdienste waren im Allgemeinen ernst, düster und nachdenklich, gleichzeitig hatten sie jedoch auch etwas von einem Schauspiel, denn obwohl die Abfolge innerhalb des Gottesdienstes festgelegt war, brachte doch jeder Redner seine Eigenarten und Verhaltensweisen mit auf die Kanzel.

Bei Reverend Handley Hooper, der früher zur Church Missionary Society (CMS) in Kahuhia gehört hatte, war das nicht anders, als er an einem Sonntag im Dezember 1956 den Gottesdienst feierte. Aufrecht, ruhig und gefasst stand er hinter der Kanzel und hatte nichts Dramatisches an sich. Als er dann einen Teller in die Hand nahm, um etwas zu illustrieren, glitt ihm dieser durch die klobigen Finger, fiel zu Boden und zersprang.

Ich war fassungslos. Langsam und bedächtig bückte er sich und sammelte die Stücke auf, eines nach dem anderen. Ein Herz, das für Jesus schlage, sagte er, müsse aus Demut und Buße in Stücke zerspringen. Der Heilige Geist aber füge alsdann die Stücke zu einem richtigen Ganzen. Das Entzweibrechen, wiewohl real, war geschauspielert. Die, die ihn schon früher erlebt hatten, erzählten von anderen Handlungen, die sie miterlebt hatten, ganz anderen, aber ebenso wirkungsvoll darin, die Aufmerksamkeit auf das zentrale Thema seiner Predigt zu lenken.

Die gesamte Gemeinschaft aus Schülern, Lehrern und Mitarbeitern hatte in der Kapelle anwesend zu sein, weil man auf diese grundlegende Art seine Verbundenheit mit dem praktischen und spirituellen Ideal der Schule bekundete, gläubige, hingebungsvolle Christen hervorzubringen. Die Arbeit im Unterricht, die Teilnahme an Sportveranstaltungen und freiwillige außerunterrichtliche Aktivitäten gehörten ebenso zu diesem Prozess. Die freiwillige Arbeit verkörperte diesen Geist am besten, weil sie keinen anderen Lohn als den Dienst selbst eintrug. Mir wurde über die ganzen vier Jahre hinweg die Sonntagsschule zu einem solchen Lohn.

Ich weiß nicht, wie es dazu kam, dass ich mich freiwillig für die Sonntagsschule in Kīnoo meldete, das fünf oder sechs Kilometer entfernt und damit nicht in der unmittelbaren Umgebung lag. Nach Kīnoo zu gelangen, bedeutete eine Prüfung für Willen und Entschlossenheit. Man musste über den Ndurarua River und anschließend durch viele Täler und über noch mehr Hügel und durch den Wald von Itukaria, um dorthin zu gelangen, und dann auch wieder zurück, sodass Sonntagsschule bedeutete, einen ganzen Tag damit zu verbringen.

Ende 1957 übernahm ich die Leitung einer neuen vierköpfigen Gruppe und freute mich schon auf meinen ersten Sonntag als Anführer. Das Ritual kannte ich sehr gut. Zuerst versammelten sich die Schüler, bevor sie in Gruppen aufgeteilt wurden und mit den Lehrern in unterschiedliche Zimmer gingen, um am Ende wieder zum Abschlussgebet, meistens dem Vaterunser, zusammenzukommen. Der Anführer leitete die Eröffnungszeremonie und das Abschlussgebet. Drei Jahre lang hatte ich beobachtet, wie andere das scheinbar unbeschwert und souverän taten. Ich kannte diese Routine im Schlaf. Doch als ich aufstand und all die erwartungsvollen Augen auf mich gerichtet waren, spürte ich die Last des Augenblicks. Ich war froh und erleichtert, als ich endlich zum Abschlussgebet kam, das ich mit all meiner Autorität ankündigte. Ich hatte die erste Zeile zu sprechen: „Vater unser, der du bist im Himmel", aber dann spielten mir die Nerven einen Streich. Ich vergaß die nächste Zeile. Eine schreckliche Stille entstand. Verzweifelt sagte ich alles her, was mir gerade in den Sinn kam: „Himmel vergib", „bring uns den Himmel". Die Schüler verhielten sich großzügig. Sie achteten einfach nicht auf meine Verwirrung und sangen das vollständige Vaterunser von Anfang bis Ende.

Ich war etwas erschüttert. Ich hatte geglaubt, nur Schauspieler bekämen Lampenfieber, aber jetzt war mir alles klar. Ich kannte das Gebet in- und auswendig, hatte es mir erstmals in der Kamandūra-Grundschule ins Gedächtnis eingeprägt, und doch kam mir im entscheidenden Augenblick kein Wort über die Lippen. Das war eine demütigende Erfahrung und zugleich eine Lektion. Die übrigen Sonntage im Jahr 1958 liefen glatt, die Eltern wie die Kinder lernten mich als *Mwalimu* kennen und luden mich und meine Gruppe ab und zu nach Hause ein.

Die meisten Schüler nahmen nicht an der Sonntagsschule teil. Sie kümmerten sich am Nachmittag um ihre eigenen Angelegenheiten, hingen auf dem Schulgelände herum und lernten, machten, sofern sie nahe genug wohnten, einen Besuch zu Hause, oder stiegen hinab ins Tal, um sich „mit denen von Gegenüber" zu treffen. Diese Jungen hatten abends die glamourösesten Geschichten zu erzählen, als ob sie uns, die Sonntagsgelehrten, mit dem, was sie erlebt hatten, verhöhnen wollten. Natürlich konnte keine Geschichte über das Studium der Bibel erfolgreich mit jenen von den Abenteuern mit den Nymphen im berühmten Zaubertal konkurrieren.

Doch wollte ich meine Sonntagsschule nicht wegen irgendwelcher Privatausflüge aufgeben. Die gespannten Gesichter der Kinder erinnerten mich an den Zauber meiner eigenen Sonntagsschulzeit an der Kamandūra. Und später wurde mein Eifer durch die persönliche und dramatische Erfahrung des evangelikalen Christentums angestachelt. Dieser Eifer ging dem Auseinanderbrechen des Bundes voran und hielt auch hinterher an. Nicht ein einziges Mal führten mich die Prüfungsvorbereitungen in Versuchung, die Sonntagsschule in Kīnoo im Stich zu lassen.

Sport war selbstverständlich ein Pflichtfach an der Alliance, weil er den Körper auf dieselbe Weise erzog wie der Unterricht den Verstand und die Kapelle die Seele. Auch Schach konnte, obwohl es nicht zu den Pflichtfächern gehörte, zur Erziehung des Charakters beitragen. Alle zusammen schufen den dienstbereiten Menschen. Obwohl Sport schon in den Zeiten wichtig war, als die Schule noch unter Grieves' Leitung stand, war es Carey Francis, der den Sportplatz zum weltlichen Äquivalent der Kapelle machte. Seine Leidenschaft für den Sport, die er in seiner Jugend in England entwickelt hatte, wo er Kapitän von Fußball-, Kricket- und Tennismannschaften war, brachte er mit an die Maseno und die Alliance. Am Trinity College in Cambrigde stand er außerdem in der ersten Fußballelf der Universitätsauswahl.

Ich habe mich in den Mannschaftssportarten nicht hervorgetan. Mein fehlendes Koordinationsvermögen war fast schon komisch. Beim Fußball schien mir der Ball absichtlich aus dem

Weg zu gehen oder an mir vorbei zu rollen und sich über meinen Luftschuss lustig zu machen. Mein Hockeyschläger traf nahezu immer neben den Ball. Bei den Hallensportarten aber war ich gut, obwohl sie nicht im Mittelpunkt des Alliance-Ideals standen. Auch wenn sie lediglich als Freizeitaktivitäten abgetan wurden, waren sie für mich doch formgebend, was Geist, Charakter und Seele betraf.

Ich war dem Schachklub beigetreten, den David Martin 1950 gegründet hatte. Da ich keiner feudalen Ordnung entstammte, erschienen mir die mittelalterlichen Figuren von König und Dame über Springer und Läufer bis zu den Fußsoldaten oder Bauern in ihrer abfallenden Wertigkeit – allesamt zur Verteidigung des Königs – zunächst seltsam, ja sogar verwirrend. Doch nachdem ich die Regeln begriffen hatte, gefiel mir das Spiel. Nicodemus Asinjo gehörte zu den besten Spielern in meiner Zeit und konnte mehrere Züge im Voraus planen. Er hatte bereits früh die Stärke der Bauern entdeckt; manchmal opferte er sogar seine Dame für einen Bauern und einen Positionsvorteil, den er dann mit verheerender Wirkung ausnutzte. Es wurde eine regelrechte Lebenserfahrung für mich: Sogar noch in der niedrigsten Person steckt großes Potential oder wie ein Gĩkũyũ-Sprichwort sagt: Jedes Gewitter beginnt mit einem Tropfen. Dennoch besaß das Schachspiel im Vergleich zu den anderen Sportarten relativ wenige Anhänger. Einigen war es zu langsam; für andere bedeutete es zu viel Nachdenken und geistige Berechnung. Es war ein Kriegsspiel und verlangte geistige Beharrlichkeit und die Fähigkeit, innerhalb einer strategischen Vision die Taktik zu variieren. Was genau die Gründe waren, warum ich es mochte.

Tischtennis, wie wir das Ping-Pong-Spiel nannten, war das zweite Spiel, in dem ich einigermaßen mithalten konnte. Zu meiner Zeit waren Philip Ochieng und Stephen Swai die Besten. Sie waren wahre Künstler im Umgang mit dem Schläger. Dem Repertoire der Schläge – Vorhand, Rückhand, Konter-

schlag und Ballonabwehr, Unterschnitt, Topspin und Schmet-
terschläge – fügten sie die Schnelligkeit der Füße hinzu und
waren in der Lage, den Ball in jedem Winkel abzufangen, völlig unabhängig von seiner Geschwindigkeit und Wucht, und
ihn mit der arroganten Lockerheit echter Meister zurückzu-
spielen. Manchmal brachten sie einen Gegner allein mit ihrer
Verteidigungstaktik zur Verzweiflung. Ich habe sie nie richtig
durchschaut und öfter gegen sie verloren, als ich sie besiegt
habe. Trafen die beiden aufeinander, hörten sogar die Spieler
an den anderen Platten auf, um den beiden Künstlern auf der
Höhe ihres Könnens zuzuschauen.

Man erwartete von allen Jungen, dass sie bei richtigen
Sportarten wie Fußball, Hockey, Gymnastik oder Volleyball mitmachten und diese ebenso ernst nahmen wie die Kapelle oder
den Unterricht. Wettkämpfe zwischen den einzelnen Häusern
oder mit anderen Schulen sorgten für breite Beteiligung. Es war
klar, dass unsere Körper nicht für jede Sportart gleichermaßen
gut geeignet waren, allein die Teilnahme zählte. Selbst der ju-
belnde Zuschauer war unverzichtbarer Bestandteil jedes Auf-
tritts. Carey Francis gehörte zu den engagiertesten Zuschauern
und man konnte beobachten, wie er in die Luft kickte oder mit
den Zähnen malmte und auf den Boden stampfte, wenn ein
Alliance-Spieler einen dummen Fehler gemacht hatte. Er legte Wert auf Fairness und Mannschaftsgeist und war alles andere als erfreut, wenn er im Fußball oder Feldhockey bei einem
Spieler Eigensinn feststellte. Er erwartete, dass wir bei einem
Sieg bescheiden blieben und aus einer Niederlage Erfahrungen
gewannen, die zukünftig zu Erfolg führen würden.

Die Leichtathletik war das Kronjuwel der Körperertüch-
tigung an der Alliance und mir sowohl beim Zuschauen als
auch beim Mitmachen am liebsten. Mir gefiel die Ästhetik
der Sprünge, und Langstreckenläufe faszinierten mich schon
seit meinen Grundschultagen. Das Geschehen, der Rhythmus
und die Dramatik der Einhundert- und Zweihundert-Meter-

Rennen kulminierten in einer ganz kurzen Zeit; wie eine Geschichte, die endet, bevor sie eigentlich angefangen hat. Die Mittel- und Langstreckenläufe über eine Meile bis zum Marathon aber glichen einer langen Geschichte, die der Läufer mit seinem ganzen Körper erzählte und darstellte. Diese Erzählung entfaltete sich langsam und gewann erst nach und nach an Tempo und gab dem Zuschauer Zeit, die Taktik der verschiedenen Läufer-Charaktere zu erkennen, sodass er gespannt darauf wartete, was als Nächstes geschah.

Ich vertrat mein Haus recht erfolglos im Hochsprung bei den Jüngeren, über die Meile aber konnte ich ganz gut mithalten. Die Meile und Läufe über längere Distanzen waren Ringkämpfe zwischen dem entschlossenen Willen und dem inneren Schweinehund, der einen zur Aufgabe überreden will. Das lernte ich schon bei meinem allererersten Querfeldeinlauf. Die ganze Schule nahm daran teil. Auf den ersten Metern rannten wir alle noch als geschlossene Masse. Doch je weiter wir über die Hänge der Alliance rannten, durch das Tal, über die Hügel und Ebenen, teilte sich das Feld der Läufer in einzelne Gruppen. Ich bemühte mich, Anschluss an die Spitze zu halten. Ich fühlte mich gut, war stolz. Und dann hörte ich plötzlich in mir ein Flüstern, das mich aufforderte, langsamer zu laufen. Die Versuchung war groß, fast lähmend in ihrer Verlockung. Ich ignorierte sie, was nur dazu führte, dass sich das Flüstern mit immer größerem Nachdruck meldete, je näher wir dem Ziel kamen. Schließlich gab ich dem Ruf nach, wurde langsamer, bis ich nur noch ging, und hoffte darauf, dass sich meine Füße dadurch erholten und meine Energie neu aufflammte. Das passierte natürlich nicht. Es war, als wären meine Beine mit einem Mal aus Blei. Bald schlossen alle Gruppen, die ich hinter mir gelassen hatte, zu mir auf und überholten mich.

Beim nächsten Rennen stemmte ich mich den Dämonen entgegen, zwang mich, den nächsten Schritt zu machen und beständig zu versuchen, an die Spitze heranzukommen und nicht auf den inneren Versucher zu hören. Ich kam unter die ersten Zwanzig und verteidigte diese Position fortan. Die kleinen Teufel aber gaben nie auf. Jeder Lauf war eine Neuauflage des Kampfes, und je mehr die Versuchungen wuchsen, desto entschlossener war ich. Es war diese Erfahrung, die mich verstehen ließ, warum die Metapher vom Wettlauf zum Guten im franziskanisch-christlichen Ideal eine so zentrale Stellung einnahm. Jahre später wurde das Laufen zu einem wichtigen Symbol in meinen Büchern, vor allem in „Preis der Wahrheit".

Die Alliance stand mit vielen anderen Schulen, die damals in Kenia separat und unterschiedlich organisiert waren, im Wettstreit. Der Erfolg der Bildungsarbeit über die drei rassisch definierten Kategorien hinweg war schwer zu vergleichen, und so bekam der Sport einen symbolischen Wert beim Vergleich der Fähigkeiten. Trotzdem blieb das Rassenbewusstsein ein wesentlicher Faktor bei jedem Zusammentreffen von Weiß und Schwarz, vor allem auf dem Sportplatz.

Das einzige Fußballereignis, das mir im Gedächtnis geblieben ist, obwohl ich lediglich Zuschauer war, hatte nichts mit den rivalisierenden Schulen zu tun: Es war ein einmaliges Spiel zwischen der Alliance-Mannschaft und einem bekannten Europäer-Klub, den Caledonians. Es war ein Heimspiel, und ich erinnere mich daran, dass Carey Francis uns immer wieder einschärfte, höflich zu sein, egal ob wir gewannen oder verloren. Von einer solchen Mannschaft geschlagen zu werden, sei keine Schande; allein die Gelegenheit, gegen die Caledonians zu spielen, sei eine Ehre und Auszeichnung. Und er verbot uns eindringlich, was sonst immer Beifall eintrug: Wenn du den Ball schon nicht triffst, dann erwisch wenigstens das Bein.

Ob beabsichtigt oder nicht, dieses Gerede im Vorfeld hatte den gegenteiligen psychologischen Effekt. Die Jungs von der Alliance spielten wie die Besessenen. Als es zur Halbzeit noch immer unentschieden stand, stieg der Kampfgeist der Alliance um das Zehnfache, und der der Caledonians sank entsprechend. In der zweiten Halbzeit schoss die Alliance das erste Tor und machte weiter Druck. In der letzten Spielminute stoppte Hudson Imbusi einen Schuss auf das Alliance-Tor mit dem Fuß. Alle glaubten, er würde einen Haken schlagen und den Ball dann tief in die gegnerische Hälfte schießen. Stattdessen dribbelte Imbusi, von allen Seiten gejagt und angegriffen, über das ganze Spielfeld und schoss Sekunden vor dem Schlusspfiff ein. Dieses Solo, ein echtes Ausrufezeichen, löste bei unserer Schule donnernden Applaus aus und gedrückte Stimmung bei unseren Gegnern, die mit hängenden Köpfen vom Feld schlichen. Ein Unentschieden hätte einen moralischen Sieg für die Alliance bedeutet, aber ein deutlicher Sieg? Carey Francis, der große Verfechter des Mannschaftsgeistes, bezeichnete das Solo als dumm, sehr dumm, aber sogar er schien darüber nicht besonders aufgebracht zu sein. Der Sieg der Alliance bewirkte einen beträchtlichen Anstieg unseres Selbstwertgefühls: Wenn wir eine halbprofessionelle Mannschaft schlagen konnten, was bedeuteten da schon weiße Schulen wie die Duke of York und die Prince of Wales?

Dennoch waren die Dreikämpfe zwischen der Alliance, der Duke of York und der Prince of Wales eher ein Duell Schwarz gegen Weiß als ein Sportwettkampf. Bewusst oder unbewusst wurde jedes Sportereignis zwischen Weiß und Schwarz zur Metapher des rassisch begründeten Machtkampfes im Land.

Gesellschaftliche und akademische Kontakte mit der Duke und der Wales außerhalb des Sports hätten daran etwas ändern können, diese waren jedoch selten und beschränkten sich auf den gelegentlichen Besuch einiger Schüler bei Konzerten und Theateraufführungen der jeweils anderen Schulen. Gastgeber und Gäste verhielten sich höflich, aber ein natürliches Miteinander ergab sich nicht. Einige Klassen der Alliance und der Wales besuchten einander in den Schulen und wurden von ihren Gegnern beherbergt. Das lief wie ein vorbereiteter Debütantenball ab, bei dem die hoffnungsfrohen Eltern erwartungsvoll am Rand sitzen. Die Besuche wurden schließlich eingestellt. Es könnte bei einem dieser künstlichen Anlässe gewesen sein, dass ich zum ersten Mal mit einem weißen Schüler von Angesicht zu Angesicht zu tun hatte und mich mit Andrew Brockett von der Prince of Wales unterhielt. Unser Gespräch dauerte nicht lange. Ich hätte das Ereignis sicher vergessen, wären wir uns nicht Monate später, während meines Abschlussjahrs, bei einem freiwilligen Arbeitscamp wiederbegegnet.

Gemischtrassige Jugendlager und der Freiwilligendienst, eine Neuerung, erreichten nicht den Stellenwert wie die Pfadfinderei, den Mount Kenya zu erklimmen oder sich im Sport hervorzutun. Man erwartete kein öffentliches Lob, wenn man sich daran beteiligte. Und doch fühlte ich mich zu ihnen hingezogen. Es könnte sein, dass ich immer noch nach einer Gemeinschaft suchte, die das Zuhause ersetzte, das ich verloren hatte, oder dass mich einfach das Neue faszinierte oder der Zeitgeist.

Die Ein-Wandel-kündigt-sich-an-Stimmung manifestierte sich im Bemühen wohlwollender Geister, die unterschiedlichen Rassen einander näherzubringen und die Jahre getrennter Entwicklung wiedergutzumachen. Gesellschaften wie der United Kenya Club oder die Capricorn Society standen an der Spitze dieser Lieber-spät-als-nie-Missionen. Für sie ging es bei dem Wandel darum, Afrikaner, die sich durch Bildung, Besitz und Manieren qualifiziert hatten, einzuladen, mit Gleichgesinnten und Gleichsituierten anderer Rassen an einem Tisch zu sitzen. Andere Experimente versuchten, schwarze und weiße Jugendliche in freiwilligen Jugendlagern zusammenzubringen.

Ich habe keine Ahnung, weshalb Mutonguini als Ort für dieses gemischtrassige, multiethnische Experiment ausgewählt wurde. Die Gegend hatte historische und geografische Bedeutung, weil sie zu der Region gehörte, die das Herz Kenias mit der Küste verband, und viele Schüler der Alliance kamen von dort. Die dominante Persönlichkeit dieser Region war Kasina Ndoo, ein ehemaliger Soldat und kolonialer Chief, der dem britischen Staat so treu ergeben war, dass er sich, als man ihn einmal eine Belohnung seiner Wahl anbot, den Union Jack aussuchte. Außerdem hatte er inneren Mut bei der Überwindung einer persönlichen Feindschaft bewiesen. Als er 1953 von den Krönungsfeierlichkeiten für Königin Elisabeth II. zurückkehrte, schlug ihm ein Nachbar die Hände ab. Man wusste nicht, ob das Motiv Eifersucht, politischer Protest oder Rache war, doch brachte ihn die Amputation nicht von seinem aktiven und loyalen Dienst für die Kolonialmacht ab.

Das Mutonguini Camp war von Quäkern aus Western Kenya organisiert worden. Ich war von den drei Freiwilligen der Alliance der Einzige, der nicht aus dieser Gegend kam. Allerdings war von der erwarteten Vielfalt und Unterschiedlichkeit nichts zu spüren. Nicht ein Asiate war anwesend und Andrew Brockett von der Prince of Wales war der einzige weiße Schüler. Wir beide, er und ich, erinnerten uns an unsere kurze Begegnung an der Alliance. Er hatte seine Schulzeit schon beendet und wartete auf die Zulassung für Oxford, um Geschichte zu studieren. Ich war neugierig zu erfahren, warum er an einem Arbeitscamp in einer rein schwarzen Gegend teilnahm. Er gestand, dass er den Freiwilligendienst nicht aus reiner Begeisterung leistete, sondern weil er vermeiden wollte, eine Stellung in der Kolonialverwaltung annehmen und ungerechte Gesetze durchsetzen zu müssen. Ich erwähnte es ihm gegenüber nicht, musste aber daran denken, ob Johnny the Green, der junge Mann, der meinen Pass abgestempelt hatte und dem ich abgehauen war, nicht auch so ein Schüler gewesen war.

Das führte zu einem Gespräch über Rassenprobleme, und zwar nicht bezüglich wirtschaftlicher und politischer Kriterien, sondern aus psychologischer Sicht. Soziale Apartheid führte zu Missverständnissen, die die Furcht vor dem Unbekannten schürten, was wiederum weitere Missverständnisse hervorrief und in einen Teufelskreis endloser gegenseitiger Verdächtigungen und Feindseligkeiten führte. Wir waren uns einig, dass bessere soziale Kontakte rassische Spannungen und Klischees verringern könnten, womit wir auch unsere Befriedigung über das Arbeitscamp deutlich machten. Diese Szene sollte Jahre später in meinem Roman „Abschied von der Nacht" als kurze Unterhaltung zwischen den Figuren Njoroge und Stephen wiederauferstehen, die dort jedoch auf einem Schulgelände stattfindet.

Die Mehrheit der Campteilnehmer kam von der Kamusinga High School in Westkenia, die von Quäkern geführt wurde. Einige kannte ich als Mitglieder des Kamusinga-Chors, der einmal auf dem Heimweg von einer Veranstaltung in Nairobi an der Alliance Station gemacht hatte. Sie waren wirklich ein fröhlicher Haufen. Sie fielen in unser Gelände ein, als wären sie dort zu Hause und nicht Gäste, und verkündeten ihre Ankunft mit Gesang:

We are happy and a-jolly
Like the monkeys on the trees
We are happy and a-jolly
Tonight.

Sie benutzten die Seitenflächen ihres Lastwagens als fahrbare Trommel und schlugen darauf den Rhythmus des ansteckenden Liedes. Ihre Energie und Leidenschaft waren schuld daran, dass mir die Melodie lange im Gedächtnis haften blieb.

Die Gruppe von der Kamusinga – unter ihnen David Wanjala Welime, David Okuku Zalo, Alfayo Ferdinand Sandagi und Mabati Litaba – brachte genau diese Art von Energie und Enthusiasmus mit ins Mutonguini Camp. Die Beziehung zwischen ihnen und ihren weißen Lehrern schien viel entspannter und wechselseitiger als alles, was ich bisher erlebt hatte.

Zum Projekt gehörte der Bau einer Gemeinschaftshalle; sie sollte der Mittelpunkt des Mutonguini Community Center werden. Bei den europäischen Quäkern, die als Maurer und Zimmerer bereits Erfahrung hatten, lernten wir Ziegelsteine zu formen, sie zu brennen, Mauern zu errichten und die Verwendung des Theodoliten und von anderen Werkzeugen des Maurer- und Zimmererhandwerks, und diese Arbeiten ließen in mir Erinnerungen an meine Tage in der Werkstatt von Good Wallace in Limuru aufsteigen. Nach einem anstrengenden Arbeitstag spielten wir mit den Leuten aus Mutonguini Fußball und Volleyball. Häufig waren wir es, die die örtlichen Mannschaften herausforderten, nicht immer erfolgreich. Manchmal gab es gesellige Diskussionsabende, auch mit der Dorfgemeinschaft. Diese Augenblicke der Ruhe, die Gottesdienste, die vom örtlichen Prediger der African Inland Mission geleitet wurden, unsere wöchentlichen Ausflüge und das Besteigen der umliegenden Hügel trugen dazu bei, echten Gemeinschaftsgeist zu erzeugen.

Es war nicht das erste Mal, dass ich mit *Akamba* zu tun hatte. Obwohl es traditionell immer wieder kleine Grenzkonflikte zwischen unseren Völkern gab, beruhte die Beziehung zwischen uns doch stets auf dem Handel. Ich erinnerte mich daran, dass meine Mutter durchkommende Akamba-Händlerinnen bei uns aufnahm und ihnen anbot, auf ihrem Weg zur nächsten Station ein oder zwei Nächte bei uns zu bleiben. Diesmal gehörte ich zu ihrer Gemeinschaft. Einige Älteste kamen öfter in unser Lager. Sie waren den Gĩkũyũ-Ältesten, die ich kannte, sehr ähnlich. Ich sprach Gĩkũyũ und die Ältesten sprachen Kikamba, zwei verwandte Sprachen. Und eben diese Ähnlichkeit war es, die zu einigen sprachlichen Missverständnissen führte.

Die Ältesten, die mich anscheinend wirklich mochten, fügten, wenn sie mich ansprachen, immer wieder das Wort „mutumia" ein, das im Gĩkũyũ Frau bedeutet. Warum reden sie mich mit Frau an?, fragte ich mich verwirrt. Doch weder in ihrem Tonfall noch an ihrer Körpersprache konnte ich das geringste Anzeichen von Bosheit oder Beleidigung ausmachen. Schließlich vertraute ich mich in meiner Unsicherheit meinem Klassenkameraden Stephen Muna von der Alliance an, der, obwohl er als Einwohner von Mutonguini nicht im Lager lebte, an dessen Aktivitäten teilnahm. Er lachte über mein Unbehagen. Im Kikamba bedeutete „mutumia" Ältester, nicht Frau. Sie erwiesen mir Respekt, akzeptierten mich, einen jungen Mann, als einen der ihren.

Im Lager lernte ich auch die Macht der Trommel kennen. Bei den Gĩkũyũ gehörte die Trommel, anders als bei den Akamba, nicht zu den wichtigen Musikinstrumenten. Eines Abends hörten wir den Klang einer Trommel, die uns rief, den berühmten Akamba-Tänzern bei ihren akrobatischen Darbietungen zuzusehen. Wir beschlossen, zum Tanzplatz zu gehen. Es war stockfinster, die Sterne und der Mond waren die einzigen Lichtquellen. Doch das kümmerte uns nicht. Der eindringliche Klang war klar und nahe. Wir folgten der Straße nach Kitui. Jedes Mal, wenn wir um eine Ecke bogen oder einen Hügel hinaufstiegen und glaubten, die Stelle erreicht zu haben, von der der Klang herrührte, wurden wir enttäuscht. Immer schien der Klang vom Hügel dahinter zu kommen. Einige gaben auf und gingen zurück ins Lager. Zu guter Letzt waren nur noch Welime, Okuku und ich übrig und entschlossener denn je, zum Ursprung dieser Kraft vorzudringen.

Nach vielen Meilen Fußmarsch gelang es uns endlich, den Ursprung des Klangs hinter einem Gebüsch abseits der Straße auszumachen. Vor uns öffnete sich eine Lichtung, in deren Mitte ein Feuer loderte, und um das Feuer saßen ein paar junge Männer und trommelten, während andere tanzten. Dies war nicht das große Spektakel, das wir uns ausgemalt hatten. Es waren Jugendliche aus der Nachbarschaft, die sich hier die Zeit vertrieben. Mit Hilfe meines Gĩkũyũ und Welimes Kiswahili gelang es uns, uns verständlich zu machen. Sie begrüßten uns und trommelten und tanzten weiter, jetzt aber mit größerem Elan, sie hatten fremdes Publikum. Unsere Anwesenheit und unser offensichtliches Interesse hatten dem, was für sie gewöhnliche Praxis und einfache Unterhaltung war, neues Leben eingehaucht. Trotzdem geschah eine Zeit lang nichts Außergewöhnliches. Wir wollten schon gehen, als die Tänzer, die wir für zaghaft gehalten hatten, Überschläge in der Luft machten, bei denen sich manchmal zwei in gekonnter Akrobatik in der Luft kreuzten, was durch den Feuerschein im Dunkeln noch geheimnisvoller aussah. Wie besessen bewegten sich die Oberkörper der Trommler, als hätten sie keine Knochen. Dann sprangen sie abwechselnd in die Höhe, hielten die Trommeln fest zwischen den Beinen, und ihre Hände schlugen weiter den Rhythmus. Es war so, als trügen sie einen Wettkampf aus; sie schraubten sich höher und höher, angetrieben von den wetteifernden Kräften ihrer Trommeln. Dann war es urplötzlich still. Das Feuer war mittlerweile zu roter Glut zusammengesunken. Augenscheinlich genossen sie die Bewunderung ihrer Besucher, denen es die Sprache verschlagen hatte. Als es Zeit war zu gehen, sagten sie, dass wir uns tatsächlich am Stadtrand von Kitui befanden. Mir wurde klar, dass der Klang einer Trommel in der Nacht verführerisch nah ertönen kann. Von nun an sollte ich die Region Ukamba und die Akamba immer mit Trommelklängen in der Nacht und Luftkunststücken vor dem Hintergrund einer herankriechenden Finsternis assoziieren, die vom Schein der roten Glut in Schach gehalten wurde.

Mir hatte diese gemeinschaftliche Erfahrung so gut gefallen, dass ich mich sofort einschrieb, als ich noch im selben Jahr von einer weiteren Jugendinitiative erfuhr, die von einer neuen Vereinigung, der Kenya Youth Hostels Association, veranstaltet wurde. Das Lager sollte an einem Wochenende stattfinden und war als Erstes einer Reihe von Treffen gedacht, die europäische, asiatische und afrikanische Jugendliche zusammenbringen sollten. Den Teilnehmern wurde empfohlen, nur das Nötigste mitbringen. Es sollte eine Art Überlebenstraining werden, kein Schwelgen im Luxus. Ich borgte mir das Fahrrad meines Halbbruders Mwangi wa Gacoki und kam an einem Freitagabend im Lager in West Limuru an. Das war die längste Fahrt, die ich je mit einem Fahrrad unternommen hatte.

Das Lager befand sich an einem Steilhang in einem verlassenen Bahnhof aus dem Jahr 1899. Die Gleise, halb unter der Erde begraben, waren zwischen dem Gras, das rundherum gewachsen war, noch zu erkennen. Insgesamt sah der Ort trostlos aus, von seinem früheren Glanz war nichts mehr übrig. Ich hatte gehofft, Jungen aus ganz Kenia zu treffen und gemeinsam mit ihnen etwas zu unternehmen, dass es eine noch größere Angelegenheit werden würde als in Mutonguini. Stattdessen traf ich nur auf einen indischen Jungen mit dem Namen Govinda und zwei europäische Ausbilder, einen von der Kirche und einen aus der Armee. Der von der Armee, jung, noch in khakifarbene Militärhose und Hemd gekleidet, stolzierte herum, wie das für seinen Berufsstand üblich war. Ich musste an die Soldaten denken, die mich 1954 verprügelt hatten, und außerdem an die, die mich bei dem Nairobis-Samstag-Fiasko 1956 verhörten. Ich gab ihm den Spitznamen „der General". Er war in einem Landrover gekommen, in dem sich Schlafsäcke und andere Survival-Ausrüstung stapelten. Auch der Kirchenmann war mit seinem Auto da. Er war mittleren Alters und trug eine Safarijacke über einem langärmligen Hemd. Ich verpasste ihm den Spitznamen „der Erzbischof". Welch ein Kontrast: Während der General herumstolzierte, als gehörte ihm die Welt, trottete der Erzbischof so vorsichtig durch die Gegend, als fürchtete er, dem Boden unter seinen Füßen weh zu tun. Der General und der Erzbischof hatten viel mehr Teilnehmer erwartet, zumindest mehr als diesen zerbrechlich wirkenden indischen Jugendlichen in langen Hosen und seinen afrikanischen Gegenspieler in der Alliance-Uniform.

Der Freitagabend verging über einem vorbereitenden Gespräch für den Samstag, danach zogen wir uns in unsere Feldbetten in der riesigen Bahnhofshalle zurück, vielleicht sogar unter den argwöhnischen Augen Hunderter indischer Arbeiter, die ihr Leben gelassen hatten, als sie die Gleise an diesem ausgesprochen steilen Hang verlegten, der unten im gähnenden Great Rift Valley endete. Govinda und ich sprachen über die Abenteuer, die uns am Samstag erwarteten, sahen sogar einen Vorteil darin, nur zu zweit zu sein – so bekämen wir ihre volle Aufmerksamkeit. Doch am nächsten Morgen sammelte Govinda seine Sachen zusammen, stieg auf sein Fahrrad und verschwand. Jetzt hatte ich zwei Ausbilder ganz für mich allein. Ich bekäme ihre ungeteilte Aufmerksamkeit, tröstete ich mich.

Am Samstagmorgen zogen wir, ausgerüstet mit einer Geländekarte, in den Busch, um Kartenlesen zu lernen, im Wald Spuren nachzugehen und andere überlebenswichtige Dinge zu tun. Mit einem einzigen Rekruten war es eher wie ein Pfadfinderlager, das den Namen nicht verdiente. Nur selten kam es zwischen uns zu einem Gespräch. Ich ging einfach mit der Karte in der Hand vor mich hin, meine beiden Ausbilder unterhielten sich nur untereinander, es sei denn, ich kam vom Weg ab und der General erklärte, an welcher Stelle ich die

Karte falsch gelesen oder einen kleinen, aber wichtigen Orientierungspunkt übersehen hätte. Es war ziemlich anstrengend, im Wald, nur mit einigen Keksen und etwas Wasser ausgerüstet, die Hänge hinauf- und hinunterzugehen.

Einmal, ich ging einige Schritte vor ihnen, belauschte ich eine hitzige Debatte der beiden über die Mau-Mau-Rebellen und die Regierungsstreitkräfte. Da wurde mir klar, dass selbst sie sich vorher nicht gekannt hatten und völlig gegensätzliche Meinungen darüber vertraten, was im Land vor sich ging. Sie waren unter anderem nicht einer Meinung, was die koloniale Politik der Kollektivbestrafung anging. Der Erzbischof sprach sich für die Verantwortlichkeit des Einzelnen aus, der General hingegen war der Meinung, dass man mit den „Eingeborenen" und ihrer Geheimniskrämerei nicht anders verfahren konnte. Ihre jeweilige Argumentation bauten sie zunehmend auf Mutmaßungen auf. Wenn man wüsste, einer von ihnen hätte Informationen, die Leben retten oder gefährden könnten, dieser würde sich aber in der Gruppe verborgen halten, meinte der General, dann sei es nur vernünftig, den gesamten Haufen zur Verantwortung zu ziehen. Worin bestünde dann aber der Unterschied zwischen dem, was die koloniale Armee, und dem, was Hitler während des Zweiten Weltkrieges getan habe?, konterte der Erzbischof. So ging es immer weiter. Ich blieb dabei unsichtbar.

Plötzlich merkte ich, dass die beiden stehen geblieben waren und sich ansahen. Ihre Unterhaltung war von der geistigen Auseinandersetzung zur Androhung körperlicher Gewalt fortgeschritten. Der ältere Erzbischof mit seinem kleinen Schnurrbart würde dem jüngeren, glatt rasierten Armeegeneral nicht standhalten können; trotzdem krempelte er die Ärmel hoch. Der Anblick der beiden hier im Wald, bereit, mit Fäusten aufeinander loszugehen, war lächerlich. Wie gebannt stand ich da. Wie sollte ich bei zwei Weißen auf dem Kriegspfad dazwischengehen? Dann hatte ich eine Vision: Ich sah die Gestalt Gottes in schwarzer Kutte vor mir, mit einer weißen Kette um den Hals, wie er eine riesige Bibel in Händen hielt und sie wie ein Schild gegen das Gewehr, das ein schwerbewaffneter Soldat auf ihn richtete, vor sich austreckte. Dieses Bild war so real, dass ich in Panik geriet. Ich hustete. Sie erstarrten. Die Kutte, die Bibel, das Gewehr gab es nur in meiner Einbildung, aber mein Husten hatte gewirkt. Sie taten so, als ob sie sich nur unterhielten. Ich solle weitergehen, bis ich zum nächsten Pfad gelange, sagte der General. Sie folgten mir schweigend.

Als wir ins Lager zurückkamen, stieg ich auf mein Fahrrad und floh. Von einem dreitägigen Lager waren nur eine Nacht und ein Tag geblieben.

Meine Mutter hat immer gesagt, erst wenn man sich außerhalb des eigenen Heims bewege, würde man erkennen, dass nicht nur die eigene Mutter schmackhaftes Essen kocht. Die freiwilligen Jugendlager bestätigten das, trotz der Enttäuschungen. Und die Alliance bewies mir ebenfalls die Wahrheit dieses Spruchs im Hinblick auf die kenianischen Gemeinschaften.

Der nationale Geist der Alliance stand der staatlichen Politik, die Afrikaner entlang ethnischer Grenzen zu teilen, von Anfang an entgegen, und die Schule nahm Schüler aus unterschiedlichen Gemeinschaften auf. Unter Carey Francis jedoch wurde die landesweite Zulassung zur Alliance zum politischen Grundsatz in Theorie und Praxis. North, Central, West, East und Southern Coastal Kenya begegneten sich auf dem Gelände der Alliance. Vor allem aber kamen die Lehrer aus unterschiedlichen kenianischen Bevölkerungsgruppen und wurden wegen ihrer persönlichen Eigenart verehrt oder geschmäht, nicht wegen ihrer ethnischen Herkunft.

So war es während meiner ganzen vier Jahre an der Alliance. Bei uns zu Hause in Limuru tauchten viele Arbeiter aus unterschiedlichen Gemeinschaften auf, doch sie waren Gäste. Hier lebte ich zum ersten Mal den Alltag mit solch unterschiedlichen Charakteren, tauschte mich mit ihnen aus, wetteiferte und stritt mit ihnen. Und von jedem Einzelnen und jeder Bevölkerungsgruppe konnte ich etwas lernen.

Von allen School Captains meiner vier Jahre fand ich Bethuel A. Kiplagat am beeindruckendsten. Seine Persönlichkeit schien jegliche ethnische Zugehörigkeit hinter sich zu lassen. Er ließ sich nicht so leicht einer Gemeinschaft zuordnen. Einmal fragte ich ihn nach dem Initial in seinem Namen. Er erklärte mir, dass es für Abdul stünde. Vor seinem Übertritt zum Christentum sei er Muslim gewesen. „Aber warum behältst du dann den Namen Abdul?", fragte ich nach. „Weil er zu mir gehört und ein Teil meines Lebens ist", antwortete er.

Samuel Mungai, der School Captain von 1958, war auf andere Weise faszinierend. Er war in sich zerrissen und wusste nicht so recht, ob er nun Rebell oder Anführer sein wollte. Er liebte seine Zigaretten und andere Freuden auch und brach oft eben die Regeln, die er durchsetzen sollte. Und er war ein Frauenheld, der eine Spur gebrochener Herzen hinterließ und so manches Mädchen in andere Umstände brachte. Obwohl er also nach dem offiziellen Moralkodex nicht unbedingt die höchste Punktzahl erhalten hätte, schaffte er es trotzdem irgendwie, die Schule zusammenzuhalten. Insgesamt lernte ich, dass Individuen unterschiedlicher Gemeinschaften sowohl gute Anführer abgeben, ebenso aber Unheil, Schwierigkeiten und schlechte Anführer hervorbringen konnten.

1957 wurde ich als Nachfolger von G. Shokwe zum Schlafsaalpräfekten ernannt, zum Anführer der Gemeinschaften des Schlafsaals II im Livingstone House. Shokwe, ein Mtaita, war begeisterter Boxer. Er nahm an Amateurkämpfen im Leichtgewicht in Nairobi teil und leitete die Boxabteilung der Schule.

Er hatte des Öfteren versucht, einen Boxer aus mir zu machen. Schließlich stimmte ich zu, in den Ring zu steigen. Mit den roten Boxhandschuhen gab ich eine gute Figur ab, zumindest für mich. Beim allerersten Schlagabtausch traf ich meinen dünnen und hoch aufgeschossenen Gegner, der mehr Erfahrung hatte als ich, am Backenknochen. Der Schlag erwischte uns beide völlig unvorbereitet. Er ging zu Boden. Ich war geschockt. Ich streifte die Handschuhe ab und ging. Ich stieg nie wieder in den Ring. Ich brachte es einfach nicht fertig, jemanden zu besiegen, indem ich ihm wehtat, nicht einmal beim Sport.

Die Ernennung zum Schlafsaalpräfekten kam ebenso unvorbereitet und vollkommen unerwartet. Ich hatte mich niemals bewusst in einer Weise verhalten, die eine solche Ernennung befördert hätte, dennoch kam ich gut damit klar. In dem Bewusstsein, dass ich mich im selben Schlafsaal befand, in dem uns Moses Gathere mit seinen Zeilen aus „Macbeth" zu wecken pflegte, spielte ich mit dem Gedanken, ein anderes Shakespeare-Zitat zu benutzen und die Zeile „to be or not to be" in „to wake or not to wake" umzuwandeln. Ich habe es jedoch nicht ein einziges Mal versucht.

Dunstan Ireri war das erste Problem meiner Präfektenzeit. Wir waren im selben Jahr an die Alliance gekommen und miteinander befreundet, doch Dunstan sah sich selbst als Rebell und brachte dies durch Rauchen zum Ausdruck. Häufig stahl er sich früh am Morgen oder mitten in der Nacht aus dem Bett, um unten bei den Büschen oder den Latrinen eine zu rauchen. An der Alliance gab es eine Rauchergemeinde mit Jungen aus allen Schlafsälen und ethnischen Gemeinschaften. Einige Präfekten hatten das Rauchen zum schlimmsten Verstoß gegen die Schulordnung erhoben und griffen regelmäßig die Raucherhöhlen an. Die Raucher und die Präfekten waren in ein endloses Versteckspiel verwickelt, von dem die Raucher erzählten, als wäre es ein Abenteuer voller Ausweichmanöver und knappem Entkommen.

Ich beschloss, Dunstan und den anderen Rauchern diesen Spaß zu verweigern. Ich sah es nicht als meine Pflicht an, mich an das Versteck anderer heranzuschleichen. Ich zog eine Grenze. Im Schlafsaal und auf dem Schulgelände war das Rauchen verboten. Was sie im Busch außerhalb des Schulgeländes taten, war ihre Angelegenheit. Auch wenn natürlich keiner zugab zu rauchen, spürte ich doch, dass eine ganze Reihe Schüler in meinem Schlafsaal die Grenzen anerkannten, die ich gesetzt hatte. Einem oder zweien jedoch vermieste das Ende des Versteckspiels den Spaß und die Dramatik. Dunstan verkündete lauthals, wenn er draußen geraucht hatte, und je provokativer sein Verhalten wurde, desto größer wurde die Schar seiner Bewunderer. Dann jedoch versuchte er, unter der Bettdecke zu rauchen. Er glaubte nicht recht, dass ich ihn bestrafen würde, aber ich setzte mich zur Wehr. Der gesamte Schlafsaal unterstützte mich. Dunstan musste zur Strafe einen ganzen Samstag lang Gras mähen, weil er im Schlafsaal geraucht hatte. Daraus entwickelte sich mein Führungsstil: die Leute bei der Durchsetzung von Regeln, die die gesamte Gemeinschaft betrafen, hinter mich zu bringen. Dabei bemühte ich mich, gerecht zu sein und nicht bei jeder Verletzung der Regeln zum Holzhammer zu greifen. Ich diskutierte lieber, als lauthals Regeln zu verkünden und Drohungen auszustoßen. Ich wollte, dass alle begriffen, dass in einer funktionierenden Gemeinschaft jeder für den anderen Verantwortung trug. Das funktionierte nicht immer, machte aber meine Amtszeit als Präfekt erträglich.

Mein Interesse an den unterschiedlichen Bevölkerungsgruppen führte mich zur Inter-Tribal Society, deren Vorsitzender ich eine Zeit lang war. Die Anführer verschiedener Klubs machten ihre Ankündigungen gewöhnlich während des Abendessens in der Mensa. Ich hatte immer Schwierigkeiten, das Wort Inter-Tribal Society auszusprechen, verschluckte das n, sodass es sich anhörte, als forderte ich die Mitgliedern der Iter-Tribal Society oder der Eat-A-Tribe Society auf, dies oder jenes zu tun, was immer Gelächter auslöste. Die Mitglieder trafen sich regelmäßig, um Ansichten über eine ganze Reihe von Themen zu diskutieren, und beriefen sich dabei auf ihre jeweils unterschiedlichen Kulturen, um diese zu verdeutlichen. Wie war in unseren verschiedenen Gesellschaften die Führung organisiert? Wie stand es um die Übergangsrituale? Die Society lud Redner von außerhalb ein und organisierte ab und zu Diskussionen mit Rednern aus ihrer Mitte.

Ich schätzte persönliche Gespräche mit Schülern jenseits des regulären Unterrichts und des gewöhnlichen Alltags. Evanson Mwaniki, der King'ori als Schulpianist gefolgt war, erzählte mir viel über Kirchenmusik. Von ihm erfuhr ich zum ersten Mal vom mittleren C auf der Tastatur eines Klaviers. Mwaniki war schüchtern, wenn es jedoch ans Klavierspiel ging, war er sehr ausdrucksstark. Er besaß keine musikalische Ausbildung; er hatte sich seine Klavierkenntnisse bei seinen beiden Vorgängern abgeschaut, und das verstärkte meine Einstellung, dass man von seinen Mitschülern etwas lernen konnte. Ich lernte zum Beispiel mehr Kiswahili von David Mzigo als bei Dollymore, der Kiswahili unterrichtete. Es war Mzigos Muttersprache; Dollymore hatte es sich angeeignet, während er im Zweiten Weltkrieg als Soldat in Mombasa stationiert war. Diskussionen und Streitgespräche über Geschichte und Literatur, die ich mit Freunden führte, und die Mathematikübungen, die ich in der Freizeit machte, trugen einen großen Teil zu dieser Einsicht bei und erwiesen sich manchmal auch bei Klassenarbeiten und Prüfungen als nützlich.

Das Nationalbewusstsein, das an der Schule befördert wurde, griff über die gesellschaftlichen Kämpfe, die von den Nationalisten in den Bergen angeführt wurden und jetzt die Straßen Nairobis erreicht hatten, auch im ganzen Land um sich.

An einem Samstagnachmittag nahm ich Joshua Omange und Nicodemus Asinjo mit in das neue Dorf, das ich immer öfter mein Zuhause nannte. Wieder einmal erwiesen sich Mutters geröstete Kartoffeln als der Renner. Auf dem Rückweg trafen wir eine alte Dame, von der behauptet wurde, sie sei eine unerschütterliche Nationalistin. Manche Leute erzählten, sie sei nicht ganz richtig im Kopf, weil sie in aller Öffentlichkeit verbotene Widerstandslieder sang. Sie hatte einen krummen Rücken und stützte sich auf einen Stock. Nach der Begrüßung erzählte ich ihr, dass meine Freunde Omange und Asinjo beide Luo seien. Segnend berührte sie das Herz mit der Hand. „Heute gibt es weder Luo noch Gĩkũyũ", sagte sie. „Wir sind alle Kinder Kenias."

Wir sind alle Kinder Kenias. Sind alle Kinder Afrikas. Sind alle Kinder der Welt. Obwohl sie längst gestorben ist, kann ich mich noch gut an ihre Worte, ihr Aussehen und ihr Lächeln erinnern. Diese Begegnung war ein erneutes Beispiel für die Weisheit und Bereicherung durch die Straße. Wissen, das ich innerhalb wie außerhalb des geregelten Rahmens erlangte, hatte dieselbe Wirkung auf mein Leben.

Außerhalb des Unterrichts war die Schulbibliothek eine der besten und reichhaltigsten Quellen des Wissens. Als Oades uns in den ersten Tagen nach meiner Ankunft an der Alliance durch die Bibliothek führte, blieb ich erst einmal an der Tür stehen, gebannt vom Anblick der unzähligen Regale voller Bücher in einem Gebäude, das nur für Bücher bestimmt war. Noch nie im Leben hatte ich so viele gesehen. Ich konnte nicht glauben,

dass ich jetzt, so oft ich wollte, dort hineingehen, Bücher aus-
leihen, sie zurückbringen und neue mitnehmen konnte. Ich
schwor mir, alle Bücher in der Bibliothek zu lesen.

Es gab keine Einführung, aber wartet man auf Anleitung,
wenn man durstig am Ufer eines Flusses steht? Man macht sich
nicht einmal über mögliche Verschmutzungen Gedanken. Das
Wasser sieht immer so aus, als ob man damit seinen Durst lö-
schen kann. Ich las wahllos, ließ mich oftmals von der Anzahl
der Bücher eines Autors im Regal leiten. Ich nahm mir einige
von *G. A. Hentys* imperial-historischen Heroenwälzern vor. Der
eine oder andere Titel, „With Clive in India or The Beginnings
of an Empire" zum Beispiel oder auch „With Wolfe in Canada
or The Winning of a Continent", stellte das imperiale Thema
sehr deutlich heraus. Das Vorwort zu „With Clive" versprach
„große Kämpfe, die auszutragen waren, große Anstrengungen,
die unternommen werden mussten, bevor das riesige indische
Reich in britische Hand fiel". Gerichtet an „meine lieben Kna-
ben", die jugendliche Zielgruppe, konnte das Vorwort ohne
Weiteres vor allen Imperialismusgeschichten Hentys stehen.
Mich interessierte das Fiktive, nicht die historischen Einzelheiten. Die Erzählungen langweilten mich zusehends und ver-
miesten mir derartige Bücher für lange Zeit. Ich gab Henty zugunsten einer beständigeren fiktiven Welt auf, in der die Figuren nicht, wie ich zumindest glaubte, durch den Realismus der
tatsächlichen Geschichtsabläufe gebunden waren. Ich wünschte mir eine Welt, in die ich entfliehen konnte.

Eine solche Welt glaubte ich in Captain *W. E. Johns'* Reihe
mit dem Helden James Bigglesworth gefunden zu haben, dem
Piloten und Abenteurer, dessen Heldentaten ich verschlang,
wohin immer er ging, was immer er auch tat: „Biggles & Co",
„Biggles Learns to Fly", „Biggles Flies Again", „Biggles in Fran-
ce", „Biggles Flies East", nach Westen, in den Süden, überallhin,
es spielte keine Rolle. Biggles war der Held aller Zeiten, Orte
und Auseinandersetzungen. Erst als ich „Biggles in Africa" in

die Hand bekam, wurde mir die Darstellung der nicht-englischen Figuren unheimlich. Biggles war Royal-Air-Force-Pilot und erinnerte mich an die Streitmacht, die am Mount Kenya Bomben auf die Mau-Mau-Kämpfer abgeworfen hatte. Solche wie er versuchten, meinen Bruder umzubringen. Mir war noch nicht klar, was mich abschreckte; ich suchte mir einfach etwas anderes. Diesmal war es die fiktive Welt von *H. Rider Haggard*.

Dieselben eigenartigen Gefühle verstärkten sich. „King Solomon's Mines" steckte voller Abenteuer, doch gingen sie allesamt auf Kosten Afrikas. Man hatte mich erzogen, das Alter als Weisheit und Erfahrung zu achten, doch Gagool gehörte zu den schrecklichsten Darstellungen einer alten afrikanischen Frau, die mir je in einem Roman untergekommen waren. Sie war böse, schlicht und einfach, der böse Geist hinter der Tyrannei, die Afrika über Jahrhunderte verhext hatte.

„King Solomon's Mines" erinnerte mich an Stevensons „Schatzinsel", weil bei beiden eine Schatzsuche im Mittelpunkt stand, aber es gelang mir nicht, mich so vollständig in Haggards Figuren zu flüchten, wie mir das bei Stevenson gelungen war. „King Solomon's Mines" konnte nicht bestehen, ohne dass ein primitives Afrika den Hintergrund abgab; „Die Schatzinsel" kam ohne die Unzivilisiertheit der pazifischen Völker aus. Rückblickend wird mir klar, dass Haggard und andere populäre Autoren sich derselben Diktion bedienten, wenn es um meinen Kontinent ging: Der Imperialismus war normal, der Widerstand dagegen unmoralisch. Afrika und seine Völker bildeten den Hintergrund, der Europas Selbsterkenntnis ermöglichte. Es war dasselbe Thema, das sich durch unseren gesamten Geschichtsunterricht zog. Temporeichtum, Drehungen und Wendungen, Geheimnisse und Konfliktlösung zogen mich in diese Abenteuer hinein, aber schon bald konnten selbst diese Elemente mich gegenüber den negativen Botschaften bestimmter Bilder und Figurengruppen nicht vollständig blind machen. Auch in der fiktionalen Literatur konnte ich dem Thema „Aufbau des Empires" also nicht entgehen. Dann aber stolperte ich in die Welt der Kriminal- und Detektivromane und hoffte, dass ich vielleicht dort endlich in den Bereich reiner, makelloser Fiktion entfliehen könnte.

Eine Zeit lang ging mir nichts über Edgar Wallace mit seinen temporeichen Krimis und geheimnisvollen Detektivgeschichten. Dann fand ich heraus, dass ich, hatte ich die Geschichte einmal durch und kannte alle verborgenen Tatsachen, keines der Bücher ein zweites Mal lesen konnte. Die Titel, die Figuren, die Schauplätze hatten andere Namen, die Geschichte aber blieb immer dieselbe. Er führte mich jedoch zu den anspruchsvolleren Detektivromanen, in denen es nicht allein um fiebrige Aufregung und die Neugier ging, was als Nächstes geschah. Die Figuren durften vielschichtiger sein und zur Tiefe und Spannung einer Geschichte beitragen. So geschah es, dass ich Sherlock Holmes, seinen Freund Doctor Watson und ihr Haus in der Baker Street in London für bare Münze nahm. Wieder und wieder las ich alle Geschichten, in denen Sherlock Holmes vorkam. Ich fing an, meine Mitmenschen, Lehrer, Mitschüler, Bekannte, wie Sherlock Holmes zu beobachten, nach Hinweisen über ihre Vergangenheit zu suchen oder herauszufinden, woher sie gerade kamen. Einmal, an einem Samstag, probierte ich dies an einem erschrockenen Omange aus:

„Ich sehe, du kommst gerade vom indischen Laden."

„Woher willst du das wissen?"

„Naja, du isst eine Papaya. Auf keinem der Felder im Umkreis der Schule wachsen Papayas. Wir bekommen sie in den indischen Läden."

„Falsch. Ich hab sie von einem Freund."

„Mag sein, aber dann hat er sie aus dem indischen Laden."

„Kann sein, aber das heißt noch lange nicht, dass ich dort war oder gerade von dort komme."

Es war sonnenklar, dass ich Sherlock Holmes besser las, als ich ihn spielte. Trotzdem hörte ich nicht auf, ihn nachzu-

ahmen. Ich verwendete sogar einen Spiegel, um nach Anhalts-
punkten zu suchen, obwohl ein Spiegel kein Ersatz für eine
Lupe sein konnte. Sherlock war eine derart wirkliche Gestalt,
dass neben ihm auch sein Schöpfer verblasste. Nur Robin Hood
konnte es mit ihm aufnehmen. Mir war es egal, wer sein Autor
war, ich las einfach alles, was seinen Namen im Titel trug.

Im Laufe der Zeit begann ich, kritischer auf das zu schauen,
was ich im und nach dem Unterricht las. Nichts bildete meine
Erfahrung als Schwarzer ab. Dann erwischte ich eines Tages
Alan Patons Roman „Denn sie sollen getröstet werden", Thema einer der Gesprächsrunden bei Carey Francis. Das war
zwar kein Thriller oder Detektivroman, doch hätte sich die
Geschichte um Pastor Stephen Kumalo, der in die Stadt fährt,
um seine Schwester Gertrude und seinen verlorenen Sohn Ab-
salom zu suchen, genauso gut in Kenia zutragen können. Das
Thema erinnerte mich an den Handlungsstrang in Kenneths
unvollendetem Buch. Und ich fragte mich sogar, ob Alan Paton
nicht vielleicht Schwarzer war. Wie sonst konnte er Tonfall und
Bildhaftigkeit afrikanischer Sprachen so gut einfangen?

„Denn sie sollen getröstet werden" machte mir noch mehr
Lust auf Bücher, in denen sich meine soziale Wirklichkeit spiegelte, doch gab die Bibliothek nichts her, was meinen Bedarf
befriedigte. Als ich weiter suchte, stieß ich auf mehrere Exemplare von Booker T. Washingtons „Up From Slavery". Es war
die erste Autobiographie, die ich las. Washingtons Geschichte
veranschaulichte auf fast unheimliche Weise die Ähnlichkeiten
zwischen der Lage im amerikanischen Süden des neunzehnten
Jahrhunderts und der Situation in Kenia. Rassische Schranken,
die den Fortschritt der Schwarzen behinderten, waren normal;

in Kenia begegneten wir bei jedem Schritt durchs Leben dieser Farbbarriere. Der Unterschied zwischen Kolonisation und Sklaverei erschien nur graduell. Deshalb fühlte ich mich bei seiner Behauptung, dass die Schwarzen von der Sklaverei mehr profitiert hätten als die Weißen, ziemlich unwohl. Verglich ich seine rassische Lage mit der kolonialen in unserem Land, musste ich mich fragen, wie man zu der Behauptung gelangen konnte, dass die Afrikaner durch den Kolonialismus mehr gewonnen hatten als die Weißen, die davon profitierten.

Auch wenn ich nicht völlig dahinterkam, hatte ich, was Washington anging, gemischte Gefühle. Sein Bildungshunger und seine Entschlossenheit, alles zur Erreichung seines Zieles zu tun, entsprachen mir sehr. Mir gefielen seine Vorstellungen von harter Arbeit und Selbstbestimmtheit, hatte meine Mutter mir das doch immer nahegelegt. Aber mir war nicht wohl bei dem Gedanken, dass er die Schwarzen bat, nicht nach gesellschaftlicher Gleichberechtigung zu verlangen. Selbstbewusstsein und Selbstverneinung waren widerstreitende Ideale.

Nach einer Lektüre, mit der ich mich voll und ganz identifizieren konnte, suchte ich vergebens. Ich hatte, so kam es mir vor, die Wahl zwischen den imperialen Erzählungen, die mir Körper und Seele entstellten, und den liberalen Geschichten, die mir zwar meinen Körper zurückgaben, aber dennoch meine Seele entstellten. Ich war mir nicht mehr sicher, ob ich wirklich alle Bücher in der Schulbibliothek lesen wollte.

Ich wurde wählerischer. Mein eigenes Erwachen und die Bücher, die wir im Unterricht durchnahmen, hatten Einfluss darauf, was ich hinsichtlich Tiefe und Komplexität von Figuren, Thema und Plot einer Geschichte erwartete. So gesehen hatte der Unterricht eine Außenwirkung. Dennoch reichte es mir nicht, was ich daraus mitnahm. Ich brauchte das andere ebenso. Wenn ich schon keine Bücher auftreiben konnte, die Körper und Seele ansprachen, so konnte ich mich zumindest an die halten, die meiner Seele gut taten, ungeachtet dessen, welche Zeit und welche gesellschaftlichen Bedingungen sie hervorgebracht hatten. Ich konnte nicht mit derselben Unschuld zu Thrillern, Detektivgeschichten und Abenteuern zurück.

Es gab ein paar Bücher mit Geschichten, die Zeit und Autor überdauerten: Grimm, Aesop und Andersen. Wieder und wieder las ich ihre Fabeln und Märchen, ohne dass sie je ihren Reiz verloren. Sie kamen den Geschichten am abendlichen Feuer, mit denen ich aufgewachsen war, am nächsten. Sie besaßen eine gemeinsame magische Qualität; sie erneuerten sich im Wiederlesen und Weitererzählen.

Mein gewachsener Anspruch führte mich zu „Sturmhöhe" von Emily Brontë. Dieses Buch öffnete mir die Augen für eine komplett andere Schreibweise beim Erzählen einer Geschichte. Mit seinen vielen Stimmen glich es eher der Art und Weise, in der sich in meinem Dorf die echten Geschichten entfalteten, einer Episode eines Erzählers folgten andere, die zur Geschichte beitrugen und sie thematisch anreicherten. Es dauerte einige Zeit bis sich die Geschichte von Heathcliff und Catherine Earnshaw, wie sie von Nellie Dean und Lockwood erzählt wurde, entwirrte, aber sie packte mich und war unermesslich traurig. Die Winde im Yorkshire-Moor erinnerten mich an den kalten Wind in Limuru im Juli. Ich war noch nie auf eine Autorin gestoßen, die das Wetter so lebensecht darstellen konnte.

Ich ging von Brontë zu Tolstoi über. Ich wusste über Tolstoi ebenso wenig wie über Brontë. Ich war aber noch nicht weit in „Kindheit", „Knabenjahre" und „Jugendzeit" von Tolstoi gekommen – alle drei Bücher in einem Band –, als ich ein Verlangen spürte, das ich so nie empfunden hatte, jedenfalls nicht mit dieser Intensität. Ich wollte über meine Kindheit schreiben. Früher war es ein unbestimmtes und flüchtiges Gefühl, das nicht sofort in die Tat umgesetzt werden musste. Das neue Verlangen aber war hartnäckig. Es ließ mich nicht einmal Tolstois Buch beenden. An all den früheren Streit mit Kenneth über die Erlaubnis zu schreiben dachte ich gar nicht mehr.

Es war 1957, mein drittes Jahr an der Alliance. Die Geschichte, die ich schrieb, beruhte auf dem Glauben unserer Kindheit, einen lieben Menschen herbeirufen zu können, egal wo er sich gerade aufhielt, indem wir seinen Namen in einen leeren Tontopf flüsterten. Bei dem fiktiven, aber autobiographisch gefärbten Erzähler funktioniert es gleich beim ersten Mal. Seine Tante, die dreißig Meilen weit weg wohnt, taucht am dritten Tag, nachdem er sie gerufen hat, auf. Dadurch ermutigt, möchte der Erzähler seine neuen Kräfte unbedingt vor Publikum unter Beweis stellen. Die Gelegenheit bietet sich, als sich seine Mutter darüber beklagt, dass sein älterer Bruder, der in Nairobi arbeitet, nicht nach Hause kommt. Er versichert ihr, er könne ihn kommen lassen, wenn sie sich das wünsche, spätestens am dritten Tag. Selbstverständlich wird seine feierliche Erklärung vom Rest der Familie mit skeptischem Gelächter begrüßt, aber das kümmert ihn nicht. Er würde sich rächen: „Als alle fort waren, ging ich in die Küche. Dort befand sich der Kochtopf, alltäglich, gleichgültig, tot – aber warte –, er besaß Zauberkräfte, von denen nur ich wusste. Ich hob ihn ehrfurchtsvoll vom Haken. Langsam und deutlich rief ich meinen Bruder beim Namen." Doch der Zauber funktioniert nicht. Das war die ironische Wendung. In Anlehnung an Tolstoi gab ich der Geschichte den Titel „Meine Kindheit". Sie war nur ein paar handgeschriebene Seiten lang, Tolstois dagegen ein ganzes Buch, dennoch reichte ich sie beim Chefredakteur des Alliance High Magazine ein.

Ich erhielt keine Antwort, was nicht überraschte, weil es normal war, dass es keinerlei editorischen Austausch zwischen dem Autor und dem Herausgeber gab, und schon bald ließ ich die Hoffnung fahren und dachte nicht mehr daran. Als aber später, es war im September 1957, die Zeitschrift erschien, entdeckte ein Freund den kleinen Text. Ich konnte es kaum abwarten, ihn zu sehen und zu lesen. Es war schließlich mein allererstes veröffentlichtes Werk. Rein äußerlich war der sorgfältige Druck meiner handgeschriebenen Fassung bei Weitem überlegen. Natürlich war die Geschichte kürzer als die handgeschriebene, aber das spielte keine Rolle.

Als ich aber anfing zu lesen, war ich entsetzt über die Freiheiten, die sich der Chefredakteur herausgenommen hatte. Aus dem Titel „Meine Kindheit" war „Ich, der Hexer" geworden. Das allein machte mir nicht viel aus, der neue Titel war einprägsam. Der zweite Absatz jedoch, den der Chefredakteur eingefügt hatte, ließ den fiktiven Erzähler beteuern, das Christentum sei zweifellos „der größte zivilisatorische Einfluss, und in dem Maße, in dem es sich im Volk ausbreitete, begannen viele Menschen die Nutzlosigkeit zur erkennen, ihr Vertrauen in Aberglauben und Hexerei zu setzen". Eine einfache Geschichte, in der ich mich über Glauben und Aberglauben unserer Kindheit lustig gemacht hatte, war in eine Verdammung des vorchristlichen Glaubens einer ganzen Gemeinschaft verwandelt worden und gleichzeitig in die schmeichlerische Anerkennung der positiven Wirkung der Aufklärung. Man hatte mich zum Zeugen der Anklage für eine imperiale literarische Tradition gemacht, der ich eigentlich zu entkommen versucht hatte. Obwohl die Einfügung des Chefredakteurs eine wohlmeinende Absicht verfolgte, erstickte sie das schöpferische Feuer in mir, und ich konnte noch so viel in Tolstois „Kindheit und Jugend" lesen, es ließ sich nicht wieder entfachen. Ich war nicht stolz auf meine Schöpfung.

In den Ferien zeigte ich Kenneth den Text. Seine sarkastische Reaktion war ziemlich vorhersehbar. Hast du dir auch zuerst die Erlaubnis zum Schreiben geholt? Diese Auseinandersetzung würde er wohl nie vergessen. Ich hätte erwidern können, es sei ja kein richtiges Buch oder mich habe durch die Einflussnahme des Chefredakteurs, meines Lehrers, schließlich die Zensur getroffen. Aber eigentlich vertrat ich nicht länger die Position, dass man als Erstes eine Genehmigung zum Schreiben brauchte. Bereits bei unserem Disput während der *Asante*-Kundgebung in Nyeri hatte ich begonnen, meine Meinung zu ändern, und Tolstoi hatte mich angeregt, sie völlig hinter mir zu lassen. Ich gestand die Niederlage ein. Kenneth rückte mit seiner Meinung über den Text nicht heraus. Er war einfach glücklich, dass dieser ihm in einem Streit, der bereits vor drei Jahren in der Grundschule begonnen hatte, den Sieg eingetragen hatte. Jetzt, da er als Sieger aus dieser Auseinandersetzung hervorgegangen war, brachte er das Thema sogar in Gegenwart Dritter auf, erwähnte meine Geschichte und fachte damit indirekt die Neugier der Leute an.

Der Text trug mir zwei neue Freunde ein, die ich später als meine „Ologie"-Kumpels bezeichnete, wie auch die Zeit unseres engeren Zusammenseins als meine „Ologie"-Periode. Kīmani Mūnyaka, Absolvent der Junior High School und inzwischen Grundschullehrer, war der eine. Seine Angewohnheit, immer eine Zeitschrift oder ein Buch bei sich zu haben, hatte ihm den Ruf eines Bücherwurms eingetragen. Als Kenneth uns einander vorstellte und das Thema anschnitt, wollte Kīmani die Geschichte unbedingt lesen.

Gespannt wartete ich auf seine Meinung, hoffte, dass er sich nicht allzu sehr an dem Absatz über die zivilisatorische Wirkung des Christentums hochzog. Ich wollte eine Meinung darüber hören, was ich da eigentlich geschaffen hatte. Das Erste, was er sagte, als wir uns das nächste Mal trafen, schien irgendwie neben dem Thema. „Weißt du, wie man das Wort Psychologie schreibt?" Ich war etwas verwirrt. Was hatte ein Rechtschreibtest mit meiner Geschichte zu tun? Das Wort kam in meinem Text nicht einmal vor. Um ihn bei Laune zu halten, versuchte ich, die Buchstaben laut herzusagen. Immer wieder machte ich dabei etwas falsch und schließlich gab ich auf. Seine zu einem Lächeln geschürzten Lippen verrieten mir, dass er mein Versagen vorhergesehen hatte. „Also, das Wort beginnt mit einem p", erklärte er mit der Geduld des Überlegenen, „aber mach dir keine Vorwürfe, den Fehler machen die meisten. Sie vergessen, dass das p stumm bleibt und deshalb hören sie nur den Buchstaben s. Nun zu deiner Geschichte. Der Text war ganz interessant." Er hielt inne. Es manifestiere sich darin eine der Säulen der Psychologie des Verlangens. Ich hatte keine Ahnung, wovon er da redete. Was hatte die Psychologie, ganz zu schweigen von der des Verlangens, mit meiner Geschichte zu tun?, fragte ich ihn.

„Alles", antwortete er. „Psychologie steckt in jeder menschlichen Handlung, in jedem menschlichen Verhalten. Sie beinhaltet die dahinter verborgenen Motive. Du magst vielleicht glauben, dass deine Zusammenstellung von Wörtern lediglich eine Geschichte über das Flüstern in einen Tontopf ist, aber eigentlich ist es ein Flüstern zu dir selbst, ähnlich den stummen Selbstgesprächen, die wir in unserem Innern führen. Zunächst einmal hast du die Geschichte an der Alliance verfasst, einer Oberschule, und fern von zu Hause. Korrekt?" „Ja." „Du warst einsam, hast dich nach deinem Zuhause gesehnt, nach dem Essen deiner Mutter, das sie in einem Tontopf kocht. Deine Lehrer sind Weiße, korrekt?" „Ja, aber nicht alle." „Mag sein, aber der Direktor ist Weißer, korrekt?" „Ja." „Denk daran, dass du außerdem vom Christentum umgeben warst, einer fremden Religion. Also hast du dich offensichtlich nach etwas gesehnt, bei dem du dich heimisch fühlen konntest." Die Geschichte sei allerdings noch mehr als das, erklärte er. Es sei eigentlich eine Geschichte über das menschliche Verlangen, in den Mutterleib zurückzukehren, was dadurch deutlich werde, dass die Figur in deiner Geschichte den Kopf in den Topf stecke. „Du weißt, dass das Gĩkũyũ-Wort für Topf – nyũngũ – genau dasselbe ist wie Mutterleib?"

Ich sah ihn befremdet an. Zunächst einmal hatte ich wirklich nach etwas gesucht, mit dem ich das Gefühl des Verlustes überwinden und mich mit dem neuen Dorf anfreunden konnte. Zweitens hatte ich mich manchmal gefragt, wie es sich im Mutterleib wohl anfühlte. Ich hatte versucht, mich an mein Leben dort zu erinnern, hatte aber nicht die leiseste Vorstellung, sah man einmal davon ab, dass meine Mutter mir erzählt hatte, ich hätte sie ziemlich oft getreten. Ich war von all ihren Kindern offensichtlich das schwierigste im Leib gewesen. Kĩmani schien auf etwas hinauszuwollen. Mit gesteigerter Neugier hörte ich ihm zu.

Der Tontopf mit seiner Öffnung, dem engen Hals und dem runden Körper deute ganz offensichtlich auf den Mutterleib hin, fuhr er fort, meiner Reaktion gegenüber völlig gleichgültig. Im Mutterleib sei man stets am sichersten. Er schütze, er nähre, er besitze die größte Macht. Würde man sich nach Sicherheit sehnen, wenn man bereits vollkommen sicher ist?, fragte er und sah mich durchdringend an. „In der Geschichte geht es eigentlich um deine Einsamkeit und die Unsicherheit an der Alliance. Möglicherweise fällt es dir schwer, Freunde zu finden. Hättest du Freunde zum Spielen, hättest du gar nicht die Zeit oder das Verlangen, dich in eine Scheinwelt zurückzuziehen, korrekt? Und du würdest dir auch nicht zu viele Gedanken darüber machen, ob du, ein Junge vom Land, die Alliance überleben kannst." Bevor ich irgendetwas erklären konnte, versprach er, mich zu unterstützen. Er würde mir helfen, die Sorgen zu brechen, bevor sie mich brechen würden.

Zu unserem nächsten Treffen brachte er zwei Bücher mit: Dale Carnegies „Wie man Freunde gewinnt. Die Kunst, beliebt und einflussreich zu werden" und „Sorge dich nicht, lebe! Die Kunst, zu einem von Ängsten und Aufregungen befreiten Leben zu finden". Er erlaubte mir aber nicht, sie mitzunehmen und für mich zu lesen. Er wollte darüber reden und Erfolgsgeschichten aus den Büchern zitieren. Die Geschichten handelten stets von Leuten, die aus einfachen Verhältnissen kamen und Erfolg hatten, der sich nahezu ausschließlich am Wohlstand maß. Einer hatte mit nur einem Dollar angefangen, war aber, weil er zielstrebig eine Vision verfolgte, bis ganz nach oben aufgestiegen. Es gab Hinweise, wie man den Leuten zuhörte, wie man sie dazu brachte, über sich zu reden, während man zuhörte. Ich fand ihn und seine Geschichten außerordentlich faszinierend und hörte gespannt zu. Er fühlte sich in meiner Gesellschaft wohler als in der von Kenneth, weil dieser wahrscheinlich widersprach oder seinen geliebten Carnegie sogar in Zweifel zog.

Bald verstand ich Kenneths Skepsis. Mit der Zeit fiel mir auf, dass Kīmani nur über diese beiden Bücher sprach. Sein Ruf als Leseratte beruhte darauf, dass er immer eines der beiden dabei hatte. Bei anderen Themen konnte er nicht so gut mitreden, es sei denn, es fand sich darin der eine oder andere psychologische Aspekt. Sprach man über Bildung, brachte er die Psychologie des Wissens auf. Sprach man über Liebe oder Politik, kam er mit der Psychologie der Macht, und die Liebe wurde zu einem Spiel von Anziehung und Ablehnung im Spiel der Macht. Hatte ich nicht selbst erlebt, wie auch ein großer Mann vor einer Frau schwach wurde, wenn sein Herz erst einmal überwältigt war? Er besaß einige alte Exemplare einer psychologischen Halbjahreszeitschrift. Die waren wie ein persönlicher Talisman für ihn oder der Beleg, dass alles, was er sagte, auf Wissen beruhte. Wir wohnten in unterschiedlichen Bezirken von Kamīrīthū, aber ab und zu liefen wir uns über den Weg. Immer, wenn wir uns trafen, hatte er eine neue psychologische Erkenntnis parat, von der er dann schnell zu Geschichten von Carnegie überleitete.

Kīmani hatte die Angewohnheit, einen Text zu lesen, ihn mit eigenen Worten neu zu formulieren und ihn anschließend zu interpretieren, indem er Beispiele desselben Abschnitts zitierte. Ein Rat von ihm kam immer in Form von Zitaten oder

Umschreibungen aus den Werken seines Gurus der Weisheit, der Leistung und des Erfolges daher. Und für einen Psychologen, der zum Zuhören riet, schien er das Reden dem Zuhören vorzuziehen. Ich fing an, ihm aus dem Weg zu gehen. Dass meine Geschichte als Brücke zu Carnegie verwendet wurde, wollte ich nun wirklich nicht.

Stattdessen suchte ich oft die Gesellschaft von Gabriel Gaitho Kuruma, der im Nachbardorf Kĩhingo wohnte. Gaitho und ich hatten bei dem Weihnachtsspiel zusammengearbeitet, das ich im vorangegangenen Jahr mit organisiert hatte. Er hatte mit der Gruppe die Hymne „We Three Kings" einstudiert. Er reagierte anders als Kĩmani auf meine Geschichte. Er war überzeugt, dass ich bereits ein Schriftsteller sei. Er hatte zwei Jahre Oberschule absolviert und das Kagumo Teacher Training College abgeschlossen. Ich weiß nicht mehr, wann wir uns das erste Mal begegneten, aber durch meine Oberschuljahre hindurch waren wir beständig in Verbindung.

Gaitho las tatsächlich Bücher, interessierte sich vor allem für Pan-Afrika und die Welt, und wir beide erlebten Wochen des Gedankenaustauschs zu den verschiedensten Themen. Es war allerdings seine Eigenart, den Namen *Kwame Nkrumah* in jedes Thema einzuschmuggeln, über das wir uns unterhielten. Er hatte Nkrumahs Karriere von der Lincoln University zum Fünften Pan-Afrikanischen Kongress 1945 verfolgt, die in seiner Rolle als ehemaliger Häftling, der Ghana die Unabhängigkeit brachte, schließlich ihren Höhepunkt erreichte. Gaitho bewunderte die Philosophie *Marcus Garveys*, weil Nkrumah gesagt hatte, dass sie ihn inspiriert habe. Er mochte *George Padmore* und *W. E. B. Du Bois*, weil sie sich 1945 beim Pan-African

Congress in Manchester an die Seite Nkrumahs und Kenyattas gestellt hatten. Und von Gaitho hörte ich zum ersten Mal das Zitat: „Das Problem des zwanzigsten Jahrhunderts ist das Problem der Farbbarriere", das er Du Bois zuschrieb. Und wenn das Thema Booker T. Washington und sein Buch „Up from Slavery" aufkam, wies er darauf hin, dass Nkrumahs Freund Du Bois Washington widersprochen und die Niagara Movement gegründet habe, aus der später die *NAACP* wurde. Er hielt nicht viel von Washington, obwohl er nicht genau erklären konnte, was ihn irritierte. Als Gegenbeispiel zitierte er immer wieder die Geschichte von Rosa Parks, die sich geweigert hatte, ihren Sitzplatz im Bus einem Weißen zu überlassen und damit den Montgomery Bus Boycott auslöste, und verwies auf eine Art Verbindung zwischen diesem Ereignis und dem Bus-Boykott in Kenia, den die Mau Mau angeregt hatten.

Von den Kenianern mochte er Tom Mboya am meisten, weil im Namen seiner Partei, der Nairobi People's Convention Party, Nkrumahs Convention People's Party widerhallte. Er erzählte von Mboyas Aufstieg vom Gewerkschaftsfunktionär über das Studium in Oxford bis zum brillanten Architekten der von der AEMO verwendeten Taktik. Er wusste über beinahe alle Einzelheiten des Schlagabtauschs zwischen Mboya und Michael Blundell während der Legco-Debatten Bescheid. Doch die größte Leistung Mboyas liege in seiner Verbundenheit mit Nkrumah. Mboya habe von diesem Meister gelernt. Alle herausragenden Straßen Afrikas führten nach Ghana. Es sei die All African Peoples' Conference in Ghana gewesen, von der aus am 22. Dezember 1958 der Ruf nach Freilassung Jomo Kenyattas kontinentale und weltweite Wirkung erreicht habe. Unser Mboya sei Vorsitzender der Konferenz, eine große Anerkennung des kenianischen Kampfes. In seiner Funktion als Vorsitzender habe Mboya ein Ende des Imperialismus in Afrika gefordert. Gaitho konnte Mboyas Aufruf fast wörtlich zitieren: „Während vor 72 Jahren der Wettlauf nach Afrika begann, verkünden wir heute von Accra aus eben diesen Mächten mit klarer, unmissverständlicher und bestimmter Stimme: ,Verschwindet aus Afrika!'" Vom Wettlauf nach bis zum Verschwinden aus Afrika: Diese Rede habe den achtundzwanzigjährigen Tom Mboya in ganz Afrika bekannt gemacht. In den kenianischen Zeitungen sei seine Rede auf einen Einzeiler eingekürzt worden: „Mboya ruft die Weißen auf, aus Afrika zu verschwinden", wie Gaitho mit großer Befriedigung anmerkte.

Trotz seiner Begeisterung für Ghanas Unabhängigkeit 1957, stellte Gaitho auch klar, dass Ghana nicht das erste unabhängige Land Afrikas sei, und führte Äthiopien, Liberia, Libyen, Tunesien und Marokko als Beispiele an. Ja, er verwies sogar auf eine weit frühere Unabhängigkeit afrikanischer Menschen an einem Ort namens Haiti, auch wenn er sich nicht weiter darüber ausließ und ich nicht genug wusste, seine Behauptungen und Urteile zu widerlegen. Gaitho hätte das Oberschulgegenstück zum Ngandi meiner Grundschultage sein können, doch anders als Ngandi mischte er die Fakten nicht mit Erfindungen. Während Ngandi ein großer Geschichtenerzähler war, der sich, um die Wahrheit der Geschichte zu stützen, die er erzählte, auf Fabeln und Gerüchte verließ, griff Gaitho meistens auf die Tatsachen und Ideen zurück und zog eher ein Buch oder eine Zeitschrift als Beweis heran.

Er bewunderte die philosophischen Köpfe in der Politik. Ich weiß nicht, wen er lieber mochte, Nkrumah, den Politiker, oder Nkrumah, den Intellektuellen. Obwohl ihn der Pan-Afrikanismus Nkrumahs und sein Eintreten für die Kontinentalregierung einer Afrikanischen Union beeindruckte, wie sie in dessen Schwur, Ghanas Souveränität einer solchen Union unterzuordnen, zum Ausdruck kam, redete Gaitho mit gleicher, wenn nicht sogar größerer Leidenschaft über die philosophischen und theologischen Studien seines Idols. Er hatte Nkrumahs Autobiographie „Ghana" gelesen und wusste, dass dieser den Verlockungen weltlichen Besitzes, den ihm seine Bildung zugänglich gemacht hätte, zugunsten eines Lebens im Dienste der Menschen abgeschworen hatte. Vermutlich waren es diese Aspekte von Nkrumahs Bildung und Hingabe an das Dienen, die Gaitho einen anderen Intellektuellen nahebrachten, der unter anderem Philosophie und Theologie studiert hatte und seine akademische Laufbahn in Deutschland zugunsten eines Lebens bei den Armen und Kranken in Afrika aufgegeben hatte: Albert Schweitzer.

Gaitho sprach mit echter Ehrfurcht von Schweitzer: Musiker, Philosoph, Theologe, Orgelexperte und Arzt. „Kannst du dir vorstellen, dass er das alles aufgegeben hat, um in Lambaréné in Französisch-Äquatorialafrika* ein Krankenhaus zu errichten?" Doch nicht Schweitzers Philanthropie interessierte Gaitho am meisten: Es waren seine Gedanken zu Jesus, den historischen wie den eschatologischen. Das Wort eschatologisch hatte ich noch nie gehört. Er lieh mir Schweitzers Buch „Aus meinem Leben und Denken". Das war meine zweite Begegnung mit einer Autobiographie.

Die Suche nach dem historischen Jesus als Alternative zum eschatologischen bestimmte unsere Diskussionen. Schweitzers Besprechung der Forschungsgeschichte zum Leben Jesu, die er „Leben-Jesu-Forschung" nannte, beeindruckte mich. Gern hätte ich eine vollständige Biographie über Jesus gelesen, doch da ich keine fand, musste ich mich mit den Bruchstücken begnügen, die sich in den vier Evangelien des Matthäus, Markus, Lukas und Johannes finden ließen. Meine Beschäftigung mit Schweitzer ging mit zunehmenden Zweifeln am evangelikalen Christentum und seiner Betonung der persönlichen Erfahrung der Sünde und einer persönlichen Beziehung zu Jesus einher. Welcher Jesus? Der Menschensohn oder der Gottessohn? Der Jesus der Bergpredigt oder der Jesus des Weltuntergangs und des Jüngsten Gerichts? Nach meiner Erfahrung mit dem evan-

---

* Heute die Republik Gabun

gelikalen Christentum lag die Betonung zu sehr auf dem Weltuntergang, der Wiederkehr des Messias und des Richtens über die Sünder. Jesus, das Wunderkind, das auf Erden lebte, mit der Mutter nach Ägypten floh, Zimmermann wurde, zu den Fischern ging, der die Menschen warnte, nicht zu richten, um nicht selbst gerichtet zu werden, sie aufforderte, den ersten Stein zu werfen, und vom Dienst am Geringsten unter uns sprach, war greifbarer und ansprechender als der apokalyptische Jesus. Ich wollte den Weltuntergang nicht erleben oder mit der Vorstellung umgehen, dass Menschen vom Jüngsten Gericht bis in alle Ewigkeit im Höllenfeuer schmoren sollten.

Und dann kam Gaitho mit der Lösung. Der historische und der eschatologische Jesus seien ein- und derselbe. Der historische verkörpere die gesellschaftliche Erfahrung der Gegenwart, der eschatologische die Vision des Kommenden. Der historische Jesus sah den Fall Roms und der Alten Welt und die Entstehung einer Neuen Welt voraus. Die eine Ordnung wurde von einer anderen abgelöst. Das Römische Reich und die gesellschaftlichen Gruppierungen, die sich mit seiner Herrschaft verbündet hatten, sollten gerichtet werden. Der historische Jesus war zugleich universal, weil seine Botschaft vom Ende der alten Ordnung allen Konstellationen, vergangenen, gegenwärtigen und zukünftigen, von Unterdrückern und Unterdrückten gerecht wurde. Wir wandten das auf die koloniale Situation an, in der London Rom war und Gouverneur Evelyn Baring ein moderner Pontius Pilatus. Die Home Guards, die mit dem Kolonialregime kollaborierten, waren die Pharisäer der heutigen Zeit. Das öffnete einem die Augen. Der eschatologische Jesus sprach zu mir: Die koloniale Welt war dem Untergang geweiht. Wir würden frei sein.

Natürlich war das unsere Schlussfolgerung, nicht die von Schweitzer. Ich wunderte mich oft, warum ich ihn so verehrte. Das war zum Teil Gaithos ansteckender Leidenschaft geschuldet. Doch vielleicht entdeckte ich auch einige Parallelen zu

Carey Francis. Für beide stellte Jesus den Mittelpunkt ihres Lebens dar. Beide hatten hohe akademische Positionen für den Dienst in Afrika aufgegeben. Carey Francis aber war eindeutiger: Er wollte den „Geringsten unter uns" dienen. Schweitzer schrieb Autobiographien; Carey Francis hingegen würde nie eine Autobiographie verfassen oder irgendetwas schreiben, das ihm Aufmerksamkeit eintrug. Schweitzer studierte das Leben Jesu; Carey Francis folgte dem Leben Jesu. In einem jedoch stimmten sie völlig überein: im Dienst an der Gemeinschaft durch ihre Beziehung zu Jesus, ungeachtet ihrer jeweiligen Interpretation dieser Beziehung. Meine Liebe zur Freiwilligenarbeit mochte von dieser Hingabe an das Dienen inspiriert sein, die sich im Leben dieser grundverschiedenen Missionare an den gegenüberliegenden Seiten des Kontinents manifestierte.

An der Alliance war es einfach nicht möglich, Shakespeare aus dem Weg zu gehen. Seine Figuren waren ebenso wie seine Analyse gesellschaftlicher Konflikte meine tagtäglichen Begleiter geworden. In den vergangenen vier Jahren war Shakespeare, im Unterricht und danach, zu einem integralen Bestandteil meiner intellektuellen Bildung geworden. Ich verstand nun, warum Gathere jeden Morgen Shakespeares „Macbeth" rezitierte.

Ich freute mich immer darauf zu erfahren, welcher Shakespeare am Schuljahresende auf die Bühne kommen würde. Die „King Lear"-Aufführung 1958 aber hielt mehr als die übliche Faszination bereit. Sie sollte das Ende und den Beginn einer neuen Ära markieren. Ich machte nicht mit, doch ich konnte nicht anders, als meinen Klassenkameraden Andrew Kaingu dafür zu bewundern, dass er für eine so große Rolle vorsprach und sie bekam: Lear dominiert das Stück in den Szenen, in denen er auftritt, und durch den Text, den er spricht. Kaingu musste alles pauken und bei fast allen Proben dabei sein, während er sich gleichzeitig auf die Cambridge-Prüfung vorbereitete, die über seine Zukunft entscheiden würde. Aber er schaffte es. Die letzte Aufführung war ein Meisterstück an Stehvermögen und überzeugender Darstellung der gesamten Gefühlsskala im Leben und Handeln Lears, vom Komischen bis zum Tragischen.

Kaingus Haare waren grau gepudert, um seinen neunzehn Jahren einen Hauch von Alter zu verleihen, aber er brauchte keine grauen Haare, um sein Talent und Können unter Beweis zu stellen. In der Szene mit dem Earl of Gloucester und Edgar wuchs Kaingus Lear über sich hinaus und mischte Vernunft mit spürbarem Wahnsinn: „Hüll in Gold die Sünde, – der starke Speer des Rechts bricht harmlos ab; in Lumpen, – des Pygmäen Halm durchbohrt sie." Diese Zeilen und ihre Darbietung fingen die außerhalb der Mauern der Alliance bestehende Praxis der kolonialen Rechtsprechung ein.

Shakespeare mochte zwar beim kolonialen Establishment beliebt sein, reine Kunst, die man freimütig an den Schulen austeilte, doch seine Darstellung der unverhohlenen Machtkämpfe wie der Konflikte zwischen der feudalen und der neuen bürgerlichen Gesellschaftsordnung, die in „King Lear" dramatisiert sind, antwortete ganz unmittelbar auf den Machtkampf im Kenia der damaligen Zeit. Das Stück spiegelte exakt den blutigen Kampf zwischen den Mau-Mau-Rebellen und den Streitkräften des kolonialen Staates wider. Und wenn man dies weiterdachte, dann stellte Shakespeare die vermeintliche Stabilität des Staates sogar grundsätzlich in Frage; vor den Augen der ganzen Welt dramatisierte er, dass die Macht vom Schwerte herrührt und nur durch das Schwert aufrechterhalten wurde. Shakespeare inspirierte eine Reihe von Dramatikern unter uns Schülern: Henry Kuria, Kĩmani Nyoike, Gerishon Ngũgĩ und Bethuel Kurutu.

Und obwohl sie der offensichtlichen politischen Themen entbehrten, legten die Bemühungen der Schüler die Grundlage für eine Tradition von Stücken in afrikanischen Sprachen, vor allem auf Kiswahili, und für ein Theater, an dem die gesamte Gemeinschaft beteiligt war. Während sich die Produktionen in englischer Sprache an das Schulpublikum richteten und häufig auch von der englischsprechenden kolonialen Elite besucht wurden, zielten die Kiswahili-Produktionen auf die Gemeinschaft als ihr wichtigstes Publikum. Dennoch war es Shakespeare, der die lokale Tradition inspirierte, die lebendig demonstrierte, dass das Kiswahili ein gleichberechtigtes Medium der schöpferischen Fantasie war.

Trotz der willkommenen Ablenkung durch Shakespeare hatte ich die große akademische Hürde nicht vergessen, die noch vor mir stand. Alljährlich hatte die Alliance ihre Absolventen zahlreich und regelmäßig nach Uganda an das Makerere College in Kampala geschickt, was selbst bei den fanatischsten der gebildeten Siedlerfreunde mit Bewunderung zur Kenntnis genommen wurde. Einige Alliance-Absolventen hatten Studienplätze im Ausland ergattert, am begehrtesten aber war eine Zulassung am Makerere, die einzig und allein von der eigenen Leistung in den heftig umkämpften Prüfungen abhing. Ich wollte zu den Auserwählten gehören.

Also versteckte ich mich für den Rest des Schuljahres hinter Buchdeckeln und Unterrichtsmitschriften. Es gab Schüler, die für Geschichte die Daten auswendig lernten, die Formeln für Physik und Chemie paukten und für Biologie die Fakten zu Pflanzen und Tierleben. Und wie bei allen anderen Prüfungen auch gab es jene, die so redeten, als wüssten sie bereits die

Passagen aus Shakespeare, Bernard Shaw oder H.G. Wells, auf denen die Fragen zur Literatur beruhen würden. Fakten pauken war nicht mein Fall, noch weniger, sie zu behalten und abzurufen. Mich interessierte das Verstehen von Prozessen. Wann immer ich also andere Jungen über Erdkunde und Geschichte reden hörte, wie sie die unzähligen Fakten und Zahlen herbeteten, wurde ich leicht nervös, obwohl ich ähnliche Ängste bereits durchlebt hatte.

Es gab jedoch ein Gebiet, auf dem ich die Herausforderung offen annahm. Alle acht Fächer, einschließlich der Mathematik, waren Pflichtfächer; man musste in jedem eine Prüfung ablegen. Es gab aber auch ein Wahlfach, die weiterführende Mathematik. Sie zählte weder für das Prüfungsergebnis, noch spielte sie bei der Zulassung zur Universität eine Rolle. Es ging nur um das intellektuelle Ego. Weiterführende Mathematik stellte einen Tick höhere Anforderungen und war anspruchsvoller als die gewöhnliche Mathematik. Die meisten Schüler gingen ihr wegen der vermeintlichen Schwierigkeit aus dem Weg, oder aber ganz offen, weil das zusätzliche Vorbereitungsstunden mit sich brachte, die man ebenso gut in das investieren konnte, was zählte. Aus einem Impuls heraus erwähnte ich gegenüber meinem Freund Joseph Gatuiria, dass ich mir nicht sicher sei, ob ich die Prüfung in weiterführender Mathematik ablegen sollte oder nicht. Gatuiria lachte laut auf. „Aussichtslos, dass du in weiterführender Mathematik bestehst. Du bist nicht Asinjo", sagte er mit Blick auf den besten Schüler in Mathematik aus der Klasse von 1958. Asinjo war präziser. Mein Lösungsweg mäanderte und war von Gerümpel gesäumt, Asinjo ging immer den kurzen und sauberen Weg. Gatuirias Skepsis wurde zur Herausforderung. Ich wollte es mit der weiterführenden Mathematik aufnehmen.

Die Prüfungen für das Overseas Cambridge School Certificate begannen am Montag, dem 24. November. Die letzte Schulversammlung und die letzte Rede mit Carey Francis in der Hauptrolle fanden am Donnerstag, dem 4. Dezember statt, einen Tag vor der letzten schriftlichen Prüfung. Sein Auftritt erinnerte ein bisschen daran, wie Jesus seine Jünger aussandte, alle Völker zu lehren und sie im Namen des Vaters, des Sohnes und des Heiligen Geistes zu taufen. Carey Francis verlas unseren Auftrag, zweifellos denselben, den er, seit er 1940 die Alliance übernommen hatte, allen Absolventen vorgelesen hatte:

In Frieden tretet in die Welt;
Seid guten Mutes;
An dem, was gut ist, haltet fest;
Stärkt die Kleinmütigen;
Stützt die Schwachen;
Helft den Geplagten;
Ehrt alle Menschen;
Liebet und dient dem Herrn.

Das war's. Der offizielle Abschied aus dem Haus des Hüters. Und so saß ich am 5. Dezember in meiner letzten Prüfung und befand mich in einer Zwischenwelt. Ich war kein Alliance-Schüler mehr und noch kein richtiger Ehemaliger, war nicht mehr in der Schule und noch nicht in der Welt. Danach wusste ich ohne jeden Anflug eines Zweifels, dass meine Tage an der Alliance zu Ende waren.

Ein letzter Auftritt blieb noch, mit dem meine endgültige und formale Trennung von der Alliance besiegelt wurde: Das Leaving School Certificate. Carey Francis persönlich überreichte es jedem Schüler, einem nach dem anderen. Als ich in das Büro trat, dachte ich an meine Begegnungen mit ihm, auf dem Schulgelände, in der Kapelle, im Unterricht, überall, denn er schien allgegenwärtig zu sein, selbst wenn er nirgendwo zu sehen war.

Tatsache ist, dass die Alliance meiner Zeit die Alliance von Carey Francis war, und Carey Francis war die Alliance. Alles war von seiner Persönlichkeit geprägt: das stets sorgfältig getrimmte Gras; die nur der Gottesfürchtigkeit untergeordneten Reinlichkeitsinspektionen; die Sauberkeit von Herz und Verstand, die sich in einem durch Sport und rigorose Prüfungen des Durchhaltevermögens gestählten Körper manifestierte; der Alltag von den morgendlichen Gebeten bis zu den abendlichen Schulaufgaben. Sie prägte das Verhalten des Kollegiums und der Schüler gleichermaßen, vor allem, wenn er selbst zugegen war. Sogar Würdenträger, die die Schule besuchten, angefangen vom Gouverneur und hohen Regierungsbeamten bis hin zu durchreisenden britischen Parlamentsmitgliedern, nahmen in seiner Gegenwart einen besonderen Hauch von Würde an. Nicht, dass er irgendwelche Ehrerbietung eingefordert hätte; es lag einfach an der Art, in der er sein Leben als Oberhaupt der Alliance-Familie führte, und am Ansehen, das ihm dadurch zugewachsen war. Er führte die Alliance-Familie unter dem Leitbild der einzigen Autorität, die er anerkannte und der er Gehorsam geschworen hatte: Jesus. In einem 1944 an Reverend H. M. Grace geschriebenen Brief über S. G. Young brachte Edward Carey Francis zum Ausdruck, was er von den Lehrern der Alliance erwartete:

„Wir brauchen einen Mann (eigentlich mehrere), der einen Abschluss hat, unterrichten kann, bereit ist zu arbeiten und willig, überall da Hand anzulegen, wo es erforderlich ist. Er muss mehr sein als ein bloßer Lehrer, ihm müssen die Jungen am Herzen liegen. Er muss

Christ sein – wir bemühen uns (mit sehr bescheidenem Erfolg), das bei allem in den Mittelpunkt zu stellen. Dabei ist mir egal, welcher Richtung, solange es nur echt ist und solange er bereit ist, unvoreingenommen mit Lehrern anderer Richtungen zusammenzuarbeiten, die alle demselben Herrn dienen."

Er hatte sich selbst beschrieben. Seine zielstrebige Hingabe an dieses Ideal verlieh ihm eine innere Stabilität, deren Gewicht alle spürten, die ihn umgaben. Von Kopf bis Fuß war er der Kiplingsche Charakter, der mit Königen speisen konnte und doch seine Bodenhaftung nicht verlor, der Fels, der – in Niederlage und Erfolg – unverrückbar fest stand.

Nur ein einziges Mal entdeckte ich einen Riss in diesem Felsen. Es war am Nachmittag des 22. Februar 1958, an einem Dienstag, während eines Besuchs seines alten Kommilitonen aus der Cambridge-Zeit, Bishop Stephen Neill. Sogar die Art, wie Carey Francis ihn uns, der A-Klasse des vierten Jahrgangs, vorstellte, zeigte deutlich, dass er zu ihm aufblickte. Bishop Neill sprach über die anglikanische Kirche, wahrscheinlich war es eine Zusammenfassung der Überlegungen aus seinem Buch über den Anglikanismus. Und plötzlich begann Carey Francis zu weinen, angerührt von einigen Worten Neills, und Tränen flossen ihm über die Wangen. Ich könnte nicht sagen, was genau Neill gesagt hatte, dass es ihn derart berührte. Vielleicht war es die Formulierung „via media", die sich mit Mittelweg zwischen Extremen übersetzen lässt und beschreibt, was Carey Francis im Innersten ausmachte. Was immer es war, es schien, als käme Neill geradewegs von einer Konferenz mit Jesus und überbrächte ihm eine himmlische Botschaft. Neill schien nicht überrascht. Er veränderte nicht einmal seinen Tonfall. Er musste so etwas schon einmal erlebt haben. Ich aber war schockiert. Das war eine Seite an Carey Francis, die ich noch nicht gesehen hatte.

In ihm wohnten noch weitere Widersprüche. Einmal erklärte er während einer Mathematikstunde, dass ihm in seiner ganzen Zeit an der Alliance mit David Wasawo lediglich ein einziger Junge untergekommen sei, der allein auf Grund seiner Fähigkeiten in Cambridge zugelassen werden könnte*. Und gleichzeitig stand da jemand, der sein Leben der Aufgabe verschrieben hatte, die Jungen der Alliance dahin zu führen, dass sie sich in allem hervortaten, was sie unternahmen, und der sich freute, wenn sie in egal in welchem Wettstreit den Jungen von der Wales und der York das Licht ausbliesen.

In einem Vortrag, den er am 31. März 1955 bei einer gemeinsamen Veranstaltung der Royal African Society und der Royal Empire Society in London hielt, sagte er, die Afrikaner seien, abgesehen von der Tatsache, dass sie aus ärmeren, weniger gut ausgestatteten Verhältnissen kämen,

> „... den englischen Jungen im Wesentlichen ebenbürtig. Sie würden, was Intelligenz, sportliches Können, Geschicklichkeit, Höflichkeit, Mut und Vertrauenswürdigkeit anbelangt, einem Vergleich mit den Schülern in den europäischen Schulen in Kenia und dem mit einer guten Schule hier im Land standhalten, auch als Gentlemen."**

Er war, wie ich Jahre später erfahren sollte, davon überzeugt, die Mau Mau sei durch und durch schlecht und habe Afrikanern wie Europäern gleichermaßen viel Leid gebracht; doch sei sie eine Widerstandsbewegung, die einen berechtigten

---

* Wasawo machte später sein Mathematik-Diplom in Cambridge und unterrichtete Mathematik an der University of Nairobi

** Edward Carey Francis: „Kenya's Problems as seen by a Schoolmaster in Kikuyu Country", in: African Affairs, vol. 54, No. 216, (July 1955). Alle weiteren Zitate in Anführungen ebenda.

nationalistischen Kampf gegen eine ausländische Besatzung führe, und wie die Widerstandbewegungen im Zweiten Weltkrieg kämpfe die Mau Mau nicht allein gegen die europäischen Eindringlinge, sondern, und das sogar noch heftiger, gegen die afrikanischen Kollaborateure. Er habe Vertrauen in das britische Empire und die großen Traditionen, für die es stehe. Er glaube, dass die Kolonialverwaltung im Gegensatz zu den politischen weißen Siedlern integer sei und im Wesentlichen gute Absichten verfolge; und eben weil er an das Empire glaube, unternehme er Anstrengungen, die Verfehlungen, die den kolonialen Streitkräften unterliefen, zu dokumentieren und sie den Autoritäten an höherer Stelle der Kommandokette vorzulegen. In einigen Gegenden, erklärte Carey Francis der Versammlung der Royal Africa Society und der Royal Empire Society, wüsste der Durchschnitts-Gĩkũyũ kaum, wen er mehr fürchten müsse, die Mau Mau oder die Kräfte von Gesetz und Ordnung. „Beide haben Menschen beraubt, geschlagen, verschleppt und getötet, und es gibt kaum Hoffnung auf Wiedergutmachung. Sie versuchen es selten einmal. Denn an wen sollten sie sich auch wenden?" Leidenschaftlich rief er der Versammlung zu: „Wir werden die Mau Mau nie zerschlagen, wenn wir Gangster töten oder diejenigen einsperren, die den Schwur geleistet haben; wir werden sie nur zerschlagen können, wenn wir die Grundlagen beseitigen, auf denen sie beruht, indem wir ihnen zeigen, dass wir keine feindlichen Eindringlinge sind." Carey Francis war in der Tat ein Mysterium.

Nun stand ich also wieder in seinem Büro und zum letzten Mal dem Mann gegenüber, dessen Geist während meiner gesamten vier Jahre über der Schule gelegen hatte. Er fragte mich, ob ich wüsste, was ich bis zum Eingang der Cambridge-Ergebnisse machen wollte. Ich würde an einer Grundschule namens Kahũgũinĩ unterrichten. Obwohl ich noch nie dort gewesen war, versuchte ich zu erklären, wo sie sich befand, aber er kam mir zuvor. Ist das in Gatũndũ? Ich sagte Ja. Dann gab er mir als Vorbereitung auf die Versuchungen draußen in der Welt einige Sätze mit auf den Weg. Und er hatte einen Rat für mich: Was immer du auch tust, werde niemals Politiker. Alle Politiker, schwarze, weiße oder braune, sind Halunken durch und durch.

Ich nahm das Blatt Papier, meine Beurteilung, entgegen. Sie bescheinigte mir Charakter. Eine Bemerkung stach allerdings hervor: Er hat Pioniergeist an den Tag gelegt. Ich sah Carey Francis an. Ich sah mich nicht als Pionier. Aber ich schätzte diesen Kommentar mehr als alles andere, denn er konnte sich nur auf meine Teilnahme an den Arbeits- und Freizeitcamps beziehen. Meine Aktivitäten in Mutonguini und am Steilhang waren nicht unbemerkt geblieben. Danke, Mr. Francis, danke, Alliance.

Auf dem Appellplatz vor seinem Büro, auf dem ich am 20. Januar 1955 zum ersten Mal aus dem Bus gestiegen war, traf es mich dann wie ein Schlag. Jetzt hatten wir Dezember 1958. Das Blatt Papier in meiner Hand bestätigte, dass ich nach vier Jahren für immer verließ, was Carey Francis gern als Oase in der Wüste bezeichnete. Die Wüste und die Oase bedingten einander. Einst hatte ich sie als Refugium gesehen, vor dessen Toren die Bluthunde lauerten, und doch schien das Heulen der Bluthunde im Laufe der Zeit, über die vier Jahre hinweg, zu einem fernen Winseln geworden zu sein. Nun warteten vor diesen Mauern menschliche Stimmen, die denen der Bluthunde gleichkamen oder sie sogar übertönten. Ich spürte Freude und Schrecken zugleich. Ich ließ die Mauern hinter mir, um mich ins Unbekannte zu stürzen.

Doch hatte ich fast schon vergessen, dass die Bluthunde noch immer vor den Toren lauerten, keuchend, wartend, bereit zuzufassen ...

1959

*Eine Geschichte
von den Bluthunden vor dem Tor*

Freitag

Die Geschichte von den Bluthunden nimmt im April 1959 ihren Anfang, vier Monate nach meinem Abgang von der Alliance. Ich sitze am Fenster, ziemlich weit hinten im Bus von Nairobi nach Limuru. In der Nähe von Banana Hills hält uns die Polizei an einer Straßensperre an. Zwei Polizisten, der eine mit einer Maschinenpistole, der andere mit einem Gewehr bewaffnet, stürzen herein und brüllen: „Nicht bewegen!" Sie werden mir als Mr. Machine Gun und Mr. Rifleman im Gedächtnis bleiben. Mr. Machine Gun bleibt an der Tür stehen, um zu verhindern, dass jemand aussteigt. Mr. Rifleman geht schnell durch den Mittelgang; dann entspannt er sich, wirft das Gewehr über die rechte Schulter und verlangt, am Einstieg beginnend, Personalausweise und Steuerbescheinigungen. Obwohl daran in einem Land, das sich seit 1952 im Ausnahmezustand befindet, nichts Ungewöhnliches ist, schockt mich das Schauspiel jedes Mal aufs Neue.

Bislang ist es ein Freitag der dreifachen Freuden. Ich habe gerade einen vollen Monatslohn und auch die Nachzahlung für drei Monate als ungelernter Lehrer an der Kahūgūinī Primary School in Gatūndū erhalten, an der ich nach dem Abgang von der Alliance seit Januar unterrichte. Ich hatte nur einen Anteil des Lohns bekommen, weil die Prüfungsergebnisse des Overseas Cambridge School Certificates, das ich im Dezember abgelegt habe, noch ausstanden. Es mag nicht viel sein, selbst mit den Zahlungen für die vier Monate nicht, doch fünfzig Pfund sind die größte Summe, die ich je in Händen gehabt habe.

Mit einem Teil davon will ich meine Garderobe auffrischen. Das ist wichtig für ein neues Selbstgefühl. An der Alliance waren lange Hosen nicht erlaubt. Selbst Schuhe blieben ausschließlich den Samstagen und Sonntagen vorbehalten. Die Schule wollte so verhindern, dass die Kleidung soziale Unterschiede widerspiegelt und vertieft. Die Vorschrift fand ich in Ordnung, weil ich mir die zusätzlichen Ausgaben nicht hätte leisten können. Nach dem Abgang von der Schule aber wollte ich den Unterschied zwischen dem Lebensstil der Alliance und dem der Zeit danach hervorheben, so wie ich das bei meinen Vorgängern gesehen hatte.

Heute Mittag hatte ich Kenneth gebeten, mich zu einem indischen Schneider zu begleiten, bei dem ich vor einiger Zeit maßgeschneiderte graue Wollhosen in Auftrag gegeben hatte. Sie seien aus Gabardine oder Kammgarn, hatte der Ladenbesitzer erklärt. Sehr teuer. Damals konnte ich nur eine Anzahlung leisten und wollte den Rest in Raten abzahlen. Jetzt, mit dem vollen Monatslohn und den Nachzahlungen, war ich in der Lage, die verbliebene Summe zu begleichen. Ich konnte es kaum erwarten, die neue Hose anzuziehen und die alte in einer Kiste zu verstauen. Als ich sie angezogen hatte, schritt ich durch den Laden und sah von Kopf bis Fuß aus wie ein angehender Student. Sogar Kenneth, der gewohnt war, lange Hosen zu tragen, weil er schon länger als Lehrer arbeitete, war beeindruckt und bestellte sich auch eine maßgeschneiderte Hose.

Noch zwei weitere Neuigkeiten haben, neben dem vollen Lohn und den neuen Hosen, den Wert dieses Freitags erhöht. Ich habe das Cambridge School Certificate in englischer Sprache, Geschichte, Physik und Chemie sowie Biologie mit Auszeichnung bestanden. Nur Henry Chasia war noch ein wenig besser. Auch in weiterführender Mathematik habe ich sehr gut abgeschnitten. In meiner Tasche befinden sich die Zulassungspapiere für das Makerere University College. Ich bin einer von neunzehn Alliance-Schülern, die das geschafft haben. Ich hatte die Papiere mit nach Kīambu in die Zentrale genommen, als Beweis, dass ich die Prüfungen bestanden hatte, was die

Voraussetzung dafür war, dass ich die Nachzahlungen erhielt, aber auch, weil es mich stolz machte, sie bei mir zu haben. Den ganzen Morgen über, umgeben vom Gedränge alteingesessener und neuer Lehrer, die wie üblich aus dem gesamten Distrikt in die Zentrale gekommen sind, um ihren Lohn abzuholen, wollte ich am liebsten allen meine Papiere zeigen, damit sie sehen konnten, dass ich Absolvent der Alliance und angehender Student bin. Doch ich tat es nicht. Meine Mutter soll die Erste sein, die es erfährt. Diese gute Nachricht ist das Ergebnis des Paktes, den wir vor zwölf Jahren geschlossen hatten.

Ich war so begierig darauf, nach Hause zu kommen, dass ich in Nairobi sogar die drängenden Bitten Patricks und Kenneths ablehnte, sich noch zu dritt die Zeit in der Großstadt zu vertreiben und einen späteren Bus nach Limuru zu nehmen. Der Gedanke an das Lächeln auf dem Gesicht meiner Mutter, wenn ich ihr die Zeugnisse und das Geld in den Schoß legte, verbot mir zu bleiben. Und nun diese verlorene Zeit in Banana Hills!

Es ist einfach nur lästig. Unangenehm. Ansonsten sehe ich nicht, was mich das angehen sollte. Ich bin nie ohne Pass unterwegs; er belegt meinen Status als Schüler. Klar, ich bin nicht mehr an der Alliance, aber zum Glück habe ich die Zulassungspapiere für Makerere im Juli. Passagiere ohne Pass, Steuerbescheid oder Ausweispapiere werden aus dem Bus getrieben, wo andere Soldaten ihnen befehlen, sich in Zweierreihe am Straßenrand hinzuhocken. Es ist immer das Gleiche, aber es geht mich nichts an, und ich träume weiter vor mich hin.

Ein Schlag auf meine Schulter und eine bellende Stimme schrecken mich auf. Ich schaue hoch und sehe in das übellaunige Gesicht von Mr. Rifleman.

„Bist du betrunken oder was? Zeig mir mal deine Steuerpapiere."

„Ich bin Schüler", antworte ich. „Ich bin gerade von der Schule abgegangen. Von der Alliance High School", füge ich hinzu, um Eindruck zu schinden.

„Ist das etwa die Richtung zur Alliance?"

„Nein. Ich fahre nach Hause. Nach Limuru."

„Woher kommst du? Aus der Schule?"

„Aus Kahũgũinĩ. In Gatũndũ."

„Gatũndũ? Kommt da nicht Kenyatta her?"

„Kahũgũinĩ ist nicht Gatũndũ", sage ich, doch das ist nur die halbe Wahrheit.

„Bist du Anhänger von Kenyatta?"

„Ich bin Schüler", antworte ich ausweichend.

„Ist die Alliance etwa in Kahũgũinĩ?"

„Nein. Die ist in Kikuyu. Carey Francis, der Mathematiker, ist dort Direktor, wie Sie sicherlich wissen."

„Und Carey Francis hat dir aufgetragen, keine Kopfsteuer zu zahlen?"

„Nein, ich bin doch nur Schüler."

„Und was machst du dann in Kenyattas Wohnort?"

„Ich war in Kahũgũinĩ", erwidere ich, um den Unterschied deutlich zu machen. Ich erkläre ihm, dass ich dort eine befristete Anstellung habe, um die Zeit bis zur Bekanntgabe der endgültigen Prüfungsergebnisse zu überbrücken. Mr. Rifleman unterbricht mich.

„Ah, dann bist du also Lehrer. Und ich nehme an, dass du da nicht umsonst unterrichtest, oder?"

„Nein, aber ..."

„Treib keine Spielchen mit mir. Zeig mir deinen Steuerbescheid."

„Ich habe keinen. Sehen Sie sich diese Unterlagen an. Im Juli gehe ich an die Makerere in Uganda. Erstsemester an der Universität."

Er lacht laut. Inzwischen haben sich alle Passagiere zu uns umgedreht. Er spielt extra für sie. Er ruft nach Mr. Machine Gun, dem anderen Polizisten.

„Komm mal her und sieh dir den an. Sagt, er ist ein Prinz von der Alliance und auf dem Weg an die Makerere, um dort den *Kabaka* zu treffen, den König von Buganda, und ist sich zu wichtig, um Steuern zu zahlen."

Er schwenkt weiter die Papiere, die zu lesen er sich gar nicht die Mühe gemacht hat. Ich hätte weder die Alliance noch Makerere oder Uganda erwähnen sollen.

„Willst du damit sagen, dass du gebildeter bist als Dr. Julius Kĩano?"

Ich bemühe mich, den Sarkasmus zu ignorieren.

„Nein", antworte ich.

„Dann pass mal auf. Sogar Julius Kĩano, Tom Mboya und Oginga Odinga zahlen Steuern"*, sagt er, klatscht mir die Dokumente in den Schoß und befiehlt mir auszusteigen. Er zerrt mich buchstäblich vom Sitz und schiebt mich den Mittelgang hinunter. Mr. Machine Gun, der nicht hinter Mr. Rifleman zurückstehen will, stößt mich hinunter, wo ein anderer Polizist mich an das Ende der Gefangenenreihe beordert. Es müssen noch andere Opfer aus früheren Bussen darunter sein, denn die Reihe ist ziemlich lang.

Ich hege immer noch die Hoffnung, dass sich das Missverständnis aufklärt und sie einsehen, dass ich nicht so tun wollte, als wäre ich wichtiger als irgendeine andere Person, indem ich die Alliance und Makerere erwähnte, und dass sie mich wieder in den Bus lassen werden. Doch dann fährt der Bus ab. Mit sinkendem Mut sehe ich ihn in der Ferne verschwinden. Bald darauf wird auch die Straßensperre aufgelöst, und Mr. Rifleman und Mr. Machine Gun fahren in einem Jeep weg. Andere, auch sie mit Gewehren bewaffnet, bewachen uns weiter,

---

* Die drei genannten waren prominente Mitglieder der AEMO

aber das sind Untergebene, die uns nichts über die nächsten Schritte sagen wollen oder können. Das Ganze ist absurd. Ich habe eine Menge Geld in der Tasche und habe die Papiere für Makerere. Ich werde meine Mutter heute nicht mehr sehen und zu Hause weiß niemand über mein Schicksal Bescheid.

Und dann, in diesem Augenblick, kommt ein weiterer Bus aus Nairobi an und hält. Neugierig wegen der langen Reihe am Boden hockender Leute, schauen die Passagiere aus dem Fenster. Unter ihnen Kenneth und Patrick. Sie steigen aus und fragen, was los ist, aber unsere Bewacher zucken nur die Achseln. Was sie mit den Gefangenen vorhaben? *„Shauri ya Wakubwa"*, sagen sie, erlauben mir aber mit Kenneth zu reden. Ich gebe ihm den Großteil des Geldes und das Paket mit meinen alten Sachen, damit er es zu meiner Mutter bringt. Ihr Bus fährt ohne mich weiter, aber jetzt habe ich wenigstens den Trost, dass jemand meiner Familie die Nachricht meiner Verhaftung überbringen wird. Und meine Mutter wird etwas von dem Geld bekommen, auch wenn ich mir das nicht so vorgestellt hatte.

Sie lassen uns in der Sonne braten, bis der letzte Bus durch ist. Wenigstens haben sie uns erlaubt, uns zu setzen, anstatt zu hocken, und ich bin für diese kleine Gnade dankbar. Meine Sorgen werden größer. Das liegt nicht nur an der Ungewissheit, was als Nächstes geschehen wird. Selbst wenn man mich freiließe, wüsste ich nicht, was ich machen, wo ich die Nacht verbringen oder wie ich die zwanzig Kilometer nach Limuru zurücklegen sollte. Ich weiß, dass meine Tante Kabera bei Banana Hills wohnt, weil sie hierher geheiratet hat, aber ich weiß nicht genau, wo sich ihr Gehöft befindet. Ich hänge in der Luft. Der Wahnwitz meiner Lage steigert sich. Ich versuche, die Ereignisse des Tages aneinanderzureihen, um der ganzen Sache einen Sinn zu geben.

Am Morgen war ich noch der geachtete Lehrer an der Kahūgūinī. Lehrer zu sein, war nicht meine erste Wahl, auch nicht befristet, solange ich auf die Zulassung zur Universität wartete. Ich hatte eigentlich Journalist werden wollen und hatte mich vorgestellt, alsder Chefredakteur des East African Standard, der einzigen großen englischsprachigen Zeitung in Kenia, Bewerbungsgespräche an der Alliance führte, doch ohne Erfolg. Als ich dann angefangen hatte zu unterrichten, entwickelte ich irgendwie ein Gefühl für das Lehrersein und dachte nicht mehr an meine journalistischen Ambitionen. Ich empfand eine enge Bindung zu meinen Schülern. Der Schulleiter, Kīmani Ware, der seinen Familiennamen aussprach, als handelte es sich um das Wort, das im Englischen so geschrieben wird, hatte einen Hang zum Dramatisieren, sodass nur wenige Wochen nach meinem Dienstantritt alle in der Gegend wussten, dass er ein Genie von der Alliance in seinem Kollegium hatte. Als die Ergebnisse der Cambridge-Prüfung im East African Standard veröffentlicht wurden, trug Kīmani Ware die entsprechende Seite als Beweis für diese Behauptung mit sich herum.

An diesem Morgen waren wir gemeinsam von der Kahūgūinī nach Kīambu gefahren, und er hatte mich später, nachdem wir unseren Lohn abgeholt hatten, gedrängt, mit ihm nach Thika und Kahūgūinī zurückzukehren, und mir auch angeboten, mich am nächsten Tag nach Limuru zu begleiten. Aber das hatte ich abgelehnt. Ich musste nach Hause zu meiner Mutter und mit ihr den Erfolg unserer Paktes feiern.

Nun sitze ich hier am Straßenrand und weiß nicht, was als Nächstes geschehen wird.

Schließlich kommt der Jeep zurück, mit dem Mr. Machine Gun und Mr. Rifleman weggefahren waren; die Soldaten flüstern unseren Bewachern etwas zu und fahren wieder. Zu guter Letzt doch noch eine Entscheidung, wenn auch nicht zu unseren Gunsten. Sie lassen uns in Zweierreihe antreten und eskortieren uns zum Home-Guard-Posten in Thĩmbĩgwa. Der Posten besteht aus einem steinernen Hauptgebäude mit Blechdach, um das einige hölzerne Gebäude so angeordnet sind, dass sich ein offener Innenhof bildet. Das Gelände ist von einem Stacheldrahtzaun umgeben. Wir werden in einen Raum gepfercht, in dem es fast völlig dunkel ist. Alle anderen Räume in der Kaserne sind belegt. Es muss eine Großrazzia gegeben haben; unser Bus war als Letzter ins Netz gegangen. Hätte ich doch nur auf Kenneth und Patrick gehört oder auch auf Kĩmani Ware, dann wäre ich nicht in ihr Schleppnetz geraten. Ich will nicht vor Selbstmitleid vergehen, verstehe aber nicht, wie sich der Gang der Ereignisse von der Hoffnung am Morgen zur Verzweiflung am Abend wandeln konnte.

Und dann kommt es zu einem plötzlichen Bruch im Ablauf. Good Wallace und mein Halbbruder Joseph Kabae kommen mich besuchen. Ich spüre, wie mir die Tränen aufsteigen. Kenneth hat also die Nachricht überbracht.

Immer wenn ich jetzt an Good Wallace denke, steht mir das Bild vor Augen, wie wir uns in Ngenia durch den Stacheldrahtzaun hindurch unterhalten, aber das wird schnell von dem anderen Bild verdrängt, das ihn zu Hause zeigt: die Wiedervereinigung der Familie nach seinen Qualen in den Bergen und dem Konzentrationslager. Wir begriffen, wie knapp er dem Tod entronnen war, als die Welt im März von dem Massaker an elf politischen Insassen des Hola Camps erfuhr. Als Hartgesottene gebrandmarkt, weil sie weiter Widerstand leisteten, waren sie zu Tode geprügelt worden. Der Horror von Hola machte die Welt mit einem Mal auf die Wirklichkeit aufmerksam, unter der die Kenianer bereits seit sieben Jahren, seit Ausruf des Ausnahmezustands 1952 litten. Sogar in den heiligen Hallen von Westminster forderten Labour-Abgeordnete Antwort von Premierminister Harold Macmillan. Schließlich war Kenia immer noch eine britische Kolonie. Als Good Wallace entlassen wurde, erzählte er uns, wie viel Glück er hatte, in der gesamten Zeit seines Lageraufenthalts nie so etwas wie den Horror von Hola erleben zu müssen.

Good Wallace versetzte mich immer wieder in Erstaunen. Als er Ende 1957 entlassen wurde, hatte er seinem Leben einen neuen Sinn gegeben, vom ehemaligen Zimmermann, Guerillakämpfer und Kriegsgefangenen zum Kleinhändler auf dem Markt, der Nahrungsmittel kaufte und verkaufte und sich damit gerade so über Wasser hielt. Er wollte sich um nichts in der Welt unterkriegen lassen.

Und nun, nur wenige Monate später, steht er meinetwegen hier, zusammen mit Joseph Kabae. Mir fällt auf, dass Good Wallace einen Schritt hinter Kabae stehenbleibt, der das Reden übernommen hat. Sogar in Zivilkleidung hat Kabae sein militärisches Auftreten nicht verloren; ein Überbleibsel aus seiner Zeit als Angehöriger der *King's African Rifles* im Zweiten Weltkrieg. Er raucht Kette, und wie er die Kippe langsam und sorgfältig unter der Schuhsohle ausdrückt oder gekonnt mit den Fingern wegschnippt, verleiht ihm einen Anflug von Autorität. Er ist es gewohnt zu befehlen, und so fällt es ihm nicht schwer, Dienstbereitschaft auszulösen und die Erlaubnis zu erhalten, mit mir zu reden. Sie lassen mich aus der Reihe heraustreten, und Kabae verwickelt die Wärter in ein Gespräch, um Good Wallace und mir Zeit zum Reden zu geben. Er erzählt mir hastig ein paar weitere Einzelheiten über den Tag, an dem er aus den Bergen herabstieg und sich Chief Karūga stellte.

Good Wallace berichtet, dass er am Abend, bevor er sich in Karūgas Haus ergab, unter den Kaffeesträuchern unweit von hier schlief, dass ihm kalt war, er Hunger hatte und einsam war und nicht wusste, ob er, wenn man ihn fasste, auf der Stelle erschossen oder in Gīthūngūri gehängt werden würde. Er versucht, mir Mut zu machen, die Hoffnung nicht aufzugeben. Er versichert mir, dass Kabae seine Kontakte in der Verwaltung nutzen wird, meine Freilassung zu erreichen. Als er Kälte und

Hunger erwähnt, meldet sich mein Magen. Sie werden mir etwas zu essen bringen, sagt er, und das tun sie kurze Zeit später auch: einen Laib Brot. Kabae wiederholt ständig, dass ich kein Gesetz gebrochen habe; er wird für meine Freilassung sorgen. Die Wärter, mit denen er sich unterhalten hat, sind Untergebene ohne jegliche Befugnis, der Insassen wegen irgendetwas zu veranlassen. Die Verhandlungen zu meiner Freilassung müssten deshalb auf den nächsten Tag warten.

Während ich ihnen, als sie gehen, hinterhersehe, wird mir die Ironie dieser Situation bewusst. Noch vor nicht allzu langer Zeit waren sie drinnen und ich draußen und ich schaute hilflos ihrem brüderlichen Totentanz zu, bei dem Kabae auf Seiten der Regierung stand und Good Wallace in den Bergen war. Der Optimismus, den ich in ihrer Gegenwart gespürt hatte, erlischt. Aber sie haben mir meine Entlassung zugesichert. Es geht nur darum, die Nacht zu überstehen.

Wir sind in der Dunkelheit zusammengepfercht, können uns nicht einmal hinsetzen. Ich weiß nicht, was ich tun soll, wenn ich mal muss. Ich ahme nach, was ich bei den anderen gesehen habe. Rufend bitte ich um Erlaubnis, unter Bewachung draußen auf die Toilette gehen zu dürfen. Meine Stimme ist zu schwach, und die anderen bringen ihr Mitgefühl zum Ausdruck, indem sie an meiner Stelle nach dem Wärter brüllen. Die Blase geleert, stehe ich jetzt wieder inmitten der anderen. Nein, das halten meine Füße nicht aus; ich drängle mich in eine Ecke, lasse mich zu Boden gleiten und setze mich hin, den Rücken gegen die Wand gelehnt.

Inzwischen hat die Nachricht die Runde gemacht, dass sich unter den Insassen ein Gefangener aus der Alliance befindet.

Sie drehen sich zu mir um, geisterhafte Stimmen in der Dunkelheit, neugierig. Ich kann auf ihre Fragen nur antworten, dass ich nichts weiß, und ihr Mitgefühl treibt mir die Tränen in die Augen. Ich mag zwar der Jüngste von allen sein, aber ich darf dem Kummer nicht erliegen, nicht einmal stumm vor mich hin schluchzen. Ich kann die Tränen nur zurückhalten, wenn ich mich selbst dem nachdrücklichsten Mitleidsflüstern gegenüber taub stelle. Ich ziehe mich in mich selbst zurück. Ob es im Bus etwas geholfen hätte, wenn ich verschwiegen hätte, dass ich Absolvent der Alliance und angehender Student bin? Ich bezweifle es. Ich habe das Gefühl, alles schon einmal erlebt zu haben, dass das, was mir hier geschieht, in das Muster passt, das meinen Pfad seit jenem Januar vor vier Jahren, als sich die Tore der Alliance öffneten und ich eintrat, beharrlich verfolgt hat. Ich denke an meine Heimkehr nach Limuru am Ende des ersten Trimesters, als ich entdecken musste, dass mein vertrautes Zuhause verwüstet worden war.

Der Weise, der einst sagte, dass Ereignisse der Geschichte zwei Mal stattfinden, zuerst als Tragödie und beim zweiten Mal als Komödie, hätte meine augenblickliche Lage gemeint haben können. Der Posten von Thĩmbĩgwa, in dem ich jetzt festgehalten werde, könnte eine Kopie des Gemeinschaftsgefängnisses sein, das zu errichten ich vor vier Jahren mitgeholfen hatte. Der Schock jener ersten Heimkehr hatte die Gestalt einer Tragödie. Die Gegenwart aber ist Komödie ohne jedwedes Lachen. Was kann diese Absurdität übertreffen, dass man mich jetzt im Gefängnis festhält, nur weil ich nichts Kriminelleres getan habe, als zu sagen, ich sei an der Alliance gewesen?

Mich mit diesen Erinnerungen herumzuschlagen, hat nicht geholfen, den Schmerz zu lindern, den ich empfinde, noch die Demütigung zu betäuben. Nach zehn darf keiner mehr nach draußen auf die Latrine. Die Dunkelheit verbirgt die Identität derjenigen, die die Wände nutzen, um ihre Blasen zu leeren. Den Gestank aber verbirgt sie nicht. Meine Mutter hat oft zu

uns gesagt, dass selbst die längste Nacht mit dem Morgengrauen endet. Ich klammere mich an die Hoffnung, dass ich
diesen Gestank am Morgen hinter mir lassen kann.

Samstag

Ein Signalhorn, das das Hissen des Union Jack begleitet, unterbricht den rastlosen Bilderstrom in meinem Kopf. Ich hoffe, dass dieser Tag freundlicher und sanfter wird als der gestri-
ge. Fast als Antwort darauf bringt die Dämmerung Good Wallace und Kabae mit einem Laib Brot zurück. Die Gefangenen
sind auf Verwandte angewiesen, die ihnen Essen bringen. Wer
niemanden hat, der um seinen Verbleib weiß, ist abhängig von
dem, was er von den anderen bekommt. Ich teile mein Brot mit
denen um mich herum.

Kabae gibt eine beeindruckende Figur ab. Rauchringe steigen aus seinem Mund auf und unter seinen Stiefeln sammeln
sich zerdrückte Kippen. Die Wärter entschuldigen sich, dass
ihr weißer Boss noch nicht da ist, aber sicherlich bald kommen wird. Als sie mit dem Versprechen gehen, später wieder-
zukommen, sagt mir Good Wallace, sie hätten die Nacht hindurch daran gearbeitet, einige wichtige Leute zu kontaktieren.
Wahrscheinlich haben sie diejenigen bestochen, die behaupten,
einigen Einfluss zu besitzen. Kabae versichert mir, dass heute
etwas Gutes passieren wird.

Der weiße District Officer, der seine Nächte offenbar nicht
auf der Wache verbringt, fährt vor. Vielleicht ist dies der Beweis
für Kabaes Macht und Einfluss. Alles rundherum erwacht zum
Leben. Die Polizisten stehen stramm, salutieren ihrem Chef,
nennen ihn Effendi. Das Ganze ist völlig absurd. Die Beamten
sind groß gewachsen, kräftig, älter und bewaffnet. Ihr jungen-
hafter Chef ist kleiner, dünner, trägt Zivil und sieht harmlos

aus, abgesehen von der Pistole, die an seiner Hüfte steckt und die er fortwährend berührt, als hätte er vor seinen eigenen Beamten Angst. Die Gefangenen beteuern sich zum zigsten Mal ihre Unschuld und die Überzeugung, freigelassen zu werden, sobald der weiße Beamte die Wahrheit erfahren hat. Die Weißen sind viel verständnisvoller als ihre schwarzen Untergebenen, ein weiterer Fall des freundlichen Herrn und Meisters, der nicht weiß, dass seine blutrünstigen Hunde ihre Fänge in Unschuldige schlagen.

Einer nach dem anderen gehen die Gefangenen ins Büro und verschwinden anschließend in derselben Reihenfolge und mit derselben Klage auf den Lippen wieder im Gewahrsam: Der Beamte hört nur auf den Polizisten, der sein einziger Informant, Übersetzer und Interpret ist. Niemand unterscheidet mehr zwischen dem Herrn und Meister des Hauses und seinen Hunden am Tor. Sie gehören zu ein und demselben kolonialen Abschaum.

Schließlich werde ich ins Büro geführt. Der Beamte spielt den Strengen und Ernsten, vielleicht, weil er den wesentlich älteren afrikanischen Untergebenen seine Autorität beweisen muss. Selbst wie er sich über eine aufgeschlagene Akte beugt, den Stift in der Hand, scheint es die Darbietung für ein Publikum zu sein, ein Verhalten, das fast bis aufs Haar dem von Johnny the Green vor drei Jahren gleicht. Ohne aufzublicken, fragt er, warum ich keine Steuern gezahlt habe. Da ich mitbekommen hatte, was die vor mir über den Polizeidolmetscher gesagt haben, beeile ich mich, selbst zu sprechen. „Ich bin vor Kurzem von der Schule abgegangen", antworte ich ihm in Englisch. „Ich habe Papiere, die das belegen", füge ich hastig hinzu, um dem Dolmetscher keine Gelegenheit zu geben, sich einzumischen. Eine Pause, kaum wahrnehmbar, dann streckt er, die Augen noch immer auf die Akte gerichtet, die Hand nach den Unterlagen aus. Ich gebe ihm meine Zulassung zur Universität, zu denen auch die Ergebnisse der Cambridge-Prüfungen gehören. Er studiert sie eingehend, und jetzt blickt er zu mir hoch. Entdecke ich da etwa Überraschung auf seinem Gesicht? Schamröte sogar? Sein Spitzname kommt wie von selbst: Johnny the Red.

„Alliance?"

„Ja."

„Und jetzt an die Universität, wie ich sehe?"

„Ja."

Johnny the Red lehnt sich zurück, ganz offensichtlich entspannt, als wollte er ein Gespräch über ein Thema beginnen, das ihm mehr liegt als dieses schmutzige Geschäft, arme Bauern, Männer, die älter sind als er, zu überprüfen, ob sie ihre Steuern bezahlt haben oder die Wahrheit sagen.

„Du bist besser gewesen als ich", sagt er, mit so etwas wie einem Lächeln. „Ich warte auf die Nachricht, ob ich in Oxford angenommen bin. Ich war an der Duke of York, eurem Angstgegner im Hockey", fügt er mit einem Anflug von Stolz hinzu.

Wie ein Blitz steht mir die Unterhaltung vor Augen, die ich vor einem Jahr mit Andrew Brockett in Mutonguini hatte. Der junge Beamte, der da über mein Schicksal zu Gericht sitzt, wartet darauf, zur Universität zu gehen? Also ist seine Stellung in der Verwaltung ebenso befristet wie meine an der Kahũgũinĩ. Wir sind in einer ähnlichen Lage. Doch befinden wir uns auf gegenüberliegenden Seiten des Tisches, mit einer Waffe zwischen uns, mache ich mir bewusst, während ich dem Beamten zuhöre. Er hat es immer noch mit dem Sport. Er erinnert sich an das letzte siegreiche Hockeyspiel gegen die Alliance. Er gehörte zur Mannschaft, sagt er, und ich gratuliere ihm, als hätten sie gestern erst gesiegt. Eigentlich wollte ich ihn daran erinnern, dass die Alliance im letzten November die York in vier Fußballspielen, zwei auswärts und zwei zu Hause, geschlagen hatte, finde es dann aber keine gute Idee, ihm Niederlagen ins Gedächtnis zu rufen. Ich merke einfach an, dass die York beim Hockey tatsächlich besser als die Alliance und die Wales ist, was seine Stimmung zum anhaltenden Verdruss und Unverständnis des Polizeidolmetschers noch weiter aufhellt. Alles nur wegen des Sports, denke ich, immer noch über mein Schicksal beunruhigt und verunsichert. Schließlich fragt er mich, was ich seit meinem Abgang von der Alliance gemacht habe. Ich erzähle es ihm.

„Soweit ich sehen kann, sind deine Papiere in Ordnung", sagt er und gibt sie mir zurück. „Du kannst gehen", fährt er beinahe erschöpft fort.

Auch ich bin erschöpft, doch freudig erregt, als ich das Gebäude verlasse. Beim Hinausgehen sehe ich, wie Mr. Rifleman, einer der Beamten, die mich festgenommen haben, ins Büro eilt. Ich ignoriere ihn und winke meinen Haftgenossen zu. Ich schaue nicht zurück. Ich bin bereits im Übergang von Kerkerhaft zu Jubelfeier und hoffe, dass ich meine Brüder treffe und ihnen ersparen kann, den langen Weg umsonst zu machen. Ihre Mission ist erfolgreich abgeschlossen.

Ich will gerade um die Ecke gehen und verschwinden, als ich Schritte hinter mir höre. Es ist der Polizeidolmetscher. Er hält mich an.

„Bwana Officer will dich noch mal sehen", sagt er.

Vielleicht habe ich eines meiner Dokumente liegen lassen, denke ich, während ich, den Polizisten hinter mir, zurückgehe. Ein Blick auf den einstmaligen Gentleman und ich weiß, dass sich seine Stimmung gewandelt hat. Johnny the Red, der Hockey-liebende-Student-in-der-Warteschleife hat die autoritäre Miene eines britischen Kolonialbeamten aufgesetzt, der entschlossen ist, Recht und Ordnung durchzusetzen. Er hat etwas entdeckt, das durchzusetzen moralisch erhebender ist als arme Bauern wegen der Kopfsteuer zu jagen.

„Du hast dich also der Verhaftung widersetzt? Dich mit meinen Beamten geprügelt? Glaubst du etwa, dass dir die Alliance die Erlaubnis gegeben hat, einen Polizisten anzugreifen, der seinen Dienst tut?"

Er erlaubt mir nicht, mich zu erklären.

„Bringt ihn zu seinesgleichen zurück", befiehlt er.

Mr. Rifleman ist noch im Raum, er steht direkt neben seinem jungen Chef, und ich kann ein triumphierendes Glitzern in seinen Augen erkennen.

Keiner erlangt die Gnade des jungen Beamten. Neu im Amt, unerfahren, mit nur geringen Kenntnissen der Gesetze, die er anzuwenden hat, verlässt er sich nahezu vollständig auf die Aussagen der Polizisten, die schon viele Jahre länger im Felde stehen.

Am Abend verfrachten uns die Polizisten auf einen Lastwagen. Der Lastwagen verlässt unter bewaffneter Eskorte das Gelände. Sie sagen uns nicht, wohin es geht. Nach allem, was ich weiß, könnten sie uns auch in einen Steinbruch bringen und das Feuer auf uns eröffnen. Während des gesamten Ausnahmezustands habe ich immer wieder Geschichten gehört, in denen Menschen unter den verschiedensten Anschuldigungen verhaftet, in einen Wald gebracht, dort freigelassen wurden und gesagt bekamen, dass sie nach Hause gehen könnten, um sie dann als flüchtige Terroristen von hinten zu erschießen. Erst als der Lastwagen vor einem Stacheldrahtzaun hält und sich das Tor öffnet, um uns zu verschlingen, erfahre ich von den anderen, dass wir uns im Untersuchungsgefängnis von Kĩambu befinden.

Was für eine Komödie! Gestern, am Freitag, war ich hier in Kĩambu, um die größte Summe Geldes meines Lebens abzuholen. Ich war mit Freunden zusammen. Und jetzt bin ich erneut in dieser Stadt, ohne Geld, und niemand kennt mich. Die Gefängniswärter schütteln bei jeder Frage nach unserem Schicksal nur den Kopf. Ein Samstag in Trümmern, halte ich in meinem Gedankentagebuch fest.

Bei unserer Ankunft im Untersuchungsgefängnis Kĩambu müssen wir uns in einer Reihe aufstellen, alle Wertgegenstände ausräumen – Uhren, Geld und persönliche Dinge – und sie am Eingang abgeben, wo man sie zählt, listet und in verschiedene Umschläge steckt, die beschriftet und hinter der Theke abgelegt werden. Wir werden auf verschiedene Räume aufgeteilt, in denen bereits andere Häftlinge sitzen, die auf ihre Verhandlung warten. Es fühlt sich an wie die Trennung einer Familie. Deshalb bin ich glücklich, als ich zusammen mit drei anderen aus Thĩmbĩgwa in eine Zelle gestoßen werde. Die Tür wird abgeschlossen.

Einige Minuten später öffnen sie die Tür wieder, werfen ein paar Laken herein, und wir nehmen uns, was wir kriegen können. Wir sitzen auf dem kalten Zementboden, unsere Körper berühren sich beinahe, haben die Laken um Füße und Knie geschlungen. Der Raum, für vier ausgelegt, beherbergt jetzt acht Menschen. Eine tief in die Decke eingelassene Glühbirne erhellt schwach den Raum. Wir gewöhnen uns bald an das schlechte Licht und können uns gegenseitig deutlicher sehen.

Die Gefangenen, die sich schon vorher in diesem Raum befanden, könnten in meinem Alter sein, doch sind ihre Gesichter verhärtet. Sie beäugen uns misstrauisch an, als wären wir in ihr Haus eingedrungen. Zwei aus Thĩmbĩgwa sehen deutlich älter aus, zumindest im Vergleich mit uns anderen. Eine Zeit lang tuscheln die Alten nur unter sich, doch die unvermeidliche Frage, warum man uns hierher gebracht hat, durchbricht schließlich die Wand zwischen Alten und Neuen. Ich beteilige mich nicht, aber einer aus Thĩmbĩgwa verrät, dass ich von der Alliance bin. Sie schütteln alle die Köpfe, missbilligen meine

Verhaftung, die so offensichtlich falsch sei und beweise, dass auch sie selbst nur wegen eines Missverständnisses hier festgehalten werden. Es sei der boshafte Charakter der Kolonialpolizei. Der Ausnahmezustand habe ihnen die Erlaubnis gegeben zu tun, was immer sie wollen. Sie wollen nicht, dass wir Schwarzen Bildung bekommen.

Die Anteilnahme an meiner Lage setzt schließlich die Geschichten darüber frei, warum sie selbst von der Schule abgegangen sind – fehlendes Schulgeld, durchgefallen bei Prüfungen, grausame Lehrer oder einfach die Verlockungen eines aufregenderen Lebens, das sich, wie sie jetzt zugeben, als Illusion herausstellte. Einer oder zwei haben nie ein Klassenzimmer von innen gesehen. In ihrer Gegend gab es keine Schulen mehr, nachdem die unabhängigen verboten worden waren.

Wie sie dann hier gelandet sind? Den einen hat man verhaftet, weil er einer Inderin die Brieftasche entrissen hatte; einen anderen erwischt bei dem Versuch, in einen Stoffladen einzubrechen. Andere hatten versucht, mit einer Waffe, die sie sich von einem Polizisten gegen einen Anteil an der Beute ausgeborgt hatten, eine Bank auszurauben. Sie fühlen sich betrogen. Der Insider, auf dessen Informationen sie gebaut hätten, sei ein Spitzel gewesen. Wenn sie den Verräter irgendwann zu fassen kriegten, ganz egal, wie lange es dauere, würden sie sich rächen. Da schwingt keinerlei Gefühl mit; es ist eine Feststellung, die einen schaudern macht, weil sie die Gewissheit der Absicht in sich trägt. Für mich ist die Offenbarung der Partnerschaft zwischen Kriminellen und Verbrechensjägern noch schauerlicher.

Für manche ist die gegenwärtige Verhaftung nur eine weitere in einer Serie, die sie bereits mehrfach im Gefängnis hat landen lassen. Verbrechen sind zum Lebensstil geworden. Andere tauschen ihre Erfahrungen in verschiedenen Gefängnissen und zu unterschiedlichen Zeiten aus. Einige erzählen davon, wie es ihnen wiederholt gelungen ist, dem Henker zu entwischen und stattdessen eine Gefängnisstrafe abzusitzen, bei der sie sich hervorragend führten, was ihnen die vorzeitige Entlassung eintrug.

Sie erzählen von ihren Erfahrungen, weder stolz noch resigniert, sondern tatsachenbestimmt wie jemand, der über ein Unheil berichtet, das ihn unerwartet traf, als er gemächlich die Straße entlangspazierte. Sie beklagen sich nicht über die Bedingungen, durch die sie zu all dem getrieben wurden; sie urteilen nicht über die gesellschaftlichen Bedingungen, die ihr Leben zu dem gemacht haben, was es ist; sie nehmen die Gesellschaft so, wie sie die Wirklichkeit der physischen Natur und deren Wechselfälle nehmen. Man tat, was man tun musste, um damit zu leben, nicht, um es zu verändern, denn wie verändert man die Wirklichkeit von Bergen, Flüssen, Überflutungen und Feuern?

Mir fällt auf, dass meine drei Leute aus Thīmbīgwa still geworden sind, beinahe als würden sie den Unterschied zwischen ihren Erfahrungen und denen der jungen Männer erkennen. Sie sind älter; sie scheinen überrascht, dass sich hier im Untersuchungsgefängnis Kriminelle befinden, die gelassen und offen über ihre Verbrechen reden. Was sie angeht, so sind sie Opfer der Verwaltungspolizei, die darauf aus war, sie beim leisesten Grund zu verhaften, und wenn sie diesen erfinden mussten.

Die Lage ändert sich, als einer der freimütig beichtenden Prahlhänse vom Mut zu reden beginnt, den man für ihre Taten braucht. Selbst ein Taschendiebstahl erfordere gute Beobachtung, schnelle Hände und Füße und eiserne Nerven. Schließlich bricht einer aus Thīmbīgwa sein Schweigen. Er spricht langsam, fast flüsternd.

„Ihr jungen Kerle, ich werde mit euch reden, weil ihr meine Söhne sein könntet und uns das Schicksal hier zusammengeführt hat. Anderen die Brieftasche zu stehlen, seien sie Europäer, Asiaten oder Afrikaner, erfordert keinen Mut. Es braucht keinen Mut, sich bei einem Polizisten eine Waffe zu mieten und sein Leben aufs Spiel zu setzen, damit der Mann, von dem erwartet wird, dass er das Gesetz durchsetzt, die Beute nach seinem Gutdünken verwenden kann. Wirklich Mut haben jene jungen Männer und Frauen, die in die Berge gegangen sind, um sich einem bewaffneten Feind entgegenzustellen, der zehnmal besser bewaffnet ist, und das nicht wegen ihres persönlichen Vorteils, sondern weil sie die Schreie der Gemeinschaft gehört haben. Mut, meine Söhne, hatte der alte Mbiyū, der das Ansehen eines Senior Chiefs, den Wohlstand großen Landbesitzes und den Frieden des Alters aufgab, um sein Schicksal mit dem der Gemeinschaft zu verknüpfen."

„Redest du etwa über Ex-Senior Chief *Koinange wa Mbiyū?*", fragt der Bankräuber, oder Mr. Bank Robber, wie ich ihn für mich nenne. „Was hat er denn aufgegeben, sein Land etwa? Mein Großvater hat viele Jahre für ihn gearbeitet, und hat der ihm dafür ein Stück von dem Land abgegeben, das er besitzt? Seine Söhne sind in Sicherheit, in England, einer ist jetzt sogar Chief ..."

„Man kann nicht von ihm erwarten, dass er jedem Landlosen in Kenia ein Stück Acker schenkt, während die Weißen weiter auf dem Grund und Boden hocken, den sie uns gestohlen haben. Seine Söhne sind der Verfolgung nicht entgangen. Und hinter welchem neuen Reichtum war er wohl her? Nein, er hat es für uns alle getan, für die Landlosen, die Armen. Weil er für Bildung, Land und Freiheit für alle eingetreten ist, verschmachtet der alte Mann jetzt in dem abgelegenen Wüstennest Marsabit."

„Stimmt, aber wie ich gehört habe, hat er alle Diener, die er braucht, und auch seine Frauen dürfen bei ihm leben."

„Im Exil? In Marsabit? Von Heim und Familie getrennt? Wärst du nicht auch lieber zu Hause ohne Diener, als mit

Dienern in der Hölle zu leben, damit sie sich um deine Verbrennungen kümmern können?"

„Was hat er denn überhaupt geopfert? Was war denn daran so mutig?"

Ein Zwei-Personen-Krieg ist ausgebrochen, der zwar nur mit Worten ausgetragen wird, aber es ist trotzdem ein Krieg. Der Ältere schweigt eine Zeit lang, als wollte er nicht fortzufahren, doch er ordnet nur seine Gedanken für Angriff und Verteidigung.

„Der Alte hat das Höchste an Selbstaufopferung für eine Sache geleistet, die größer ist als er selbst. Ich sage das hier, und falls irgendjemand diese Worte aus diesem Kreis herausträgt, werde ich bis zu meinem Grab alles abstreiten."

Er zeichnet ein Bild des Alten, beginnend in den 1920er Jahren: wie er zum kolonialen Chief ernannt wurde und diesen Titel nutzte, um dem antikolonialen Zorn eine Plattform zu geben; seinen Kampf um Bildung für alle, obwohl er selbst nie zur Schule ging; seine Aussage vor der *Carter Land Commission* in London; die Einrichtung eines Parlaments in seinem Haus in Kĩambaa, in dem sich viele Nationalisten trafen, um unsere Freiheit zu planen.

Er erzählt eine ergreifende Geschichte, wie der Freiheitskampf im Haus des alten Chiefs geplant wurde; wie er eines seiner Lager zu einem geheimen Waffenlager machte; dass nur wenige den geheimen Ort kannten.

„Aber Gathiomi, einer seiner Söhne, entdeckte ihn irgendwie. Man entschied, ihn verschwinden zu lassen. Sein Leben stand gegen das Tausender Menschen. Mit dieser Entscheidung konfrontiert, stellte der Alte sich nicht dagegen. Junger Mann, liest du die Bibel? Weißt du, wie Abraham sich fühlte, als er gebeten wurde, seinen Sohn für eine größere Sache zu opfern? Nur, dass sich Gott in seinem Fall einmischte und eine Alternative aufzeigte. Dasselbe Buch gibt uns noch ein weiteres Beispiel. ‚Denn also hat Gott die Welt geliebt, dass er seinen eingeborenen Sohn gab ...' Nun war Gathiomi zwar nicht sein einziger Sohn, dennoch liebt ein Vater alle seine Kinder gleichermaßen."

Als Junge hatte ich in Limuru Gerüchte über das geheimnisvolle Verschwinden Gathiomis gehört. Und jetzt, zehn Jahre später, wird das Geschehen an diesem unwirtlichen Ort offen diskutiert, kaum zwei Meilen vom Gehöft des alten Chiefs entfernt. Man hätte die Spannung im Raum mit einer Rasierklinge durchtrennen können; das Husten eines anderen aus Thĩmbĩgwa verstärkte sie nur noch.

„Und welchen Mut kannst du vorweisen, außer dass du vor den Steuereintreibern geflohen bist?", fragt Mr. Bank Robber sarkastisch.

Wir sind hier alle fremd, und doch gehen sich die beiden an wie alte Feinde.

„Junger Mann", sagt er, „wenn man einer grausamen Regierung keine Steuern zahlt, dann ist das kein besonders schlimmes Verbrechen. Trotzdem zahle ich Steuern, um so etwas wie hier zu vermeiden. Das hält mich nämlich von meiner Arbeit ab. Ich hatte nicht alle Papiere bei mir, und diese Hunde wollten meine Erklärung nicht hören. Und was den Mut angeht, so will ich dir eins sagen: Ich bin vielleicht nicht in der Lage, ein Messer zu führen oder ein Gewehr abzufeuern, aber ..."

Er hält erstickt inne. Als er fortfährt, erzählt er eine unglaubliche Geschichte. Er sieht sich als Freiheitskämpfer. Er hat in Nairobi gearbeitet. Eines Tages wurde ein besonders grausamer Area Assistant Chief, der viele Patrioten eigenhändig umgebracht hatte, gefangen genommen und von einem Volksgericht zum Tode verurteilt. Wie aber sollte man seinen Leichnam loswerden? Die Kolonialarmee würde alles auf den Kopf stellen. Also zerlegten die Henker ihn in seine Einzelteile. Anschließend erhielten einige Leute jeweils ein Stück, unter ihnen der Geschichtenerzähler, um es im Umland Nairobis zu vergraben. Die Leute kannten weder die Henker noch die anderen

Beteiligten. Die Idee dahinter war, dass keiner alle Informationen besaß, sollte er verhaftet und gefoltert werden. Der Geschichtenerzähler bekam sein Stück vom Körper – einen Arm. Er wickelte ihn in Papier, legte ihn in einen Korb und bestieg einen Bus. Kurz außerhalb Nairobis wurde der Bus angehalten. Die Polizei kam herein und stocherte sogar in seinem Korb herum. Der Schweiß brach ihm aus. Blut tropfte aus dem Bündel. Die Polizisten waren jedoch mehr an denen interessiert, deren Papiere nicht in Ordnung waren. Die Erinnerung an diese Begegnung und deren knappen Ausgang überwältigt ihn. Sogar sein Gegner im Wortgefecht hält sich zurück.

„Erkennst du die Ironie des Schicksals? Gestern war ich auf dem Weg vom Feld nach Hause, und jetzt bin ich hier. Warum? Weil meine Papiere nicht in Ordnung waren."

Völlige Stille. In meinem Kopf formt sich sein Name: Mr. Body Parts. Obwohl ich die Gesichter der anderen Häftlinge nicht deutlich sehen kann, habe ich den Eindruck, dass sich ihre Meinung über ihn verändert hat. Ein Hauch von Angst oder Schrecken hat sich darunter gemischt. Und ich spüre den Schauder ebenfalls: Ich möchte nicht mit ihm in Berührung kommen. Warum hat er uns diese Geschichte erzählt? Schafft das Gefängnis Raum für Beichten? Liegt es daran, dass die Zuhörer vollkommen fremde Menschen sind, bei denen es unwahrscheinlich ist, dass sie die Geschichte weitertragen? Oder liegt es an der Nähe, die sich aus geteiltem Leid ergibt? Ich weiß es nicht. Ich erinnere mich daran, dass damals, als ich im Krankenhaus war, die Patienten einander ebenfalls ihr Herz ausgeschüttet haben. Gleichzeitig fällt mir auf, dass in der Unterhaltung heute niemand seinen Namen oder irgendwelche Einzelheiten über das Zuhause und die Familie preisgegeben hat. Ich bin der Einzige, von dem man weiß, woher er kommt: von der Alliance.

Auf einmal geben die beiden Räuber und ein dritter Insasse einander Zeichen. Sie stehen auf und kommen zu mir herüber. Ich bin vor Angst wie gelähmt. Aber sie wollen nur zum türlosen Toilettenloch in einer Ecke des Raums. Zwei halten die Zipfel eines Lakens als Vorhang vor den Eingang; der dritte verschwindet hinter dem Vorhang und bald höre ich das Geräusch, das seine Eingeweide von sich geben. Der Reihe nach treten sie an. Der Gestank verschlägt mir den Atem. Ich habe das Gefühl, mich gleich übergeben zu müssen, doch da ist nichts, das ich von mir geben könnte. Erst mehrere Stunden später rieche ich es nicht mehr; mir wird klar, dass alles und jeder gleich riecht. Ich finde bemerkenswert, ja sogar belustigend, dass dieselben, die gerade schreckliche Taten gestanden haben, dennoch ein Mindestmaß an Anstand aufbringen, sobald es ans Scheißen geht.

Ich möchte schlafen und auch wieder nicht. Ich bin misstrauisch gegenüber den Wärtern draußen, meinen Zellengenossen, dem Raum, allem. Es gibt keinen Ausweg, nicht mal eine Rückzugsmöglichkeit; ich bin zu ihrer Gesellschaft verdammt. Ich bin ein Mitwisser ihrer Geheimnisse. Bisher haben sie sich mir gegenüber in keinster Weise feindselig verhalten, weder mit Worten noch mit Handlungen. Ihre Geschichten allerdings haben in mir eine Angst geschürt, die ich nicht eindeutig zu bestimmen vermag. Als ich allmählich einzudösen drohe, wehre ich mich dagegen, will wach bleiben, auf der Hut, obwohl ich nicht sagen kann, warum. Trotzdem habe ich das Gefühl, dass es wichtig ist, die Augen offen zu halten, offen, offen. Es ist ein Kampf. Und er endet unentschieden. Zwischen Schlafen und Wachen.

Ich drifte ab, befinde mich in einer Plantage. Der Wind weht und legt die Blätter um wie die Seiten eines Buches und enthüllt verschiedene Feldfrüchte – Kaffee, Tee, Sisal, Baumwolle –, die sich nach allen Seiten bis zum Horizont erstrecken. Ich bin der einzige Landarbeiter auf dieser riesigen Plantage. Wenn ich mich ausruhen will, hindert mich ein Bankräuber daran, der zum Aufseher geworden ist. In der einen Hand hält er eine große Machete; in der anderen einen *sjambok*, den er jedes Mal niedersausen lässt, wenn ich nachzulassen drohe. Warum, warum? Er ist Schwarzer wie ich. Dann taucht, wie aus dem Nichts, sein Herr und Meister auf, zu Pferd, die Hufe mit Gummi beschlagen. Wenn er wieder nachlässt, befiehlt er dem Bankräuber und zeigt auf mich, dann schneid ihn in Stücke. Ich will aufbegehren, es kommen jedoch keine Worte aus meinem Mund. Ich strenge mich noch mehr an, doch statt klarer Worte ertönt eine Melodie: „My Lord, what a morning", heiser zunächst, als hätte ich einen Frosch im Hals, dann wohlklingend:

You'll hear the trumpet sound
To wake the nations underground,
Looking up to my God's right hand,
When the stars begin to fall.

Ich schaue zu dem gewaltigen Baldachin hoch und entdecke nur einen einzigen Stern, dessen Licht von grauen und dunklen Wolken verschleiert wird. Der Herr und Meister galoppiert davon, um dem drohenden Regen zu entgehen. Ist das das Signal für den Aufseher, mich in Stücke zu schneiden? Dann entdecke ich Männer, die aus dem Nichts auftauchen. Sie haben Laken um die Hüften geschlungen, ihre Oberkörper sind nackt, sie kommen langsam auf mich zu, singen „Swing low, sweet chariot", aber hören mit der Zeile auf: „coming for to carry you home."

Nein, nein, ich lasse mich nicht von ihnen täuschen. Ich weiß, welches Zuhause sie meinen. Alle haben den Befehl erhalten, ein Stück von mir unter ihren Laken versteckt mitzunehmen und an entfernten Stellen der Plantage zu vergraben. Zuerst flehe ich sie an, sich vor dem Aufseher in Acht zu nehmen. Ich kenne den Befehl, den der Besitzer ihm erteilt hat; und wenn er erst einmal mit mir fertig ist, wird er jedem von euch dasselbe antun. Sie achten nicht auf meine Worte, deshalb singe ich gegen sie an, ertränke ihre Stimmen mit meiner, die ihnen zuruft:

And before I'd be a slave
I'll be buried in my grave
And go home to my Lord and be free.

Was mich bewegt, ist weniger der Begräbnisteil als vielmehr die ständige Wiederholung des „Freedom! Freedom! Oh Freedom over me!" In der kategorischen Aussage „no more moaning" und dem Versprechen auf Raum für Gesang und Gebet liegt die große Kraft für mich, denn was tue ich denn anderes, als einen Tag herbeizubeten, an dem mir kein Landbesitzer und kein Aufseher mehr im Nacken sitzen? Voller Schrecken schaut der Aufseher von einer Seite zur anderen, schließlich zieht er sich langsam zurück. Die große Machete und der *sjambok* verwandeln sich vor unseren Augen in ein Gewehr.

Dennoch verfolgen wir ihn, singen trotzig „Ain't gonna let nobody turn me ‚roun'. I say I'm gonna hold out until my change comes" und schwenken unsere Laken wie Fahnen durch die Luft. Unsere numerische Überlegenheit macht den Unterschied.

Die Geräusche von Pissen und Scheißen katapultieren mich in die Wirklichkeit zurück. Die Chorknaben sind einfach meine Zellengenossen, die in der Ecke anstehen, um dem Loch einen Besuch abzustatten. Die Toilette ist voll, läuft über, und sogar die Mutigen fluchen, wenn sie die Ansammlung aus Scheiße und Urin hinter dem Vorhang des Anstands mit ihrem Beitrag anreichern.

Mich kriegt jedenfalls keiner aus meiner Ecke. Ich ziehe mich weiter in mich zurück, so wie ich es in der Nacht zuvor im Thīmbīgwa gemacht habe, tue so, als wäre ich lediglich für eine Nacht in diesem Inferno. Aber ich darf nicht wieder einschlafen. Das fällt mir schwer: Widerstreitende Bilder huschen durch die Leere. Ich muss mir ein Bild aussuchen, das Gutes zeigt, das ich in der Vergangenheit erlebt habe, und es dann festhalten. Wie das von dem Tag, an dem sich mir die Tore der Alliance öffneten, in jenem Januar vor vier Jahren. Stattdessen taucht ein Distriktbeamter vor mir auf, ein Junge in meinem Alter mit einem scheelen Lächeln im Gesicht, und erinnert mich daran, dass er mich erst hat gehen lassen, nur um mich wieder vorführen zu können. Ein weißer Kater, der mit einer schwarzen Maus spielt. Als Plantagenbesitzer getarnt, hat er sich in meinen Traum geschlichen. Alles an ihm ist Tarnung. Diesmal aber kann er mich nicht täuschen. Ich bin keine Maus; ich bin ein Mensch. Ich habe nichts Unrechtes getan. Was hat dieser weiße Junge, das ich nicht habe? Schadenfreude ist das Einzige, das ich ihm entgegenzusetzen habe, und ich stelle mir vor, dass er die Zulassung zum College nicht bekommt. Und auch körperlich kann ich ihm, glaube ich, standhalten, Schlag um Schlag, einen nach dem anderen: Schließlich war ich durch die Beschneidung ein Mann geworden. Ja, antwortet mir eine Stimme, aber das hier hat nichts mit Mannbarkeit zu tun, weder mit Alter, mit Körperlichkeit oder mit Geist: Willst du das große Bild des Ansehens erblicken? Ja, antworte ich. Er ist verschwunden. Einfach so. Stattdessen höre ich Andrew Kaingus Stimme, die Verse aus „King Lear" spricht:

„Sahst du wohl eines Pächters Hund einen Bettler
anbellen? –
Und der Wicht lief vor dem Köter ..."

Ja, ja, einst schlug mich Lord Kahahus Hund in die Flucht. Er biss mich. Was tatest du?, fragt mich die Stimme. Nichts, bin weinend heim. Die Stimme lacht und spricht: „Dem Hund im Amt gehorcht man."

Ich aber weigere mich zu gehorchen. Wie als Reaktion auf meinen Widerstand taucht der weiße Junge wieder auf, in einem mit bewaffneten Soldaten beladenen Landrover, und verbannt mich nach Marsabit. Eine Toga aus dem Fell des Stummelaffen wird mir umgelegt. Ich entdecke andere in ähnlicher Kleidung. Wir alle sind Männer eines Standes, was durch das Fell des seltenen Tieres versinnbildlicht wird, das wir tragen. Marsabit ist ein Wald aus grünen Kakteen, die große Blätter und Blüten sprießen lassen, wo eigentlich Stacheln sitzen sollten. Marsabit ist der Deckname für Arkadien, den Ort, an dem der Vertriebene ein Heim und der müde Wanderer Frieden finden. Hier, im Marsabit-Arkadien, verbreiten an Baumstämme geheftete Flugblätter die Botschaft der Liebe. Aber warte, es ist alles nur Einbildung. Die Royal Air Force lässt Bomben auf uns herabregnen, die sich in harmlose Flugblätter verwandeln, sobald sie auf dem Boden aufschlagen. Ich hebe eines auf. Es droht, dass man uns alle in kleine Stücke schneiden wird, wenn wir nicht aus dem Wald herauskommen. Wir rennen unter den Bäumen in verschiedene Richtungen davon. Ich streife, in ein zerfetztes Laken gehüllt, allein durch den Wald. Es regnet und der Wind heult. Aus dem Nichts taucht vor mir ein kleiner Mann auf und sticht mit einem Strohhalm durch meine zerfetzten Kleider. Ich kann nur hilflos aufschreien: Das ist gemein, das hat nichts mit Gerechtigkeit zu tun. Und der kleine Mann sagt: Sieh doch, das ist alles nur Einbildung, es regnet nicht, die Sonne scheint auf ein Lilienfeld. Ich setze mich auf einen umgestürzten Baumstamm. Es ist tatsächlich strahlend hell. Der kleine Mann spricht zu mir vom Ende einer Reise:

O so glaubt – und wohl verteidigt
Sind wir dann –: ihr alle schier
Habet nur geschlummert hier
Und geschaut in Nachtgesichten
Eures eignen Hirnes Dichten.

Ein Traum! Ein Traum im Traum! Welche Erleichterung, murmele ich vor mich hin, als ich erwache. Sonnenstrahlen tasten sich durch die geöffnete Tür und die winzigen Fenster herein. Die Gefängniswärter sagen: Raus, heraus mit euch, in Zweierreihe antreten, wenn ihr euren Brei wollt. Es ist Sonntagmorgen.

Sonntag

Ich lasse die Bilder meines Gefängnisnachttraums noch einmal an mir vorüberziehen. Stets habe ich versucht, den Sinn des offensichtlich unlogischen Geschehens in Träumen zu ergründen. Oft beziehen sich die Abbilder auf Geschehnisse des Tages oder der Vergangenheit. Die Unlogik ergibt sich aus der Art und Weise, in der diese Bilder miteinander verknüpft sind. Manchmal fürchte ich, dass mir das im hellen Licht des Tages zustoßen könnte. Wie nennt man das, wenn du auf dem Feld arbeitest oder allein spazieren gehst und sich plötzlich die verschiedensten Bilder ineinander verschlingen? Was ist das, wenn die Blumen auf einem Feld plötzlich vor dir zu tanzen anfangen oder die Vögel mit dir reden? Oder jemand, der vor dir geht, verwandelt sich in eine völlig andere Person aus einem anderen Ort, einer anderen Zeit? Ist so etwas auch ein Traum?

Eigentlich sollte ich nicht überrascht sein, dass mir in der vergangenen Nacht im Gefängnis Bilder aus Spirituals erschienen sind. Vor nicht allzu langer Zeit hatte ich mit meinen Schülern von der Kahũgũinĩ eine ähnliche Aufführung organisiert wie damals mit den Jugendlichen aus Limuru an der Kamandũra. Dieses Mal beschäftigten sich die Spirituals und Hymnen mit dem Thema des Opfers, verbanden Abrahams Absicht, Isaak zu opfern, mit dem Opfer, das Jesus am Kreuz brachte. Mit Lied und Tanz erzählten wir die Geschichte der unfruchtbaren Sarah, die Gott um Hilfe anfleht und dann die Antwort von einem Engel mitgeteilt bekommt. Sie bringt einen lachenden Jungen zur Welt, den sie Isaak nennt. Wir ergänzten die biblische Geschichte um das eine oder andere Detail, und so wird Sarah mittels Lied und Tanz schließlich zu Maria, die um ihr einziges, gekreuzigtes Kind weint. Auch sie hört eine Stimme, die zu ihr von der Auferstehung in einem neuen Leben spricht. Es gab kein Drehbuch: Es war eine mündliche Improvisation, ein dünner fiktionaler Handlungsstrang, der zwei Ereignisse aus der Bibel miteinander verband. Die Uraufführung fand in einer Kirche in Gatũndũ statt, nur wenige Wochen vor meiner Verhaftung.

Sie war ein solcher Erfolg, dass mich die Ältesten baten, weitere Aufführungen zu organisieren. Kĩmani Ware war dafür, weil das bedeutete, dass die Kahũgũinĩ-Grundschule in der Gemeinde im Gespräch blieb. Mit den Cambridge-Ergebnissen und meiner Zulassung für Makerere war mir klar, dass ich nur noch einige Wochen Zeit hatte. Eine Abschiedsvorstellung war bestimmt möglich. Und an diesem Sonntag sollte ich eine verbindliche Antwort geben.

Trotz meiner Zweifel, was den Evangelikalismus anging, hatte ich irgendwie meine innere Fassung behalten. Ich hielt an meinem Glauben fest, auch ohne unterstützende Beichtgruppe, so sehr mich auch die Zweifel plagten. Kīmani Ware und meine Lehrerkollegen an der Kahūgūinī versuchten, mich mit Alkohol und Frauen in Versuchung zu führen. Ich beschloss, offen mit meinem Glauben umzugehen. Ab und zu hielt ich ihnen eine Predigt, was meine Widerstandskraft stärkte und ihnen ein wenig die Freude an der Sünde verdarb. Selbst wenn ich nichts sagte, spürten sie das moralische Gewicht meiner schweigenden Gegenwart. Je mehr sie mich prüften, desto sicherer fühlte ich mich meines Glaubens. Das war mir kein Trost, denn es gelang mir nicht, auch nur einen dazu zu bewegen, meinem Weg zu folgen. Die Tatsache, dass es mir nicht mal in meinen besten Tagen als Balokole gelungen war, jemanden zum Übertritt zu bewegen, hatte immer mein Unbehagen verstärkt, mit welcher Überzeugung ich meine religiösen Ansichten vertrat. Als ob sie das spürten, machten sich meine Lehrerkollegen einen Spaß daraus, mir zu widersprechen und Fragen zu stellen, auf die ich keine Antworten wusste. Wie war es möglich, dass die Christen die Polygamie verteufelten und gleichzeitig an eine Bibel glaubten, in der Salomon hundert Frauen hatte? Oder Abraham seine Magd Hagar schwängerte und anschließend sie und ihren Sohn Ismael in die Wüste schickte?

Das waren keine Fragen, über die sie sich ernsthaft Gedanken machten. Sie fragten einfach, um mich antworten zu hören. Nominell waren sie alle Christen. Warum geht ihr jeden

Sonntag in die Kirche?, warf ich ein und versuchte, den Spieß umzudrehen. Es machte ihnen nichts aus zuzugeben, dass sie es taten, um Gott zu ehren und zu ihm zu beten. Und womit beendet ihr euer Gebet? Im Namen Jesu Christi. Amen. Ihr behauptet also, Christen zu sein, und gleichzeitig leugnet ihr es. Ja, aber wir sind nicht die *„tukutendereza Yesu"*, die Erlösten, wie du. Das führte zu einem vorrübergehenden Waffenstillstand.

Ansonsten waren sie nett zu mir, luden mich zu sich nach Hause ein, und dann unterhielten wir uns nicht nur über Religion. Ein Lehrer erzählte, dass es in seinem Dorf in Ng'enda eine Lehrerin gebe, die Bücher, die Bibel eingeschlossen, geradezu verschlinge. Kein Mann könne intellektuell mit ihr mithalten, und keine Frau, was die Schönheit angehe. Es wäre interessant, wenn wir, sie und ich, uns einmal begegneten. Ich lachte nur. Von Debatten abgesehen, hatte ich keine Lust auf intellektuellen Wettstreit um des Wettstreits willen. Ich mochte Diskussionen und den Austausch von Ideen und Erfahrungen. Ich war davon überzeugt, dass man aus jedem Erlebnis etwas lernen konnte.

Dieser Lehrer lud mich an einem Wochenende zu sich nach Hause ein. Ich wurde besonders zuvorkommend empfangen. Der Gipfel war ein kleines Bankett mit gebratener Ziege und *irio*. In seiner kleinen Zweizimmerwohnung drängten sich junge Männer und Frauen meines Alters, die sich über die Gesellschaft eines Absolventen der Alliance freuten. Ich setzte mich aufs Bett. Mein Gastgeber hatte, wie die anderen auch, meine Gelehrsamkeit und mein Abschneiden an der Alliance übertrieben und behauptet, dass mich einige Lehrer dort um Rat fragten, wenn es ihnen nicht gelang, ein Problem zu lösen. Deshalb waren sie angerückt, um mal ein Genie aus nächster Nähe zu erleben. Ich war ganz entspannt, aber unweigerlich kam die Rede auf den Glauben. Sollte ich die Atmosphäre mit Moral vergiften? Doch ließen mich die Mädchen nicht in Ruhe, sie wollten wissen, ob ich wirklich zu den Erlösten gehörte. In die Ecke gedrängt, gab ich es schließlich unumwunden zu.

Und dann, das Essen war gerade abgetragen, und die Laterne warf unruhige Schatten an die Wand, trat sie ein – wie eine Schauspielerin, die aufs Stichwort die Bühne betritt. Ich nenne sie Lady Teacher. Alle Augen waren auf sie gerichtet, als sie sich auf den Stuhl setzte, den man für sie freigehalten hatte. Man behandelte sie wie den Herausforderer des Champions im Boxring. Die Gespräche gingen weiter. Die Neue sprach zunächst nicht viel. Sie hörte überwiegend zu. Manchmal hob sie ihre großen dunklen Augen. Ich erfuhr, dass sie als Lehrerin ohne Ausbildung an einer nahen Schule unterrichtete. War sie dieselbe, von der ich so viel gehört hatte? Warum aber war sie dann so still? Ich konnte nicht ausmachen, ob sie aus Skepsis oder Verwunderung schwieg. Wie sehr ich mich auch bemühte, ich konnte den Blick nicht abwenden von diesem Glanz in ihren Augen. Und dann fing sie an zu reden, stellte Fragen und widersprach sanft, und mir wurde sofort klar, dass sie nicht zu einem Wettstreit hergekommen war, sondern weil ernste Zweifel sie plagten.

Wie konnte es sein, dass ein liebender Gott Hungersnöte und Krankheiten und so viel Leid auf der Welt zuließ? Warum erlaubte er den Weißen, Schwarze umzubringen? „Du sagst, dass Gott zu uns spricht", richtete sie ihre Frage direkt an mich. In welcher Sprache redet er mit dir? Spricht er mit den Schwarzen in ihrer und den Weißen in deren Sprache? Bevorzugt er die einen gegenüber den anderen?

Ich kippte fast vom Sitz. Das waren genau die Fragen, die ich E. K. gestellt hatte. Ich konnte nicht zugeben, dass Gott nicht in einer erkennbaren Sprache zu mir sprach. Ich flüchtete mich in das Primat des Glaubens. Gott sprach direkt das Herz an, ohne das Medium einer bestimmten Sprache. Ich wappnete mich im Glauben. Es hatte ja auch keinen Sinn, Glaubensfragen mit Vernunft erklären zu wollen. Und warum sollte ein Glauben glaubenswerter sein als ein anderer? Ich empfahl einige Bibelstellen, die sie aber bereits kannte, neben vielen anderen Stellen und Ereignissen, die denjenigen widersprachen, die ich angeführt hatte. Zu diesem Zeitpunkt redeten die anderen schon nicht mehr mit. Sie waren Zuschauer, die unseren Gedankenaustausch als Wettstreit betrachteten. Für mich jedoch war es, als hörte ich in meinem Inneren Echos einer früheren Unterhaltung: Welche Hautfarbe hat Jesus? Und schließlich die ultimative Herausforderung: Ist Gott ein Mann oder eine Frau?

Das Geschlecht Gottes? Ich hatte Gott bislang nie einem Geschlecht zugeordnet. Ich hatte ihn immer als Mann gesehen, obwohl im Gĩkũyũ Gott weder Mann noch Frau war; er war ein unbestimmtes Wesen, ein großes ES. Jesus' Hautfarbe aber war in meinem Leben bereits Thema gewesen, als Sam Ntiro und sein Schüler Elimo Njau die Alliance besucht, mit uns über Kunst gesprochen und uns Gemälde eines schwarzen Christus gezeigt hatten. Jetzt fiel mir das alles wieder ein und ich war in der Lage, mich ernsthaft darüber auszulassen, dass Gott die Menschen nach seinem eigenen Bild geformt hatte. Die Menschen konnten Gott und Jesus in jedweder Hautfarbe und jedwedem Geschlecht sehen. Mit anderen Worten: Weil wir nach Gottes Bild geformt sind, kann jeder von uns erfahren, wie Gott aussieht, indem er tief in sein Innerstes blickt.

Und mit einem Mal hatte ich das Gefühl, als wäre mir etwas offenbart worden. Ich hatte einige meiner alten Fragen beantwortet; vielmehr hatte ich geredet, wie ich oft mit mir selbst geredet hatte, wann immer ich mir meines Glaubens nicht sicher war. In diesem Augenblick schienen selbst meine Zweifel davongefegt zu sein, da ich den Glauben über die Vernunft in Glaubensdingen gestellt hatte. Ich schwelgte in meiner Eloquenz. Ich spürte festen Boden unter den Füßen. Im Raum war es still. Das hier war die Gelegenheit, einen Menschen zum Übertritt zu bewegen, die Herausforderin. Ich war so von meinen Worten berauscht, freute mich bereits über den erhofften evangelikalen Triumph, dass mir entging, dass die anderen bereits aus dem Zimmer gegangen waren. Nur die schöne Zuhörerin und ich waren noch übrig, deren Antworten sich jetzt auf ein „Ja, ja. Ist das so?" beschränkten. Die Paraffinlampe wurde schwächer, im Zimmer wurde es dunkler. Kaum wahrnehmbar und immer noch Zustimmung oder Ablehnung murmelnd, war die Herausforderin näher herangerückt und saß nun neben mir auf dem Bett. Und als ihre Finger, als suchten sie die Heiligkeit zu greifen, über meine Hand strichen, spürte ich, wie meine ganze Redegewandtheit urplötzlich in Flammen aufging.

Ich war überrascht, keinerlei Schuld zu empfinden. Die Tatsache, dass meine Widerstandskraft bei der ersten ernsthaften Herausforderung dahingeschmolzen war, quälte mich mehr als das Gefühl der Sünde. Trotzdem hatte ich jegliche moralische Autorität verloren, schnell über andere zu urteilen, glaubte ich, in Gedanken an unseren heiligen Bund an der Alliance.

Ich wollte sie wiedersehen. Aber es kam nicht dazu. Zwei Wochen später wurde ich verhaftet.

Im Untersuchungsgefängnis vergeht die Zeit unheimlich langsam, so, wie der amerikanische Evangelist damals den Verlauf der Zeit in der Hölle beschrieb, und dieser Sonntag wird keine Ausnahme sein. Sogar das Aufwachen, das Anstellen zum Frühstück, die Entgegennahme des Tellers, das Essen des Breis: Alles läuft in Zeitlupe ab. Ich fange an zu glauben, dass es eine göttliche Strafe ist. Der Evangelist, der mich einst bekehrte, sprach von der Übertretung und der Unterlassung als Sünden gleichermaßen. Ich will nichts dem Zufall überlassen. Ich murmele das Vaterunser vor mich hin, das mir an meinem ersten Tag als neuer Sonntagsschulleiter in Kīnoo im Hals stecken geblieben ist. „Vater unser, der du bist im Himmel, geheiligt sei dein Name", und verweile bei der Zeile „und vergib uns unsere Schuld". Ich wiederhole das Gebet auf Gīkūyū und Kiswahili, doch keine Stimme antwortet mir, weder direkt noch indirekt, in keiner Sprache. Nur Stille.

Der Brei hat meinen Hunger gestillt. Anschließend gestattet man uns, im Hof herumzugehen; das ist für uns, die wir aus Thīmbīgwa hierhergebracht worden sind, fast so etwas wie eine Familienzusammenführung. Sie wiederholen dieselben Unschuldsbeteuerungen, die jetzt allerdings mit Klagen über die Bedingungen in den verschiedenen Zellen angereichert sind. Das führt zu unserer gemeinsamen Sorge. Wir wissen nicht, was sie mit uns vorhaben.

Einige Gefangene machen den Vorschlag, Dame zu spielen. Weil es kein Spielbrett gibt, zeichnen sie eins in den Sand. Trockene Holzstöckchen sind die weißen Steine, frische werden die schwarzen. Eine Dame erhält man, indem man die Stöckchen einfach verdoppelt. Viele versammeln sich um das Spiel. Hier, an diesem Ort der Gefangenschaft, hindert es die Gedanken daran, in Langeweile, Lethargie und Selbstmitleid abzugleiten.

Ich gehe zum Stacheldrahtzaun hinüber und sehe nach draußen. Die Stadt Kīambu ist auf Hügeln gebaut, die durch Täler getrennt sind. Mein Blick wandert zum Gebäude des Bildungszentrums hinüber, und weiter zum Tailor's Ridge, wie ich den Ort nenne, an dem ich mir die maßgeschneiderte Wollhose gekauft habe. Ich trage sie immer noch, sie ist mir Schlafanzug und Zudecke zugleich. Bemerkenswerterweise haben sich die Bügelfalten gehalten.

Von meinem Platz im Hof aus kann ich sehen, dass Leute auf der Straße in Richtung Innenstadt von Kīambu vorbeigehen. Es folgen Mitglieder einer fundamentalistischen Sekte mit weißen Roben, auf die ein Kreuz gestickt ist. Sie singen, dass sie auf dem Weg in den Himmel sind. Sie gehen nicht, sie rennen und symbolisieren damit, dass sie bereit sind. Einfach gehen zu können, ohne beaufsichtigt zu werden, scheint ein unerreichbarer Wunsch zu sein, und doch sehne ich mich danach.

Plötzlich kommt Hoffnung auf. Ich sehe meinen Bruder Good Wallace. Mir fällt auf, dass er ohne Kabae kommt, dessen soldatisches Auftreten und Autoritätsgehabe die Wärter in Thĩmbĩgwa so beeindruckt haben. Man lässt mich nicht nach draußen, um ihn zu begrüßen, und er wird nicht hereingelassen, wir können allerdings durch den Stacheldrahtzaun hindurch miteinander reden. Die Umkehrung unserer Positionen beschäftigt mich noch immer. Es tut ihm leid, dass ihre Bemühungen nicht zu meiner Freilassung geführt haben. Er erzählt von seinen Befürchtungen, als er gestern nach Thĩmbĩgwa zurückkam und niemand ihm sagen konnte, wohin man mich gebracht hatte. Heute Morgen war er wieder in Thĩmbĩgwa, und nachdem etwas Geld den Besitzer gewechselt hatte, sagte ihm ein Polizist: Warum versuchst du es nicht in Kĩambu? Derselbe Polizist meinte auch, es sei wahrscheinlich, dass man uns morgen vor Gericht stellen würde. Er hat kein Brot mitgebracht, entschuldigt sich, verbessert aber gleich darauf unsere Stimmung. Mutter, erzählt er mir, habe ihm folgende Botschaft mitgegeben: „Ndũgakue ngoro! Ma ndĩkuaga! Lass die Hoffnung nicht fahren! Die Wahrheit stirbt nie!"

Obwohl er sich bemüht, mich aufzumuntern, bemerke ich seine Hilflosigkeit. Er versucht gar nicht, mich mit dem Satz „Wir sprechen mit ein paar Leuten" zu trösten, und redet auch nicht über Kabae und dessen Einfluss. Bald darauf fordern die Wärter ihn auf zu gehen. Er hat noch ein paar Worte für mich, das Einzige, was er mir geben kann: Erwarte das Schlimmste, aber hoffe immer auf das Beste. Wir sehen uns morgen im Gericht. Als die Wärter uns in unsere Zellen zurücktreiben, geht er. Die Hoffnung, dass die morgige Gerichtsverhandlung mein

Unglück beenden wird, hält mich aufrecht. Ich flüstere einem Mitgefangenen zu, was ich erfahren habe. Bald darauf weiß jeder über diese Neuigkeit Bescheid.

Montag

Es stellt sich heraus, dass der Montag ein Feiertag ist. Der Morgenbrei schmeckt nach nichts. Ich fühle mich so betrogen wie am Samstag, als man mich, nur Minuten nachdem man mich freigelassen hatte, erneut verhaftete. Ich habe keine Ahnung, wie ich den Montag überstehen soll. Meinen Zellengenossen dabei zuschauen, wie sie mit Stöckchen statt Steinen und ausgeschabten Feldern im Boden anstelle es Spielbretts wieder und wieder Dame spielen? Zwei, die ohne Publikum spielen wollen, geben nach ein paar Zügen wieder auf. Alle scheinen apathisch. Ich kann ihre Enttäuschung spüren. Ich hoffe nur, dass sie nicht mir die Schuld geben, der unabsichtliche Träger falscher Hoffnungen gewesen zu sein.

Ich setze mich etwas abseits, stehe wieder auf und laufe herum, setze mich erneut, um über mein Schicksal nachzugrübeln. Ich hätte meine Hoffnung nicht darauf setzen dürfen, heute vor Gericht zu erscheinen, und vor allem hätte ich nicht weitersagen sollen, was mir mein Bruder erzählt hatte.

„Gräm dich nicht", sagt eine Stimme. Ich schaue hoch und sehe Mr. Body Parts vor mir stehen. Anspannung ergreift mich, und ich hoffe, dass er sie nicht bemerkt. *„Shauri ya Mungu"*, sagt er, und setzt sich zu mir. „Gott vollbringt seine Wunder auf rätselhafte Weise. Soll ich dir eine Geschichte erzählen?"

Mir ist nicht nach einer Unterhaltung zumute, und ich hoffe, dass sich die Geschichte nicht um die Beerdigung irgendwelcher Körperteile dreht. Doch er erzählt mir die Geschichte von der Hyäne, die in eine Grube fällt. Herausklettern kann sie nicht. Sie bleibt dort, Tag und Nacht, ohne Nahrung oder Wasser. Zu ihrem Glück kommt die Antilope vorbei und bleibt stehen, als sie die Hilferufe des gefangenen Tieres hört. Die Hyäne fleht die Antilope an, ihr herauszuhelfen. Die Antilope streckt die Hand aus und hilft der Hyäne heraus. Vielen Dank, sagt die Hyäne, aber weißt du, ich habe großen Hunger und muss dich jetzt fressen. Da kommt der Hase vorbei und bietet an, den Streit zu schlichten. Sie erzählen ihm, was sich ereignet hat, und scheinen übereinzustimmen, was die Fakten der Geschichte angeht. Der Hase sagt, dass er nicht glauben kann, dass die Hyäne, ein so großes Tier, in solch eine Grube gefallen sei. Die Hyäne wird wütend, weil ihr nicht geglaubt wird. Dann zeig mir wie, sagt der Hase. Als die Hyäne wieder in der Grube sitzt, spricht der Hase zur Antilope: Der Fall ist gelöst. Zieh deines Weges.

„Geschieht ihr recht, der dummen Hyäne", bemerken einige Stimmen, und ich merke, dass die Geschichte noch andere Zuhörer angezogen hat. Es entspinnt sich ein angeregtes Gespräch über den Hasen und seine durchtriebene Art. „Aber mit dem Chamäleon kann der Hase nicht mithalten", wirft ein anderer ein. Und unaufgefordert erzählt auch er eine Geschichte.

So weit ich es beurteilen kann, erzählt er die Geschichte des Wettlaufs zwischen Hase und Schildkröte, nur dass es bei ihm das Chamäleon ist, das den Hasen zum Wettlauf herausfordert. Sie verabreden, sich an einem bestimmten Busch zu treffen, in dem das Chamäleon wohnt. Als der Hase dort ankommt, kann er das Chamäleon nirgends entdecken und wartet einige Minuten. Das Chamäleon hat gekniffen, sagt der Hase, worauf er die Stimme des Chamäleons hört: Lass uns loslaufen. Der Hase stürzt los, bleibt irgendwann stehen und schaut zurück. Das Chamäleon ist nirgends zu sehen. Und wenn ich ihm mehrere Tage Vorsprung gäbe, würde es mich nicht einholen, sagt der Hase und geht in ein Restaurant. Unser Geschichtenerzähler beschreibt das Essen, das in Vielfalt, Farbe, Reichhaltigkeit und

Menge das genaue Gegenteil von dem Brei ist, den man uns vorgesetzt hat. Zu einem weiteren Zwischenstopp des Hasen gehört auch ein Freudenhaus, in dem das Zimmer, das Bett und das Bettzeug das genaue Gegenteil von dem sind, was wir hier in der Untersuchungshaft haben. Nach Tagen der Maßlosigkeit erreicht der Hase den verabredeten Ort. Als er sich setzt, hört er die Stimme des Chamäleons: Bitte setz dich nicht auf mich drauf, ich warte schon seit anderthalb Tagen auf dich.

„Was ist geschehen?", fragt ein Zuhörer. Er fragt, um irgendetwas zu sagen, weil alle natürlich die Antwort kennen: Das Chamäleon hatte sich am Schwanz des Hasen festgehalten, und wohin der Hase auch ging, passte das Chamäleon seine Färbung der Umgebung an, hielt sich weiter fest und wartete auf seine Chance.

„Wisst ihr, dass das die beiden Tiere sind, die den Tod auf die Erde gebracht haben?", fragt ein anderer Zuhörer. Zu diesem Zeitpunkt sind beinahe alle Häftlinge zum teilnehmenden Publikum bei dieser Erzählrunde geworden. Als sich alle Aufmerksamkeit der neuen Stimme zugewandt hat, hüstelt er und erzählt seine Geschichte, wie der Tod auf die Welt kam.

Als Gott die ersten Menschen schuf, hatte er sich noch keine Gedanken gemacht, ob sie unsterblich sein sollen. Eines Tages beschließt er, dass die Menschen, weil sie nach seinem Bilde geformt waren, niemals sterben sollten. Er schickt das Chamäleon aus, der menschlichen Spezies die gute Nachricht zu bringen. Das Chamäleon braucht viele Tage bis zu den Menschen, und als es bei ihnen ankommt, beginnt es die Botschaft zu verkünden: Go-Go-Gott sa-sa-sagt, da-da-dass ... Inzwischen hat Gott aber seine Meinung geändert. Weil der Mensch nach seinem Bilde geformt ist, muss es etwas geben, das die Götter von den Menschen unterscheidet. Die Unsterblichkeit für die Götter, die Sterblichkeit den Menschen. Er schickt den Hasen, den Menschen zu verkünden, dass sie sterblich sind. Der Hase soll die Botschaft vor dem Chamäleon übermitteln, weil Gott sein

Wort nie bricht. Der Hase kommt genau in dem Augenblick an, in dem das Chamäleon sagt: dass ... dass ..., und der Hase vervollständigt den Satz: ... die Menschen sterben müssen.

Es entspinnt sich eine Diskussion über die Vor- und Nachteile der Unsterblichkeit. Danach wechselt die Debatte zu den Eigenschaften der verschiedenen Tiere. Es werden weitere Geschichten und Anekdoten erzählt, die die eine oder andere Meinung stützen. Sogar Mr. Bank Robber und Mr. Body Parts erzählen ohne Wutausbrüche weitere Geschichten. All diese Geschichten haben unsere Nerven beruhigt und uns näher zusammengebracht. Der Tag vergeht wie im Flug. Ich denke daran, was meine Mutter unter dem Mugumo über Geschichten gesagt hat.

Nachts in meiner Ecke klammere ich mich an die Hoffnung. In der Alliance sprach Carey Francis immer davon, dass Triumph und Sturz Schwindler seien. Sei bereit, sage ich mir. Die Worte haben einen vertrauten Klang. Es ist das Motto der Pfadfinder. Trotzdem lastet die Furcht vor dem, was morgen geschehen wird, bleiern auf meinen Nerven, und ich kann nicht sagen, ob meine Pfadfinderfertigkeiten dieses Gewicht wegschieben können.

Dienstag

Als ich am Dienstagmorgen in meinem Gefängnis aufwache, spüre ich wieder die Furcht, beruhige mich aber damit, dass sich heute wenigstens etwas bewegen wird. Und tatsächlich bringen uns bewaffnete Wärter nach dem Brei-Frühstück ins Gericht. Einer aus Kahūgūinī erkennt mich: John, ein Lehrer, wenn auch nicht direkt an der Kahūgūinī. Er unterrichtet gemeinsam mit Lady Teacher an derselben Schule. Zuletzt haben wir uns vor nicht allzu langer Zeit am Tag meines Sündenfalls gesehen. Er kommt auf mich zu und fragt laut: Was ist passiert, *Mwalimu*? Aber er darf mir nicht die Hand schütteln. Schnell erzähle ich ihm, dass ich mich seit Freitag in dieser Lage befinde. Er ist hier, weil er einiges mit dem Schulamt klären möchte. Er will ins Gericht kommen, sobald er damit fertig ist.

Der Gerichtssaal ist voll. Ich fühle mich körperlich matt, bin aber glücklich, meine Brüder und Schwestern, Kenneth und einige andere Leute aus Limuru zu sehen. Ich weiß immer noch nicht, wessen man mich anklagen wird, aber ich nehme an, dass es irgendwie um die Steuern gehen wird. Ich bin bisher noch nie in einem Gerichtssaal gewesen. Die Angeklagten werden einer nach dem anderen sehr schnell hintereinander aufgerufen. Die meisten, die wegen Steuervergehen hier sind, erklären sich für schuldig. Sie werden zu einem Bußgeld verurteilt und gehen aus dem Saal, um für ihre Freiheit zu zahlen. Auch andere minder schwere Vergehen werden in ähnlicher Weise abgehandelt: Anklage, Schuldgeständnis, Bußgeld, Freiheit. Ich bin über ihre Schuldeingeständnisse überrascht, weil sie während unserer gemeinsamen Tage und Nächte stets ihre Unschuld betont haben. Das Gericht vertagt sich zur Zehn-Uhr-Pause. Mein Name ist nicht aufgerufen worden. Die anderen erklären mir, einfach auf schuldig plädiert zu haben, um einer weiteren Nacht im Gefängnis zu entgehen. Einer oder zwei haben das Geld nicht und bitten mich um ein Darlehen. Ich helfe ihnen, soweit ich kann, um nicht selbst ohne Geld dazustehen.

Ich weiß nicht wie, aber in der Pause – ich stand immer noch unter Bewachung – kommen Mr. Rifleman und Mr. Machine Gun zu mir. Sie sind unwahrscheinlich freundlich, sogar mitleidvoll. Sie wollen mir einen Rat geben. Alle meine Freunde – so nennen sie meine Mithäftlinge – haben auf schuldig plädiert. Sie seien freigelassen worden, nachdem sie ein recht kleines Bußgeld bezahlt hätten. Ich habe die Wahl: mich schuldig zu bekennen und freigelassen zu werden oder mich zu verweigern und einem langen Prozess entgegenzusehen, der ziemlich sicher eine Gefängnisstrafe nach sich ziehe und meine College-Pläne zunichtemache. Sie rieten mir, völlig unvoreingenommen, mich für die Freiheit zu entscheiden. Ich sei jung, ich hätte doch Träume. Die Polizisten würden mir helfen. Wenn ich Ja sage, würden sie mein gutes Benehmen bezeugen. Damit hätte all mein Kummer ein Ende. Die Richter würden mich vielleicht sogar ohne Bußgeld freilassen. Aber wenn ich nicht kooperiere, dürfe ich nicht ihnen die Schuld an dem geben, was mir dann zustoße.

Es ist nicht zu fassen, dass dieselben Menschen, die so grausam zu mir waren, jetzt voller Anteilnahme und hilfsbereit auf meine Freilassung hinarbeiten. Sie tun fast so, als wären sie meine einzigen echten Freunde auf dieser Welt. Ich sage nichts, denn ich will nicht mit ihnen streiten. Ich bin von meiner Familie und den Freunden, die ich in der Nähe sehe, völlig isoliert, und das verstärkt meine Einsamkeit. Der Albtraum von den Bluthunden, den ich in meiner ersten Zeit an der Alliance hatte, steigt in abgewandelter Form wieder auf: Sie verfolgen mich noch immer, und wenn ich um Hilfe rufe, hören mich die Leute nicht, sie gehen vorüber, ohne auch nur in meine Richtung zu blicken.

Die Verhandlung geht weiter. Wieder ist der Saal voll besetzt. Selbst die, die bereits abgeurteilt wurden, kommen zurück, um bei meiner Verhandlung dabei zu sein. Ich sitze auf der Anklagebank, allein, unter Bewachung. Das alles erlebe ich zum ersten Mal. Mr. Rifleman und Mr. Machine Gun, meine selbsternannten Freunde, sitzen ebenfalls im Gerichtssaal. In den Augen des Patrouillenführers, Mr. Rifleman, entdecke ich ein teuflisches Glitzern, das mich daran erinnert, mich schuldig zu bekennen oder aber die Folgen zu akzeptieren. Ich glaube immer noch, dass man mich anklagen wird, keine Steuern bezahlt zu haben. Ich beginne zu überlegen, ob ich nicht doch dem Beispiel der anderen folgen soll. Es geht nicht um Recht und Gerechtigkeit; es geht um Gefängnis oder College.

Doch als die Anklage verlesen wird, verschlägt es mir die Sprache. Ich traue meinen Ohren nicht. Es geht gar nicht um die Steuern. Stattdessen klagt man mich an, mich der Verhaftung widersetzt und einen Polizeibeamten im Dienst angegriffen zu haben. Ein Stöhnen geht durchs Publikum: Alle wissen, dass es unter dem Ausnahmezustand einem Selbstmord gleichkäme, sich der Festnahme zu widersetzen, geschweige denn einen Polizisten anzugreifen. Ich werde aufgefordert, mich schuldig zu bekennen, doch stattdessen stehe ich auf und versuche, meine Unschuld zu beteuern. Nein, ich solle auf die Anklage nur mit Ja oder Nein antworten. Ich will erklären, die Wahrheit darüber berichten, was sich zugetragen hat, aber der Vorsitzende Richter unterbricht mich: Nein, nein, antworte nur mit Ja oder Nein, du hast später die Möglichkeit, dich zu erklären. Ich bin den Tränen nahe. Alles scheint eine Verschwörung zu sein. Warum erlauben sie mir nicht zu erklären, dass die Anklage selbst schon ein Lügenpaket ist? Sie können sehen, dass ich von den Gepflogenheiten vor Gericht nicht die geringste Ahnung habe. Zu guter Letzt schreiben sie auf, dass ich auf nicht schuldig plädiert habe. Ich setze mich. Die Verhandlung beginnt.

Der Vorsitzende Richter fragt, ob der Ankläger bereit sei, mit den Zeugen fortzufahren. Ja, antwortet der, und bespricht sich mit Mr. Rifleman, der gefolgt von Mr. Machine Gun hinausgeht. Mr. Rifleman kommt ziemlich schnell zurück und flüstert dem Staatsanwalt etwas zu. Der Ankläger entschuldigt sich. Sein Zeuge sei gerade zu einem dringenden Einsatz gerufen worden und würde heute nicht mehr zur Verfügung stehen.

Ich brauche keinen Sachverständigen, der mir erklärt, dass das die Vertagung und meine Rückkehr ins Untersuchungsgefängnis bedeutet, in dem ich auf unbestimmte Zeit schmoren werde. Das Gericht berät sich. Dann der Richterspruch: Der Ankläger muss seine Zeugen am kommenden Morgen, wenn das Gericht wieder zusammentritt, aufbieten.

Sie bringen mich zurück ins Untersuchungsgefängnis. Das alles ist eine einzige Verschwörung. Wie kann der zu Gericht sitzende Ältestenrat diesen schamlosen Lügen Glauben schenken? Selbst jetzt erlaubt man mir nicht, mich mit meinen Verwandten und Freunden zu beraten. Meine Kammgarnhose hat immer noch eine Bügelfalte, aber mir ist klar, dass sie stinkt.

Im Gefängnishof kommen Mr. Rifleman und Mr. Machine Gun, der Polizist, der angeblich zum Einsatz musste, wieder auf mich zu. Sie ziehen mich zur Seite. Waren das nicht die Zeugen, von denen es hieß, sie seien nicht verfügbar?, frage ich mich verbittert. Sie kommen auf dieselbe Geschichte mit demselben Thema zurück: Unterwirf dich, um dich zu retten. Die Anklage sei sehr schwerwiegend; das würde auf eine lange Haftstrafe hinauslaufen und meinen Traum vom College könnte ich gleich vergessen. Wenn das Gericht morgen zusammentritt, sollte ich darum bitten, mich schuldig bekennen zu dürfen: Die Polizisten würden sich für mich aussprechen. Ihr Auftreten, der Ton, die Gestik, alles verströmt Mitleid und den ehrlichen Wunsch zu helfen. Sie erklären, als Zeugen nur deshalb nicht ausgesagt zu haben, weil sie mir mehr Zeit zum Nachdenken geben wollten. Sollte also selbst die Lüge gegenüber dem Richter mir helfen? Ich sage nichts. Doch als sie gehen, fühle ich mich völlig verlassen.

Die alten Gefangenen sind alle weg, sogar Mr. Bank Robber und Mr. Body Parts. Alle Freunde, die ich hatte, sind durch eine große Anzahl neuer, verängstigter Häftlinge ersetzt worden. Die Geschichten aber, die Mauern, die Toiletten, der Gestank und die Laken sind mir vertraut. Ich habe Läuse, aber selbst das fortwährende Kratzen kann mich nicht von diesem Gefühl der Isolation befreien.

Die Nacht über suchen mich Zweifel heim. Angenommen, Mr. Rifleman hat recht? Angenommen ... angenommen dies und angenommen das ... die Zukunft wird von Minute zu Minute düsterer. Die süße, verführerische Stimme, die dafür spricht, das Leichte zu tun, wird immer lauter. Es ist so einfach, sich schuldig zu bekennen, ein Bußgeld zu bezahlen und dann sein Leben weiterzuführen. Doch wenn ich auf schuldig plädiere, würde ich lügen und gleichzeitig dafür sorgen, dass ihre Lügen zur beständigen Wahrheit über mich werden. Als die Dämmerung einsetzt und man mich in den Gerichtssaal zurückbringt, ringe ich immer noch mit Zweifeln und meiner Unentschiedenheit.

Mittwoch

Es hat sich herumgesprochen; der Gerichtssaal ist heute noch voller als gestern. An der Tür übergibt mir John, der Lehrer aus Kahũgũinĩ, einen Umschlag. Dann verschwindet er wieder in der Menge. Ich stecke den Brief ein. Die Gesichter aus Limuru, die gestern da waren, erkenne ich wieder, auch einige neue. John mit dem Briefumschlag muss es weitererzählt haben.

Schließlich kommen die Richter herein. Sie fragen, ob der Staatsanwalt seine Zeugen beigebracht hat. Die Polizisten sind noch im Einsatz, erklärt dieser dem Gericht. Es würde mehrere Tage dauern, sie herbeizuschaffen. Er bitte um eine weitere

Verschiebung, sei bereit für andere Fälle, von denen jeder genauso dringlich sei. Wieder zieht sich das Gericht zurück, um über seinen Antrag zu beraten. Das Rad der Rechtsprechung dreht sich langsam. Ich stehe immer noch unter bewaffneter Bewachung, bin immer noch von Verwandten und Freunden getrennt, die ich zwar sehen, aber nicht erreichen kann.

Plötzlich fällt mir der Umschlag ein, der mich ablenken wird. Ich mache ihn auf.

„Ich habe gezweifelt. Du hast meine Zweifel verstummen lassen. Du hast mir geholfen, den Herrn zu erkennen. Jesus wird dir helfen. Sprich ein Gebet. Ich bete für dich. Lady Teacher, Schwester in Christo."

Soll das ein Scherz sein, ein Spaß, eine Verspottung? Dann dämmert es mir: Die Ironie, die Absurdität. In meiner gesamten Balokole-Zeit in der Alliance und vor ihren Toren war es mir nie gelungen, auch nur eine einzige Seele zu bekehren. Nun sagt mir dieser Brief, dass ich mit meinem Sündenfall Erfolg gehabt hatte. Lag es daran, dass ich meine eigenen Zweifel angesprochen hatte und meine Stimme deshalb ehrlich klang und Überzeugung besaß? Ich schließe die Augen und bete. Trotzdem spricht noch immer keine Stimme zu mir.

Wie war es Carey Francis gelungen, ein Leben in völliger Hingabe und Unterwerfung unter einen unsichtbaren Herrn zu führen? Woher wusste er, ob er sich den Befehlen eines höheren Wesens unterwarf oder nicht? Wie konnte er glauben? Mich hatten immer Zweifel geplagt, sogar in der Blütezeit unseres Dreierbundes. Denn es gab Dinge, an die ich nicht glauben konnte, so sehr ich mich auch bemühte, mich selbst zu überzeugen: Jungfräuliche Empfängnis und Geburt; die Tatsache, dass Gott buchstäblich als gewöhnliches Menschenkind zur Welt kam; körperliche Auferstehung und der Aufstieg in den Himmel. Gaitho mit seiner Verbindung aus Geschichte und

Eschatologie hatte mir mehr Sinn gegeben als alle Erweckungs-
versammlungen, an denen ich teilgenommen hatte. Mit dem
Unterschied, dass ich im Augenblick ans Überleben und nicht
an die Erweckung denke. Was aber, wenn die Erweckung erst
das Überleben möglich macht? „Die Wege des Herrn sind un-
ergründlich." Ich murmele ein Gebet vor mich hin und bitte
um die Kraft zu tun, was ich tun muss, und um vorweggenom-
mene Vergebung für mein Tun. Ist es Einbildung, oder habe ich
eine Stimme sagen hören: Ja, befolge den Rat der Polizisten, sie
könnten Gottes Werkzeuge sein. Sie hatten mich verhaftet und
mir jetzt einen deutlichen Weg aus meiner Zwangslage gezeigt,
den Weg, dem die anderen Insassen mehrheitlich gefolgt sind.
Sie alle sind freigelassen worden, weil sie einfach auf schuldig
plädiert und das Gericht um Milde gebeten haben.

Als die Richter zurückkommen, verweigern sie dem Staatsanwalt eine weitere Vertagung. Wenn er keine Zeugen vorweisen könne, sähe das Gericht keine andere Möglichkeit ... Nein,
Euer Ehren, bitte warten Sie, bis ich das überprüft habe. Ge-
flüster. Ein Polizist geht hinaus und kommt, gefolgt von Mr.
Rifleman, zurück. Auf einmal ist, wie durch ein Wunder, ein
Zeuge aufgetaucht. Wenn das Gericht überrascht ist, so lässt es
sich das nicht anmerken. Mr. Rifleman schwört auf die Bibel,
die Wahrheit zu sagen, die ganze Wahrheit und nichts als die
Wahrheit. In dem Augenblick aber, als er den Mund öffnet,
spuckt er eine Lüge nach der anderen aus. Er legt eine makel-
lose Vorstellung hin. Sogar einen Hauch Demut legt er an den
Tag. Es schmerze ihn, diese schrecklichen Taten eines so viel-
versprechenden jungen Mannes bezeugen zu müssen. Doch
Gesetz ist Gesetz, und als Polizist müsse er das Gesetz achten.
Euer Ehren, dieser junge Mann glaubt, er stehe über dem Gesetz, nur weil er die Alliance High School besucht hat und dort
von Carey Francis unterrichtet worden ist.

Seine Erzählung ist flüssig. Er hofft offenbar, dass glatt
vorgetragene Lügen die Wahrheit ersticken können. An der

Alliance gab es – wenn auch nur mit knappen Worten – die These, der Autorität stets Glauben zu schenken oder ihr gegenüber lediglich milden Zweifel anzumelden. Zu Hause verbot uns meine Mutter immer streng und unnachgiebig, einen Erwachsenen offen als Lügner zu bezeichnen. Wie aber begegnet man Erfindungen, die als Tatsachen daherkommen, mit mildem Zweifel? Oder wie kann man einen Erwachsenen nicht Lügner nennen, wenn er so unverfroren lügt?

Es ist Mittagspause. Das Gericht setzt die Verhandlung am Nachmittag fort. Jetzt bin ich an der Reihe. Unterwirf dich. Mach dem ein Ende. Ein Wort, ja, und alles ist vorbei. Gottes Wille. Die Freiheit mit einer Lüge erkauft. Warum nicht? Verrat brachte die christliche Erlösung, sage ich mir. Der Gerichtsdiener verliest mir die Anklage. Ich zögere. Dann fallen mir die Worte ein, die mir Mutter am Tag meiner Verhaftung durch meinen Bruder Good Wallace überbringen ließ: „Die Wahrheit stirbt nie." Das kann man direkt in „Die Wahrheit lügt nie" übertragen. Sie ist nicht im Gerichtssaal, aber ich kann den Schmerz auf ihrem Gesicht sehen, in ihrer Stimme fühlen: Ist das das Beste, was du tun kannst? Ũguo no guo wona ũngĩhota? Sie wiederholen die Anklage. Ich zittere am ganzen Körper. Doch als ich endlich meine Stimme finde, ist sie laut und deutlich: Ich bin nicht schuldig.

Mit diesen Worten habe ich mich widersetzt. Ich empfinde unermessliche Erleichterung. Ich bin mit mir im Reinen und denke nicht mehr an die Konsequenzen. Ich will einfach nur meine Sicht auf die Geschichte erzählen. Ich versuche, an den Anfang zurückzugehen, wie ich meinen Lohn und die Nachzahlung bekam und mich darauf freute, nach Hause zu meiner

Mutter zu fahren. Sie unterbrechen mich und fordern mich auf, Mr. Rifleman Fragen zu stellen. Wieder die Verschwörung. Warum soll ich ihm Fragen stellen, anstatt meine Geschichte zu erzählen? Es ist hoffnungslos. Ich weiß nicht, was ich sagen, was ich fragen soll.

Und dann fallen mir wie aus dem Nichts die Abende in der Alliance Debating Society ein, die parlamentarische Technik, bei der man Fragen stellte und im Verlauf der Diskussion die Ungereimtheiten in der Position der Gegenseite offenlegte. Ich stelle mir vor, dass Mr. Rifleman der Vertreter der Regierungsposition ist und ich die Opposition bin. Nun bin ich in meinem Element, wie an der Alliance. Erinnern Sie sich, dass ich im Bus von Nairobi nach Limuru saß? Ja. Erinnern Sie sich, dass Sie in den Bus gestiegen sind? Ja. Und dass Sie ein Gewehr und ihr Partner eine Maschinenpistole hatten? Er zögert. Die Ältesten fordern ihn auf zu antworten: Waren Sie bewaffnet? Ja. Was für eine Waffe? Ein Gewehr. Und Ihr Partner? Eine Maschinenpistole. Fahr mit deinen Fragen fort. Und Sie erinnern sich auch, dass ich überhaupt nicht bewaffnet war? Naja, aber du hattest ein Päckchen. Was für ein Päckchen? Das Gericht zwingt ihn zuzugeben, dass das Päckchen keine Waffe war. Frage um Frage gehe ich die ganze Geschichte durch: Wie er mich nach dem Steuerbescheid fragte und was ich ihm antwortete. Erinnern Sie sich, mir gesagt zu haben, dass sogar Kīano, Mboya und Oginga Odinga Steuern zahlen? Nein. Und von da an antwortet er auf alle meine Fragen mit Nein, was ihn natürlich dazu bringt, sich selbst immer wieder zu widersprechen. Ich bin unnachgiebig. Ich spüre eine neue Kraft, die Kraft, die Wahrheit zu sagen. Ich kann widerspruchsfrei bleiben; er kann es nicht. Über meine Fragen entfaltet sich meine Geschichte bis hin zu ihren Versuchen, mich zu überreden, auf schuldig zu plädieren. Nein, nein, sie hatten mich lediglich gebeten, die Wahrheit zu sagen. Im Gerichtssaal ist es so still, dass man eine Nadel zu Boden fallen hören könnte. Als ich fertig bin, gibt es Applaus, der vom Gericht mit strengem Tadel belegt wird.

Einer der Ältesten fragt mich, ob ich die Dokumente von der Alliance und Makerere dabei hätte, von denen ich behauptete, dass sich der Polizist über sie lustig gemacht habe. Ich übergebe sie dem Gericht. Das Gericht vertagt sich. Aber die Leute bleiben im Saal, weil sie Angst haben, ihre Plätze einzubüßen.

Ich stehe immer noch unter Bewachung. So, wie mich die Leute im Saal ansehen, bekomme ich das Gefühl, dass etwas geschehen ist, das ich nicht ganz verstehe. Ich bin angespannt. Die Tatsache, dass man mir nicht erlaubt hat, meine Geschichte auf meine Weise zu erzählen, schmerzt noch immer. Aber ich habe das gute Gefühl, nicht der Versuchung nachgegeben zu haben, zu einer Lüge Ja zu sagen.

Als das Gericht wieder zusammentritt, hat sich um das Gebäude eine Menge aus denjenigen gebildet, denen es nicht gelungen ist, in den Gerichtssaal zu kommen. Die Stunde des Urteils ist da. Es ist einfach: Das Gericht will einem jungen Mann, der mit solchen Noten von der Alliance abgegangen ist, nicht im Weg stehen. Polizisten dürfen nicht zulassen, dass ihnen bei der Ausübung ihrer Pflichten der Neid die Urteilsfähigkeit vernebelt. Dieses Gericht stellt sich nicht zwischen dich und die Makerere, sagt der Richter. Du bist frei und kannst gehen.

Es dauert einige Sekunden, bis ich das richtig erfasse. Mir kommen die Tränen, und ich weiß nicht, ob es Freudentränen sind oder ob ich weine, weil ich gerade noch einmal die Verdammnis meiner Seele abgewendet habe, indem ich nicht aus Angst log. Das Publikum hält sich zurück. Alle gehen hinaus, bis auf Mr. Rifleman und Mr. Machine Gun. Sogar ihre Kollegen scheinen sie zu meiden. Draußen reden die Leute aufgeregt, lachen, jubeln.

Die Leute aus Kahũgũinĩ. Die Leute aus Kamĩrĩthũ. Ich komme mir in meinem Dorf nicht mehr wie ein Fremder vor.

Es hat lange gedauert. Aber das Neue, das ich gewonnen habe, gleicht das verlorene Alte aus. Good Wallace umarmt mich. Mein kleiner Bruder Njinju klammert sich an meine Hand und macht damit allen klar, dass ich sein Held bin. Ich bin vor Erleichterung überwältigt. Und ich werde nicht zulassen, dass diese Prüfung die Erinnerung an meine vierjährige Reise durch das Haus des Hüters oder meine Hoffnungen auf die Zukunft trübt.

Ich hatte keine Ahnung, dass diese Tortur sich als Probe für andere erweisen würde, die noch vor mir lagen. Aber das ist eine andere Geschichte, die an einem anderen Ort und zu anderer Zeit spielt. Nichts wird je die Herrlichkeit der Stunde mindern, als ich freikam, oder die Sehnsucht und Suche nach Freiheit verringern, deren Wert ich noch mehr schätzen gelernt hatte.

Im Juli 1959 stand ich wieder auf dem Bahnhof in Limuru und stieg in einen Personenzug nach Kampala in Uganda. Viele Absolventen der Alliance, alte und neue, saßen in der zweiten Klasse, die nicht mehr nur Asiaten vorbehalten war, und fuhren zum Makerere University College. Als der Zug Geschwindigkeit aufnahm, hörte ich im Kopf das Kinderlied, das wir immer mit dem Zug nach Kampala in Verbindung gebracht hatten: *Ndathiĩ Uganda*. Nach-U-Ganda. Nach-U-Ganda. Nach-U-Ganda.

Wanjikũ wa Ngũgĩ, die Mutter von Ngũgĩ wa Thiong'o

Edward Carey Francis,
der Direktor der
Alliance High School
von 1940 bis 1962

Der Bahnhof von Limuru

Die Schüler aus Kĩambu an der Alliance High School, 1955:
Kĩmani Nyoike (vorn, liegend), Ngũgĩ (1. Reihe, dritter von links, sitzend),
Moses Gathere (mittlere Reihe, ganz links), Kenneth Wanjai (hintere
Reihe, vierter von links)

*Ortsansässige Gĩkũyũ verlassen den Home-Guard-Posten Kamĩrĩthũ,
nachdem man sie gezwungen hatte, die Nacht dort „zum Schutz"
vor einem Mau Mau-Angriff zu verbringen*

*Verdächtige, umringt von britischen Soldaten, nach einer Razzia
in Nairobis Eastlands*

*Ein bewaffneter
Posten der
Home Guard
in Kianjogu im
Nyeri District*

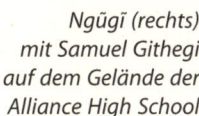

*Ngũgĩ (rechts)
mit Samuel Githegi
auf dem Gelände der
Alliance High School*

Bewohner des Livingstone House 1956: House Master David Martin (2. Reihe, Mitte), Assistant House Master Ben Ogutu (daneben), Ngũgĩ (2. von rechts in der vordersten stehenden Reihe)

Ngũgĩ bei der Aufführung von Shakespeares Heinrich IV., 1. Teil, an der Alliance High School, 1956 (untere Reihe, ganz links)

*Ngũgĩ (links)
und Kenneth
Mbũgua beim
Pfadfindertreffen
zu Ehren Baden-
Powells in Nyeri
am 23. Februar
1957*

*Ngũgĩ (rechts)
mit Nicodemus
Asinjo*

Dank

Ich möchte all jenen danken, die mir geholfen haben, diese Erinnerungen wachzurufen, vor allem meiner Frau Njeeri wa Ngũgĩ, mit der ich mich über die verschiedenen Versionen dieser Geschichte austauschte; D.G. Kariuki, dem Direktor der Alliance, und M. Muchiri, dem Leiter der Englischabteilung an der Alliance, die mich an der Schule empfangen und mir Carey Francis' Protokollbuch, das eine hervorragende Informationsquelle für Daten und Ereignisse war, zur Verfügung gestellt haben; Joe Kihara Munugu, Gatua wa Mbũgua, Eliud Kihara, Allan Ngũgĩ, Kĩmani Nyoike, Archibald Githinji, Philip Ochieng, Kĩmunya Ngũgĩ, Kenneth King, Gordon C. Mwangi, Albert Kariuki Ng'ang'a, Kamau Kĩariĩ und Emilia Ilieva für ihre Unterstützung beim Sammeln von Materialien für dieses Erinnerungsbuch; Mũkoma wa Ngũgĩ, Mũmbi W. Ngũgĩ, Thiongo K. Ngũgĩ und Björn Lannö, die die verschiedenen Titel mit mir diskutiert haben, und Barbara Caldwell für ihre Recherchen. Gloria Loomis und Henry Chakava lasen die ersten Entwürfe und machten nützliche Vorschläge; Erroll McDonald lektorierte mit Sorgfalt und voller Respekt vor dem Inhalt. Auszüge dieser Erinnerungen sind in folgenden Zeitschriften und Anthologien erschienen: „10TAL", „The Istanbul Review", „Über Lebenskunst – Utopien nach der Krise", „Index on Censorship". Die erste öffentliche Lesung aus diesen Erinnerungen fand im Rahmen des alljährlichen Performance Festivals zum Jahreswechsel im Haus von Professorin Gaby Schwab in University Hills an der University of California in Irvine statt.

Glossar

Abrahams, Peter ~ (*1919) südafrikanischer Schriftsteller; verließ
Südafrika 1939, ging nach London und lebt heute auf Jamaika;
„Tell Freedom: Memories of Africa" (1954) erschien auf Deutsch
unter dem Titel „Dort, wo die weißen Schatten fallen"

Akamba ~ auch Kamba; bantusprachige Volksgruppe im Osten Kenias

Armstrong, Samuel Chapman ~ (1839 - 1893) Brigadegeneral im
amerikanischen Bürgerkrieg; gründete 1868 das Hampton Normal
and Agricultural Institute (heute: Hampton University), eine
Sekundar-Ausbildungsstätte für schwarze Amerikaner; sein
berühmtester Schüler war *Booker T. Washington*

Asante ~ (Kiswahili) Danke

Bantu Studies and Civics ~ das Studium der Bantusprachen und
der damit verbundenen Kulturen und Völker; unter dem Begriff
Bantusprachen werden ca. 500 Sprachen des mittleren und süd-
lichen Afrika zusammengefasst; dazu gehören auch kenianische
Sprachen wie Kiswahili und Gĩkũyũ

Baden-Powell, Robert Stephenson Smyth ~ (1857 - 1941) britischer
Kavallerieoffizier; gründete 1907 die Pfadfinderbewegung;
schrieb mehrere Bücher und verbrachte seinen Lebensabend
in Nyeri/Kenia

Baring, Charles Evelyn ~ (1903 - 1973) Gouverneur in Kenia von 1952
bis 1963; schlug den *Mau-Mau*-Aufstand nieder; zuvor Gouverneur in Südrhodesien und Hochkommissar in Südafrika

Burton, Sir Richard Francis ~ (1821 - 1890) britischer Afrikaforscher;
er beherrschte zahlreiche europäische und indische Sprachen
sowie Arabisch und Kiswahili; übersetzte u. a. die „Geschichten
aus 1001 Nacht" und das „Kamasutra" ins Englische; suchte
gemeinsam mit *John Speke* nach den Quellen des Nils;
veröffentlichte zahlreiche Bücher über seine Forschungsreisen

Carter Land Commission ~ die 1932 eingesetzte „Kenya Land Commission" unter Vorsitz von Sir William Morris Carter befasste
sich mit den Forderungen der Gĩkũyũ gegen die Inbesitznahme
ihres Landes durch weiße Siedler; das Scheitern der Kommission
führte zu Verbitterung und zunehmender Radikalisierung, die
schließlich in den *Mau-Mau*-Aufstand mündete

Dawa ya moto ni moto ~ (Kiswahili) sinngemäß: Auge um Auge,
Zahn um Zahn

Du Bois, William Edward Burghardt ~ (1868 - 1963) afroamerika-
nischer Soziologe, Philosoph, Bürgerrechtler; promovierte 1895
als erster Afroamerikaner in Harvard; 1905 Gründung von Niagara Movement, die volle bürgerliche Rechte und Freiheiten und
ein Ende der Diskriminierung forderte; stellte sich damit gegen
die Ideen von Politikern wie *Marcus Garvey* oder *Booker T.
Washington*; 1909 Gründung der *NAACP*

Francis, Edward Carey ~ (1897 - 1966) lehrte nach einem Studium
in Cambridge ab 1928 für die Church Missionary Society an der
Maseno School, Nyanza, wo er den Spitznamen „Achumo" –
der Mann aus Stahl – erhielt; zwischen 1940 und 1962 Direktor
der Alliance High School; mehr als die Hälfte der Mitglieder
des ersten kenianischen Kabinetts nach der Unabhängigkeit
kam von seiner Schule

Garvey, Marcus ~ (1887 - 1940) in Jamaika geborener afroamerika-
nischer Politiker; Vertreter eines radikalen Pan-Afrikanismus und
Begründer des Black Zionism; lehnte jede Zusammenarbeit mit
Weißen ab; 1914 Begründer der Universal Negro Improvement
Association, die die Rückkehr aller Schwarzen nach Afrika zum
Ziel hatte

General China ~ (1922 - 1993) eigentlich Warũhiũ Itote; führendes
Mitglied der *Mau Mau*; diente im Zweiten Weltkrieg bei den
King's African Rifles in Ceylon und Burma; wurde 1952 Mitglied
im War Council, dem höchsten Entscheidungsgremium der *Mau
Mau,* und war für den Distrikt um den Mount Kenya zuständig;
1954 verwundet und gefangen genommen; 1962 Entlassung aus
dem Gefängnis

gītheri ~ einfaches Bohnen-Mais-Gericht der Gĩkũyũ; heute in ganz Kenia verbreitet

Graham, William „Billy" Franklin ~ (*1918) amerikanischer baptistischer Erweckungsprediger; zwischen 1950 und 2000 zahlreiche Massenevangelisationen („crusades"); Spitzname „das Maschinengewehr Gottes", unter anderem wegen seiner Endzeittheorien und seines Antikommunismus; pflegte die Nähe zu führenden amerikanischen Politikern (u.a. Nixon und Bush)

Haggard, Henry Rider ~ (1856 - 1925) britischer Schriftsteller, Autor von Abenteuerromanen, Beamter in Südafrika; sein bekanntestes Buch „King Solomon's Mines" (1885; dt. unter dem Titel „König Salomons Schatzkammern"), die Geschichte um den Abenteurer Allan Quatermain, wurde mehrfach verfilmt

Henty, George Alfred ~ (1832 - 1902) englischer Journalist, Schriftsteller und Kriegsberichterstatter; seine historischen Abenteuergeschichten mit zum Teil rassistischen Inhalten verherrlichten den britischen Imperialismus und Kolonialismus

irio ~ Gemüsebrei aus Kartoffeln, Mais, Erbsen und Zwiebeln; Spezialität der Gĩkũyũ

jembe ~ Feldhacke

jigger ~ in Kenia vorkommende Sandfloh-Art; „Parasit"

Johns, William Earl ~ (1893 - 1968) englischer Pilot im Ersten Weltkrieg und Schriftsteller; Verfasser von über 160 Abenteuergeschichten; vor allem seine Biggles-Serie um den Abenteurer und Piloten James Bigglesworth erreichte weite Verbreitung

Kabaka ~ Titel des Königs von Buganda; das Königreich Buganda liegt innerhalb von Uganda

Kenyatta, Jomo ~ (1893 - 1978), eigentlich Kamau wa Ngengi; seit den 1920er Jahren in der Kikuyu Central Association aktiv; 1934 bis 1938 Studium am University College in London; Gründung der Pan-African Federation mit *Kwame Nkrumah* (Ghana); später Vorsitzender der Kenya African National Union (KANU) und erster Ministerpräsident des unabhängigen Landes (1963), ab 1964 erster Präsident; seine spätere Regierungszeit ist von

privater Bereicherung und einem immer autokratischer werden-
den Regierungsstil überschattet

Kīmathi, Dedan ~ (1920 - 1957) militärischer Führer der *Mau Mau*;
von vielen als Nationalheld des antikolonialen Kampfes betrach-
tet; wurde 1956 verhaftet, zum Tode verurteilt und 1957 hinge-
richtet; Ngũgĩ wa Thiong'os Theaterstück „The Trial of Dedan
Kimathi" (UA 1976) thematisiert die historischen Verfälschungen
um die Figur Kīmathis

King's African Rifles (KAR) ~ 1902 gegründetes Infanterieregiment,
dessen Offiziere Briten waren; die KAR kämpfte im Zweiten
Weltkrieg in Äthiopien/Somalia gegen Italien, auf Madagaskar
gegen das Vichy-Regime Frankreichs und in Burma gegen die
Japaner; im Zuge des Übergangs der Kolonien zur Unabhängigkeit wurden sie schrittweise aufgelöst

Koinange wa Mbiyū ~ (1866 - 1960) Patriarch eines einflussreichen
Familienclans der Gĩkũyũ; 1921 von der Kolonialregierung zum
Chief ernannt, ab 1938 Senior Chief des Kīambu Districts;
von den Briten aufgrund seiner Macht geschätzt und gefürchtet;
sein Haus in Kīambaa war Anlaufstelle politischer Aktivisten der
kenianischen Unabhängigkeitsbewegung; 1952 verhaftet und bis
kurz vor seinem Tod inhaftiert

Lennox-Boyd, Alan ~ (1904 - 1983) Minister für die britischen Kolonien von 1954 bis 1959; Lennox-Boyd hatte die Forderung der
AEMO nach fünfzehn zusätzlichen Sitzen für die afrikanische
Bevölkerung abgelehnt und stattdessen sechs zusätzliche Legco-
Sitze angeboten; der Lennox-Boyd-Plan wurde erst nach lang-
wierigen Verhandlungen angenommen und führte zu den Neu-
wahlen im März 1958

Livingstone, David ~ (1813 - 1873) schottischer Missionar und Afrikaforscher; ging 1840 im Auftrag der London Missionary Society
nach Südafrika; war u. a. 1855 als erster Europäer an den Victo-
riafällen

Lyttelton, Oliver ~ (1893 - 1872) Minister für die britischen Kolonien
von 1951 bis 1954; der Lyttelton-Plan hatte die ersten Direktwahlen für afrikanische Mitglieder in das Legislative Council sowie

die Gründung des Council of Ministers mit einem afrikanischen Vertreter (neben drei britischen und zwei asiatischen Ministern) empfohlen; die Wahlen fanden im März 1957 statt

Makerere College ~ 1922 als berufsbildende Schule in Kampala/ Uganda gegründet; entwickelte sich im Laufe der Dreißigerjahre zur bedeutendsten höheren Bildungseinrichtung in Ostafrika; 1949 wurde sie offiziell zum „University College" mit direkter Verbindung zum University College of London

mandazi ~ in Öl frittierte Teigtaschen; in Ostafrika weit verbreitete Süßspeise

Mathematik-Tripos ~ Tripos ist die Bezeichnung für einzelne Studienfächer innerhalb des Kurssystems der Universität Cambridge; sie hat ihren Ursprung im 17. Jhdt.; der Mathematik-Tripos ist der höchst angesehene Tripos

Mau Mau ~ Unabhängigkeitsbewegung in Kenia, die vor allem vom Volk der Gĩkũyũ getragen wurde; richtete sich gegen die Benachteiligung einheimischer Bauern gegenüber europäischen Siedlern im zentralen Hochland und gegen Rassismus und Diskriminierung; nach zunächst friedlichem Protest, der von der britischen Verwaltung ignoriert wurde, ab 1951 zunehmend gewalttätig; offener Guerillaaufstand zwischen 1952 und 1956, der von den Briten unter Gouverneur *Evelyn Baring* brutal niedergeschlagen wurde; ca. 100.000 Gĩkũyũ wurden in Internierungslagern inhaftiert; die Mau-Mau-Bewegung stand am Beginn des kenianischen Wegs in die Unabhängigkeit; die Gĩkũyũ selbst benutzten den Begriff nie, sie bezeichneten sie als „Landbefreiungsarmee"

Mboya, Thomas Joseph Odhiambo ~ (1930 - 1969) kenianischer Gewerkschafter und Politiker; Generalsekretär der Kenya Labour Workers Union; federführend in der Frühphase der Entkolonisierung; Gründer der People's Congress Party, die 1960 in der Kenya African National Union aufging; vertrat pan-afrikanische Ideen und propagierte einen „afrikanischen Sozialismus"; 1969 bei einem Attentat erschossen

mono ~ hier: Einser, Schüler der untersten (ersten) Klasse

Mtaita ~ auch Taita und Wataita; Volksgruppe im Südosten Kenias

Mugumo ~ seltene Feigenbaumart in Kenia; wächst vor allem im Waldgebiet am Mount Kenya; ist den Gĩkũyũ heilig und Zeichen ihrer Unabhängigkeit

muram ~ ostafrikanische Bezeichnung für die rote Erde aus Laterit

Mwalimu ~ (Kiswahili) Lehrer

NAACP ~ National Association for the Advancement of Colored People

Ndathiĩ Uganda ~ (Gĩkũyũ) Ich fahre nach Uganda

Nkrumah, Kwame ~ (1909 - 1972) ghanaischer Politiker; führte die britische Kolonie Goldküste 1957 als erstes subsaharisches Land in die Unabhängigkeit; Begründer des Pan-Afrikanismus; ab 1957 Präsident Ghanas; 1966 vom Militär gestürzt, Exil in Guinea

OBE ~ The Most Excellent Order of the British Empire; 1917 von George V. gestifteter Verdienstorden in fünf Stufen; als OBE werden die Mitglieder des vierten Rangs (Officer) bezeichnet

Odinga, Jaramogi Ajuma Oginga ~ (1911 - 1994) kenianischer Politiker; Vizepräsident der ersten *Kenyatta*-Regierung, später Oppositionsführer; Mitbegründer der Kenya African National Union; 1966 Gründung der Kenya People's Union, 1969 bis 1971 inhaftiert; spätere Versuche zur Gründung einer Oppositionspartei scheiterten durch eine Verfassungsänderung unter Daniel arap Moi, die Kenia zum Einparteienstaat machte

Padmore, George ~ (1902 - 1959) Publizist und Politiker; geboren in Trinidad, ging 1924 in den USA und trat dort der Kommunistischen Partei bei; 1929 Übersiedlung nach Moskau; 1945 Mitorganisator des pan-afrikanischen Kongresses in Manchester, anschließend enge Zusammenarbeit mit *Kwame Nkrumah*

panga ~ Machete

Paton, Alan Stewart ~ (1903 - 1988) südafrikanischer Lehrer und Schriftsteller; Leiter einer Erziehungsanstalt für jugendliche Straftäter; Apartheidgegner; sein Roman „Cry the Beloved Country" (dt. Titel „Denn sie sollen getröstet werden") erschien 1948; 1989 wurde der südafrikanische Literaturpreis „Alan Paton Award" nach ihm benannt

Phelps-Stokes Commission ~ der Phelps-Stokes Fund wurde 1911 von Anson Phelps Stokes II mit dem Ziel ins Leben gerufen, die Bildung für amerikanische Indianer und für Afroamerikaner im Süden der USA sowie für die Einwohner in den britischen Kolonialgebieten zu verbessern

Pilgrim's Progress ~ „The Pilgrim's Progress from This World to That Which Is to Come" (1678/84; dt. Titel „Die Pilgerreise zur seligen Ewigkeit"); christliches Erbauungsbuch des britischen Baptistenpredigers und Schriftstellers John Bunyan (1628 - 1688); das Buch schildert allegorisch den Weg eines einfachen Menschen mit dem Namen Christ durch die Gefahren und Leiden des Lebens bis zur himmlischen Stadt; „Pilgrim's Progress" zählt zu den wichtigsten Werken der englischen christlichen Literatur

Senior Wrangler ~ ein Student der Universität Cambridge, der die Prüfungen des dritten Studienjahrs des *Mathematik-Tripos* mit der höchsten Auszeichnung bestanden hat; Senior Wranglers wurden in der Regel sofort in den Lehrkörper berufen

Shauri ya Mungu ~ (Gĩkũyũ) der Wille Gottes

Shauri ya Wakubwa ~ (Gĩkũyũ) die Schuld der Bosse

sjambok ~ Peitsche aus Nilpferdhaut; besonders strapazierfähig; wurde in den Kolonien häufig als Züchtigungsinstrument verwendet

Speke, John Hanning ~ (1827 - 1864) britischer Afrikaforscher; erster Europäer am Victoria-See (1858) sowie gemeinsam mit *Richard Francis Burton* erster Europäer am Tanganjika-See (1858); Begründer der „Hamitentheorie", nach der die kulturelle Entwicklung in Ostafrika auf den Einfluss hellhäutiger Hamiten und ihrer Überlegenheit über die „negroide" Rasse zurückzuführen sei

Stanley, Henry Morton ~ (1841 - 1904) Journalist, Kolonialpionier; erhielt 1869 den Auftrag, *David Livingstone* zu suchen, der als verschollen galt; trat 1878 in den Dienst König Leopolds von Belgien und kolonisierte den Kongo mit grausamer Härte

The Lady with a Lamp ~ erfolgreiches britisches Theaterstück über die berühmte britische Krankenschwester und Sozialreformerin Florence Nightingale von Reginald Berkeley (1890 - 1935)

Thuku, Harry ~ (1895 - 1970) kenianischer Politiker; gründete 1921 die Young Kikuyu Association und 1922 die East African Association, die erste ethnisch übergreifende politische Organisation in der Kolonie Kenia; 1922 wurde er wegen seiner politischen Aktivitäten verhaftet; Freilassung 1931; 1944 Gründer der Kenya African Study Union; stand der *Mau Mau* ablehnend gegenüber

tukutendereza ~ (Luganda) wir lobpreisen Dich; das Lied „tukutendereza Yesu" war seit den 1930er Jahren eine der bekanntesten Hymnen der evangelikalen Bewegung in Ostafrika, insbesondere der Balokole-Bewegung in Uganda

ugali ~ ein Getreidebrei, der aus Maismehl hergestellt und zu relativ fester Konsistenz gekocht wird

Uhuru na Kenyatta ~ (Kiswahili) Freiheit mit Kenyatta

Washington, Booker Taliaferro ~ (1856 - 1915) amerikanischer Lehrer, Sozialreformer und Kämpfer für die Rechte der afroamerikanischen Bevölkerung; gilt als Vorreiter einer modernen Berufspädagogik; vertrat moderate Positionen in der Rassenpolitik, die zu einer lebenslangen Kontroverse mit *W. E. B. Du Bois* führten; Präsident Roosevelt machte Washingtons Ideen zur Leitlinie der Rassen- und Bildungspolitik des Weißen Hauses

Ngũgĩ wa Thiong'o
Träume in Zeiten des Krieges
Eine Kindheit
Aus dem Englischen von Thomas Brückner

Band 19233

Ngũgĩ wa Thiong'os liebevolle Mutter ist es, die dem Heranwachsenden Geborgenheit gibt und den Boden für seine Träume bereitet. Sie schließen einen Pakt: Sie ermöglicht ihm den Schulbesuch, er verspricht, immer sein Bestes zu geben – für den Jungen ein Leichtes. Wirklich schwer dagegen ist es, zwischen Tradition und Moderne den eigenen Weg zu finden. Geboren im Kenia der 30er Jahre, wächst er im Schatten des Zweiten Weltkriegs auf, unter britischer Kolonialherrschaft und dem Einfluss der entstehenden Mau-Mau-Befreiungsbewegung.

»Ein meisterhafter Geschichtenerzähler.«
Deutschlandradio Kultur

Das gesamte Programm gibt es unter
www.fischerverlage.de

Chinua Achebe
Termitenhügel in der Savanne
Aus dem Englischen
von Susanne Koehler

Band 90610

Mit ›Termitenhügel in der Savanne‹ wendet Achebe sich der afrikanischen Gegenwart zu. In einem fiktiven Staat Westafrikas, der Nigeria nicht unähnlich ist, herrscht unter »Seiner Exzellenz« Sam eine Atmosphäre der Unterdrückung und des Misstrauens. Achebe folgt dem engsten Umfeld des Despoten und trifft in den Kern einer politischen und vor allem menschlichen Tragödie.

»Chinua Achebe ist ein magischer Schriftsteller – einer der größten des zwanzigsten Jahrhunderts.«
Margaret Atwood

Das gesamte Programm gibt es unter
www.fischerverlage.de